中国名村志文化工程
Culture Project of Local Records of China's Famous Villages

东岭村志

LOCAL RECORDS OF DONGLING

陕西省宝鸡市金台区陈仓镇东岭村志编纂委员会 编

方志出版社
Publishing House of Local Records

图书在版编目（CIP）数据

东岭村志 / 陕西省宝鸡市金台区陈仓镇东岭村志编纂委员会编 . -- 北京 : 方志出版社，2017.12

（中国名村志丛书）

ISBN 978-7-5144-2790-5

Ⅰ. ①东… Ⅱ. ①陕… Ⅲ. ①村史—宝鸡 Ⅳ.

① K294.15

中国版本图书馆 CIP 数据核字（2017）第 305171 号

· 中国名村志丛书 ·

东岭村志

编　　者：陕西省宝鸡市金台区陈仓镇东岭村志编纂委员会
责任编辑：陈　菁

出 版 人：冀祥德
出 版 者：方志出版社
地址　北京市朝阳区潘家园东里 9 号（国家方志馆 4 层）
邮编　100021
网址　http : //www.fzph.org
发　　行：方志出版社图书经销中心
电话　（010）67110500
经　　销：各地新华书店
排　　版：北京纺印图文设计制作有限公司
印　　刷：北京中科印刷有限公司

开　　本：787×1092　1/16
印　　张：16.75
字　　数：303 千字
版　　次：2017 年 12 月第 1 版　2017 年 12 月第 1 次印刷

ISBN 978-7-5144-2790-5　定价：135.00 元

◉ 序一

连绵不断地编修地方志是中国独有的优秀文化传统，承担着赓续文明、传承文化的重任。保存至今的8000余种、10万余卷历代方志，蕴含着传统文化基因和海量文化信息，既是中华优秀传统文化的重要组成部分，又是传承、彰显中华优秀传统文化的重要载体。

在各种类型的地方志编纂中，村志编纂古已有之，但从未进入国家层面的地方志编纂序列。新中国成立以来，党中央、国务院高度重视包括村志编纂在内的地方志工作，出台了重要文件。中央领导发表了重要讲话、作出了重要批示。习近平总书记高度重视包括村志编纂在内的地方志工作。2004年10月，他在担任浙江省委书记时到江山市凤林镇白沙村考察，看到村民编纂的《白沙村志》，鼓励村民把村志继续编纂下去。2014年4月，刘延东副总理在与第五次全国地方志工作会议部分会议代表座谈时指出："要结合发展的新形势，加强对地方志包括部门志、行业志、专题志、乡镇村志编纂的业务指导和服务。"2015年8月，国务院办公厅印发的《全国地方志事业发展规划纲要（2015—2020年）》，正式将中国名村志文化工程列为主要任务之一。2017年5月，中共中央办公厅、国务院办公厅印发的《国家"十三五"时期文化发展改革规划纲要》指出："完成省、市、县三级地方志书出版工作。开展旧志整理和部分有条件的镇志、村志编纂。"可以说，村志编纂迎来了历史上的最好时期。

农业、农村、农民"三农"问题，是数千年来影响中国社会发展最核心的问题。中共中央高度重视"三农"工作，从2004年起，连续13年，每年的中央1号文件都聚焦"三农"。中共十九大报告更是提出"农业农村农民问题是关系国计民生的根本性问题，必须始终把解决好'三农'问题作为全党工作重中之重"，特别是提出了"乡村振兴战略"，这是中国共产党在中国特色社会主义进入新时代后，对农村发展问题所做出的准确把握和与时俱进的战略应对，是建设中国特色社会主义强国战略的重要组成部分。改革开放近40年来，在党中央、国务院高度重视社会主义新农村建设的新形势下，各地涌现出一大批历史文化名村、经济强村、新农村建设示范（试点）村、美丽乡村和特色村，成为先进生产力和先进文化的代表。客观记录中国农村全面建成小康社会的进程，向后人展示在中国共产党领导下农村千年未有的巨变，是地方志工作者肩负的光荣而重大的历史使命。编纂中国名村志丛书，是记载当代中国农村发展变革的重要途径。

文化寻根，寻的是其发展的源头和根基。村落是中国传统文化的根基所在。农村的生产生活方式、社会规范、宗族文化、宗教文化、民风习俗、传统节日、民间艺术等，无不镌刻着中国人独特的民族性格，这就是家国情怀、文脉绵延、精神归属。在快速城镇化进程的冲击和开发性破坏下，大量传统村落面临消亡的危机，村落蕴含的历史文化信息也流失殆尽，抢救性保护刻不容缓。编纂中国名村志丛书，是保存村落历史文化信息，抢救、保护村落文化最好的方式。

一方水土养一方人。家乡的山水草木、村间小巷、乡俗民情会在每个人心头留下深刻的烙印，这就是故土情结。而村落的形成与发展离不开人的活动。编纂中国名村志丛书，通过记述村落建筑、名门望族来追溯村落的历史；通过记述村落规模、布局、人口、物产等反映人口来源、宗族兴衰、生活习惯、文化背景、宗教信仰、经济发展等，体现环境与人相互影响、相互作用、相互发展的既矛盾又统一的关系；通过记述戏剧、音乐、舞蹈、美术、文学、手工技艺等文化形式，展示百姓在长期的生产生活实践中摸索和总结出的智慧结晶，强化人们沟通感情的纽带。编纂中国名村志丛书，是传承乡俗、诉说乡音、记住乡愁、纾解乡思，激活历史传统、唤起共同文化记忆、塑造共同心灵认同的重要文化工程。

中国名村志文化工程以践行文化自信、传承中华文脉、彰显时代发展为己任，以打造全国地方志系统的重要品牌为目标，在体裁运用、篇目设置、资料选择等方面进行大量的创新，突出“名”和“特”，拣选各个名村中最值得记述、最具有代表性的人、事、物，予以浓墨重彩的描画，从而形成系列的、高质量的、可读性强、雅俗共赏的地方志读本，让地方志紧接地气、贴近百姓，让地方志成果进入寻常百姓家，让人民群众共享地方志成果，让越来越多的人从地方志中感知传统、历史和记忆，成为传统村落和传统文化的守护者，成为中华优秀文化的传承者。

是为序。

中国社会科学院院长
中国地方志指导小组组长 王伟光
2017年11月

◉ 序二

习近平总书记指出：“让居民望得见山，看得见水，记得住乡愁。”这句富有诗意的重要论述不仅唤醒了中国人城镇化建设过程中对于人和自然关系、人和历史关系的思考，同时也引发了学界对“乡愁”进一步进行文化意义解读的兴趣。从本质上看，乡愁是一种源自主体体验的情感，隐含了一种人们带着乡愁追寻自我生存与生命意义、追寻诗意栖居的精神家园的美学思辨。同时，这种追寻自我生存的主体逐渐转向大众群体，乡愁也由传统单一的“文化乡愁”“爱国情怀”演变为对于“理想家园”的精神追求。

中国有近 60 万个村庄，约有 5000 个古村落，被住房城乡建设部和国家文物局界定的传统村落就有 1561 个。随着中国城镇化步伐的加快，乡村的版图日渐凋敝，大批农村青壮年劳动力走进城镇，融入了新的生活。然而，每逢传统佳节，那种挥之不去的离愁别绪挟裹着亿万农民工，又融入了返乡的滚滚洪流。这是乡愁的情愫牵动着他们，是故乡的山、故乡的水、故乡的老屋、故乡的小吃在牵动着他们，是故乡家家户户的楹联和口口相传的故事，以及只有在隆重的传统佳节才有的古老的民风习俗在牵动着他们。

文化可以体现一个民族、一个国家、一个社会的重量与体温，这是文化的力量之所在，而村落是传统中国的根脉所系，乡土社会是最能够体现中国传统文化特征的地方。梁漱溟曾指出：“中国文化是以乡村为本，以乡村为重，所以中国文化的根就是乡村。”我曾在《建设社会主义新农村的理论与实践》一书中指出，在新农村建设的过程中，必须“保护和发展有地方和民族特色的优秀传统文化，创新农村文化生活的载体和手段，满足农民群众多层次、多方面的精神文化需求”，而编纂村志尤其是实施中国名村志文化工程就是一个重要举措。实施中国名村志文化工程，编纂中国名村志丛书，以最基层的村落为研究对象，寻根传统村落的历史，梳理村落的发展脉络，以唤起人们的归属感和认同感，探索新型城镇化和社会主义新农村建设过程中，如何留住乡音、乡风、乡思，继承传统文化精华，挖掘丰富历史智慧，是贯彻落实中央城镇化工作会议精神和中共十九大提出的“乡村振兴战略”的重要举措，是当前和今后一个时期全国地方志工作者的重要工作。

虽然村落文化正在日益远离当下生活，但我们可以抓住诸如基本村情、文物胜迹、古村保护、特色文化、旅游名胜、村域经济、风土民情、村民生活、新农村建设、艺文杂记、名人与名村等关键内容，通过志书的手法来诠释乡村文化的精华。我们如实记录着村落里的人和事，以及青山绿水、小河大树、袅袅炊烟，力争以最完整、最原真的方式呈现村落的前世今生。我们要为“迷失”的人留住乡村文化的根脉，让人们难以割舍的乡愁得以慰藉和释放。

中国名村志文化工程将触角伸向那些极具代表性的村落，它们有的历史悠久、名人辈出，有的经济腾飞、重获新生，有的风景秀丽、景观独特，有的地处边陲、神秘莫测……我们挖掘中国不同类型村落的发展之路，为探索新型城镇化和社会主义新农村建设的发展经验、发展模式、前进道路提供历史智慧和现实借鉴。因此，打造以重在表现乡村嬗变为主旨的中国名村志丛书十分必要和迫切，这是一项功在当代、利在千秋的文化工程。

近年来，随着中国经济社会的发展和国际地位的提高，越来越多的人想要认识中国、了解中国、研究中国。在这样的形势下，乡村是不可或缺的一环，我们要集中讲好发生在乡村的故事，向世界呈现一个多元的、立体的中国。乡村历经岁月变迁的风雨，见证着改革开放的步伐，寄托着数代中国人的情感。发生在乡村的故事无疑是血肉丰满的、震撼人心的、引起共鸣的。我们应该有这个自信能够讲好乡村故事，讲好中国故事，描绘出中国的底色，“让每一个中国人都能在地方志中找到自己的位置”。

可喜的是，越来越多的有识之士认识到了这一点，加入到保护、传承、发展村落文化的队伍中来。仅就编纂中国名村志丛书来看，第一批的申报范围就涵盖包括香港特别行政区在内的 32 个地区，申报数量高达 70 余部。“直笔著信史，彰善引风气，为当代提供资政辅治之参考，为后世留下堪存堪鉴之记述”，这是我们的初心和使命。希望中国名村志文化工程的实施，能够带动更多的人关注中国乡村文化，为社会主义文化强国建设作出更大的贡献。也希望越来越多的名村都来融入继承中华文化传统、颂扬中华传统文化的活动中，让正能量更多地润泽温暖人们的心灵，让更多的人“记得住乡愁”！

是为序。

中国社会科学院副院长
中国地方志指导小组常务副组长　李培林
2017 年 11 月

◉ 中国名村志丛书编纂委员会

◉ 中国名村志丛书编纂委员会办公室

◉ 中国名村志文化工程陕西省工作协作组

顾　问　秦向东

副组长　史天社　吴玉莲　李保国　张世民

成　员　李洪林　王　莹　潘　斌　鲁　文　王　斌　郑茂良
肖成刚　袁欣昌　曹永辉　任小康　杜健儒　张崇华
王答雄　刘占平　高　琛　姜发贵　柯晓明　杨建国

◉ 陕西省宝鸡市金台区陈仓镇东岭村志编纂委员会

顾　问　景耀平　宁怀彬

主　任　任小康　李黑记　张宝良

委　员　杨　军　仝明科　方纪林　李　伟　康银侠

◉ 陕西省宝鸡市金台区陈仓镇东岭村志编辑部

特邀编审　袁欣昌　杨　军

主　　任　李黑记

副 主 任　张宝良　仝明科　方纪林　李　伟

主　　编　林志贤

编　　辑　冯东耀　马绪强　刘亚绒　康银侠　冀浩学
程　凤　余效宏　李虎民　梁合山　姜玉飞
韩玉翠　韩　莎

东岭廊桥

◉ 中国名村志丛书凡例

一、以马克思列宁主义、毛泽东思想、邓小平理论、“三个代表”重要思想、科学发展观、习近平新时代中国特色社会主义思想为指导，坚持辩证唯物主义和历史唯物主义的立场、观点和方法，存真求实，全面、客观、系统记述我国村落发展变化进程和改革开放成果，传承和抢救乡土历史文化，激发爱国爱乡情怀，为探索中国特色新型城镇化建设、社会主义新农村建设的发展经验、发展模式、前进道路提供历史智慧和现实借鉴。

二、为全面反映入志事物发展脉络，各志上限尽量追溯至事物发端；下限一般断至各村志启动编修年份，个别重大事项可延至搁笔。

三、记述地域范围以下限年份的行政辖区为主。为体现名村在更大区域内的意义，可以从更开阔的区域视野记述与该村相关的内容。

四、统一采用纲目体，设类目、分目、条目三个层次。横排门类，纵述史实。除《中国名村志丛书基本篇目》要求的必设类目外，其余类目根据各村实际，依照突出时代特色、地方特色的原则自行安排。

五、综合运用述、记、志、传、图、表、录等各种体裁，以志体为主。

六、除引用文字和附录文献资料外，统一使用规范汉字及现代语体文记述体。记事坚持秉笔直书、述而不作，只记事实，不作评论，寓观点于材料之中。行文力求朴实、严谨、简洁、流畅、优美，具有较强可读性。

七、人物部类遵循“生不立传”原则，人物传主按生年排序，只选录对本村发展有重大影响的人物，不面面俱到。

八、所需数据一般采用政府统计部门数据，无政府统计部门数据时选用主管部门正式提供的数据。

九、数字用法、标点符号、计量单位分别执行国家标准《出版物上数字用法》（GB/T15835—2011）、《标点符号用法》（GB/T15834—2011）、《国际单位制及其应用》（GB3100—1993）和《有关量、单位、符号的一般原则》（GB3101—1993）。历史上使用的计量单位，如斗、石、里、尺、磅、华氏度等，在引文时可照录。考虑到社会使用习惯，全书中亩不统一换算，1 公顷＝ 15 亩。

十、自中华民国成立后的纪年，均使用公元纪年。志中所称“解放前（后）”，以当地解放日为界；“新中国成立前（后）”，以中华人民共和国成立日 1949 年 10 月 1 日为界；“改革开放前（后）”，以中共十一届三中全会召开的 1978 年 12 月为界。本志“×× 年代”，凡未加世纪者，均指 20 世纪的年代。

十一、为节省篇幅，避免重复，本志采用条目互见法。参见条目的表示形式为：参见本志“×× 类目 · ×× 分目 · ×× 条目”。

十二、对旧志、古籍中的繁体字、冷僻字一般用简化字或通用字替换，易引起误解的则保留。

十三、记述各个历史时期的党派、机构、职务、地名等，均以当时的名称为准。对频繁使用的名称，首次用全称，其后用简称。

十四、各村志需要单独说明的事项，均在各自编纂始末中记述。

东岭村在中国的位置

审图号：GS（2017）3697 号

东岭村在陕西省的位置

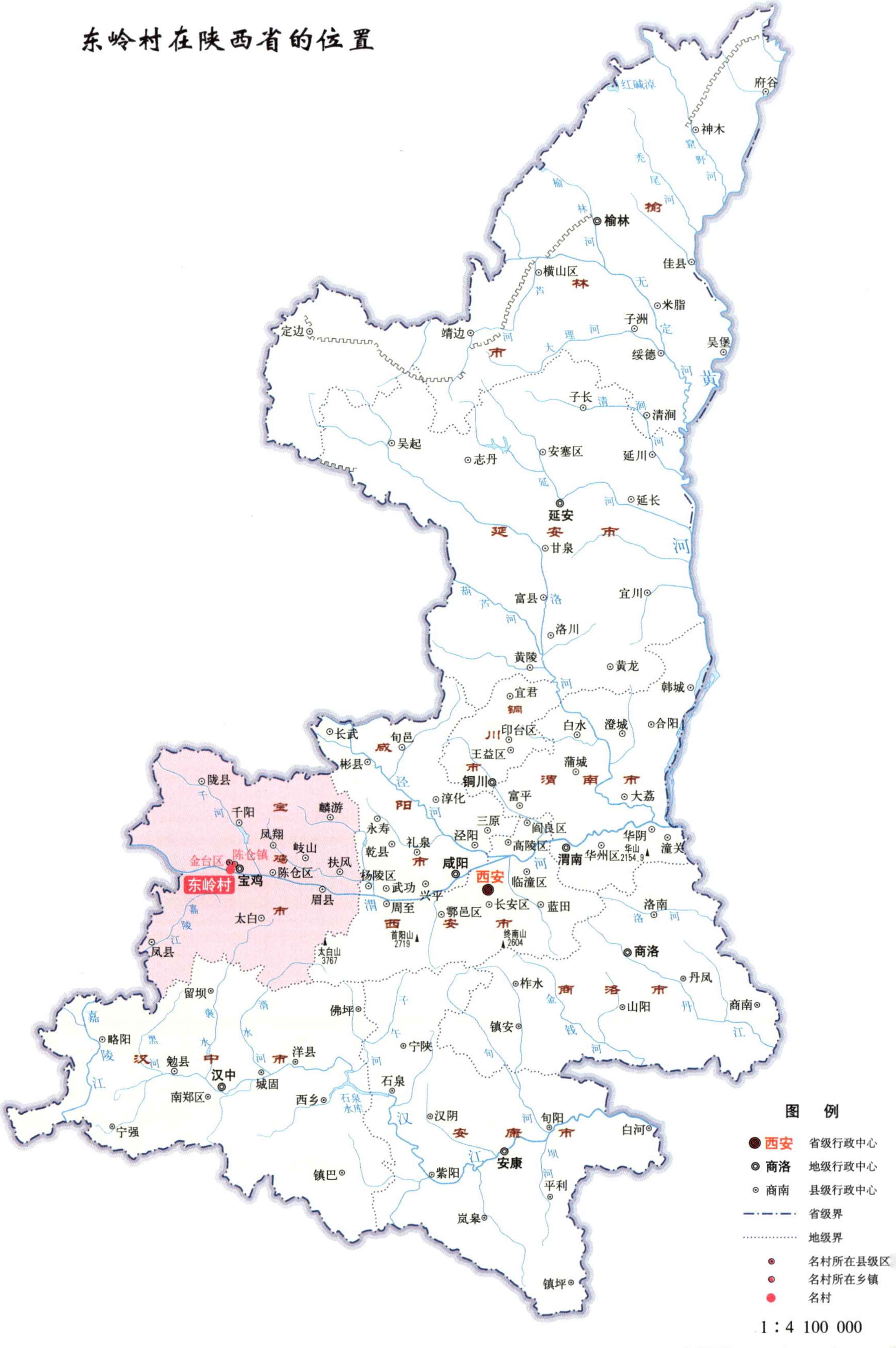

审图号：GS（2017）3697

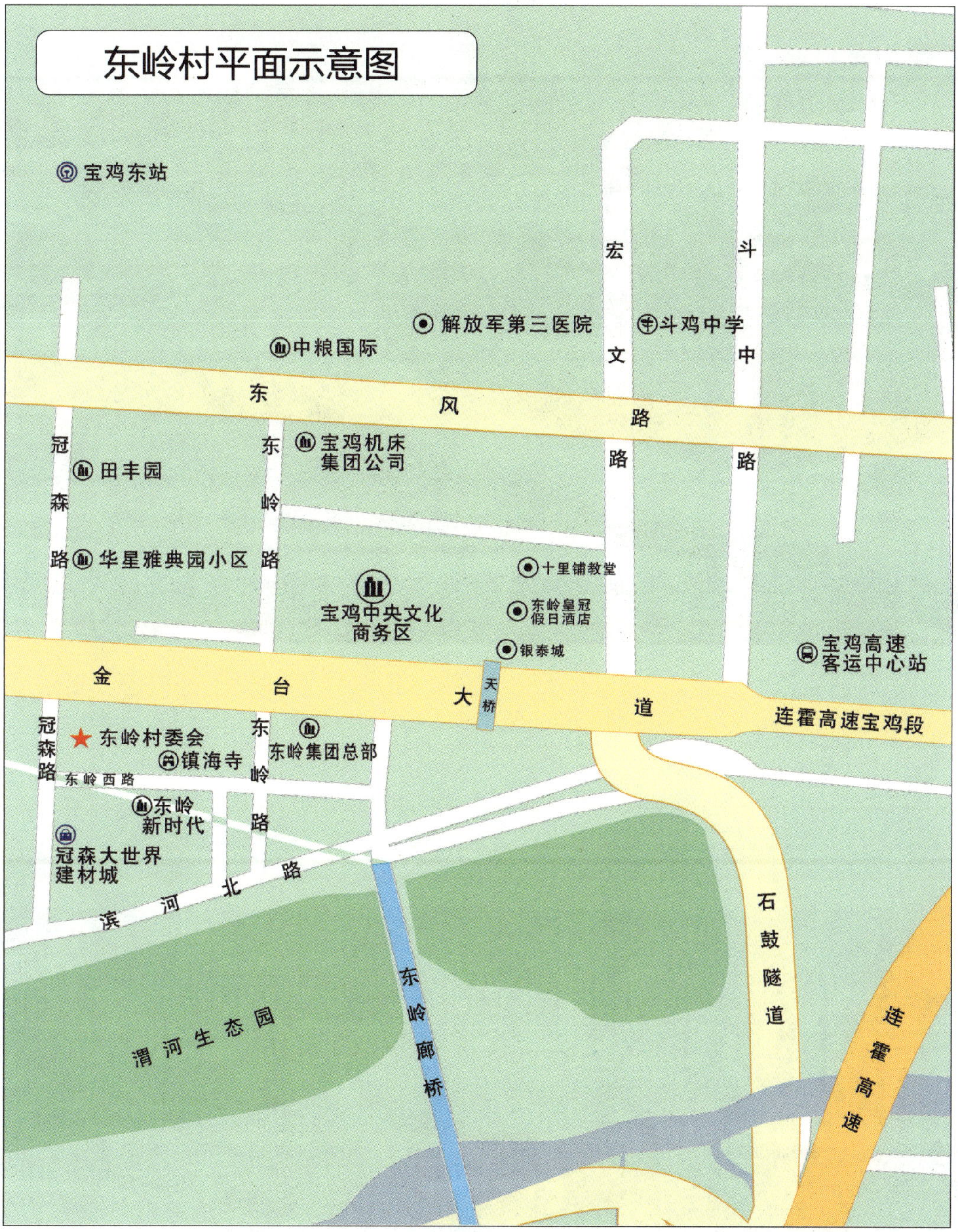

审图号：陕S（2017）017号

石鼓山上看东岭

隔岸看东岭

DONG LING

村委会大厅

东岭和园

東方一嶺

东岭村幸福的老年人

和谐生活

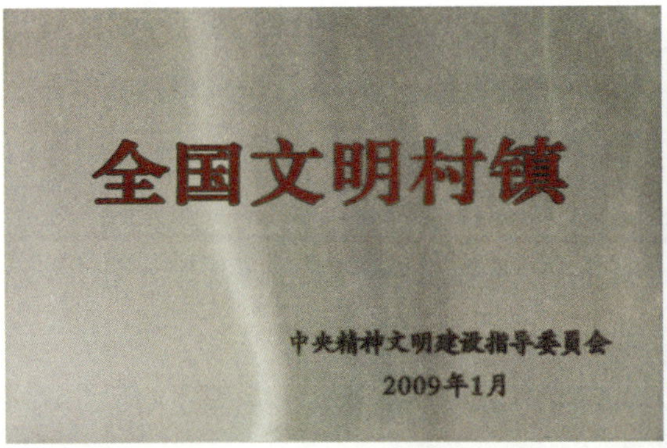

全国文明村镇

全国物业管理示范住宅小区

全国和谐社区建设示范社区

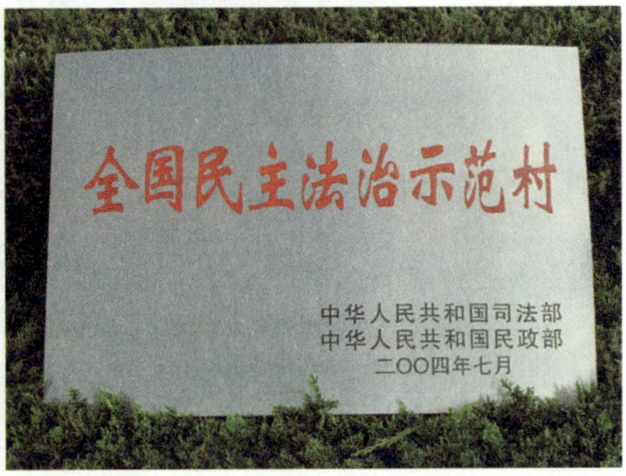

全国民主法治示范村

中国驰名商标

全国就业与社会保障先进民营企业

目录

概述

东岭村，一个中国西部小村，设村不足20年，人口不过800人。但就是这样一个小村却屡获“中国经济十强村”“全国文明村镇”等荣誉称号，村办企业东岭集团跻身“中国企业500强”行列。2016年，全村经济收入达964亿元，村民家庭资产超300万元，村民人均纯收入达9万元，位居全省首位，堪称“陕西省第一村”。

东岭村志

概述择要义，发展才是硬道理。求生存，荒滩造田创业；谋发展，终成中国经济十强村。东岭继续前行，还靠科学发展。

一

东岭村位于陕西省宝鸡市，隶属金台区陈仓镇，处旧宝鸡县城东高地。当地方言将高地称为“岭岭”，故名东岭，又名“东岭上”。宝鸡古称陈仓，典故“明修栈道，暗度陈仓”的发源地。唐至德二年（757），“以昔有陈宝鸣鸡之瑞”而更名为宝鸡，沿用至今。东岭村始建于清末民国初期。清末，隶属宝鸡县宣明乡正己里。民国初年，隶属宝鸡县第二区。1933 年，村隶属宝鸡县正己乡联保。1939 年，村隶属宝鸡县陈宝乡，编为第九保一、二甲。1947 年，保甲整顿后编为第七保一、二甲。1949 年 7 月 14 日宝鸡解放，设立宝鸡市人民政府。东岭村隶属宝鸡市十里铺区。1951 年 4 月，改隶宝鸡市店子乡。1956 年 5 月，改属宝鸡市陈仓乡。1958 年，东岭村属陈仓人民公社联盟大队第六生产队。1959 年后，先后隶属宝鸡市县功人民公社、红旗人民公社、金台区四季青人民公社、陈仓人民公社。1984 年，陈仓人民公社改设陈仓乡，联盟大队改设联盟村，东岭村为联盟村第六村民组（以下简称联盟村六组）。1999 年 7 月 26 日，经区政府批准，撤销联盟村六组，设立东岭行政村。

东岭村地处关中平原渭河北岸，地理坐标为北纬 34° 21′ 35″ ，东经 107° 11′ 55″ 。地质为陕甘宁台坳（旧称鄂尔多斯台向斜）与秦岭褶皱系之间的汾渭断陷，属渭河断凹地质构造单元。村原地形为南北长、东西低、中间高，俗称“驴脊梁状”。村地貌主要为渭河河床、河漫滩及渭河一级阶地。属大陆性暖温带半湿润半干旱季风气候，年平均气温 13.2℃，降水量 656.0 毫米，无霜期 213 天，年日照时数平均 1835.8 小时，适宜农作物生长。

建村以来，经历修筑西宝高速公路、城市化改革试验、“城中村”改造，村庄拆迁，村址三移。2016 年，东岭村地处宝鸡市区中心，交通网络密布，商业设施齐全。村东起宏文南路、石鼓隧道，西至冠森路，南临渭河，北至金台大道，总人口 778 人。东岭村委会驻东岭西路，陕西东岭工贸集团股份有限公司（以下简称东岭集团）总部驻金台大道。

◉ 二

清末民国初期，因生活所迫，村民移居渭河荒滩，建村创业。村民以百折不挠的精神，引渭水淤地、围河滩造田，屡遭水淹而不弃。迄止解放前夕，东岭村有耕地千亩，村民种粮种菜，维持温饱。村所种粮食有小麦、玉米、水稻、谷子、豆类，经济作物有棉花、蔬菜、油料等。滩地地力贫瘠，粮食亩产仅二三百斤，水稻抗水淹、耐盐碱的品种备受青睐。村民早期所种植的蔬菜、棉花、油料，仅供自家使用。在蔬菜市场需求的刺激下，村民参与蔬菜生产经营，引进蔬菜新品种，学习、积累种植经验，品种、产量逐年增加，成为宝鸡县城以东有名的“小菜园”。1949 年后，在中国共产党的领导下，贫苦农民分得土地，生产积极性大为提高。1956 年，东岭村以蔬菜种植为主，粮食种植降为次要位置。1966 年，转为蔬菜专业生产队，是宝鸡市蔬菜生产的主产区。1978 年，全村种植蔬菜 421 亩，总产量达 2128.2 吨，亩产量突破 5000 千克，成为东岭村蔬菜种植产量的历史最高年份。但在计划经济体制下，单一的传统农业产业结构，无法使东岭村村民摆脱贫穷的局面。

中共十一届三中全会以后，东岭村先后实行作业组联产承包责任制、家庭联产承包责任制，调动农民的生产积极性。蔬菜生产由国家计划管理、统购包销，逐渐演变为“大管小活”“指导性计划”，直至开放市场、产销见面。村民根据市场需求，安排蔬菜生产、销售，学习新技术，引进新品种，培育名特菜，错峰进市场，增加蔬菜的经济附加值，蔬菜生产再次跃上新台阶。1996年，东岭村被规划为宝鸡市城市中心区后，蔬菜田陆续被征用为公路交通、企业单位、党政机关等建设用地，农业生产面临耕地减少、人口增加、经济效益下滑的困境。2003年实施“城中村”改造，推行农村集体经济组织改股份制公司、集体土地改国有土地、村民改居民、村委会改居委会的“四改”改革。2006年，东岭村进行“城中村”改造时，356.4亩村集体土地已全部转为国有土地。农业生产在东岭村成为历史。

面对土地减少、人口增加的现状，市、区政府先后采取农业户口转为居民户口、征地带劳、征地补偿等办法，缓解人、地矛盾。东岭村认为只有发展经济、做大产业，才能从根本上解决村民的生活和出路问题，进而致富奔向小康社会。20世纪80年代，村组集体利用区位优势，发展二、三产业，开办机械加工、饮食服务等企业，吸纳农业劳动力，实行“自我发展”“自我安置”。但是，受小农经济的短视影响，截至1987年，组办企业除东岭铆焊厂外，都先后停业。只有从黑白铁加工部发展起来的东岭集团，在市场经济的波涛中搏击风浪，发展为“中国企业500强”之一，成为东岭村致富奔小康的厚重基石。

◉ 三

民国时期，村民就有人从事农业加工、商业经营。20世纪50年代，东岭村周围陆续开办多家企业，1003粮库、宝鸡机床厂更是与东岭村交错共存，村民深刻领悟到“无工不富”“无商不活”的道理。但在城乡二元体制的束缚下，东岭人只能扼腕长叹。改革开放后，村民解放思想，谋划发展村域经济，改变贫穷落后的局面。1980年7月，联盟六队成立联盟综合服务部，下设黑白铁加工部等小作坊式企业，显露工贸的经济曙光。正是这些不起眼的小企业，当年产值达1.5万元。1985年，黑白铁加工部发展壮大为金台区东岭机械铆焊厂。1988年7月，李黑记承包东岭机械铆焊厂，带领企业进入快速发展阶段。东岭村依靠中国共产党的好政策，利用地处城区的区位优势和方便快捷的交通，率先实现工业化、城市化，走向富裕之路。截至1995年，共有村办各类企业18家，年实现销售收入2.12亿元，利税296万元。1996年8月，以东岭机械铆焊厂为核心企业的宝鸡东岭集团成立。从此，企业走上“小加工起步，大流通发展”的道路。2000年6月，由酒泉钢铁公司、山西海鑫钢铁公司、东岭村村民委员会、略阳钢铁厂、东岭集团公司职工持股会等机构发起，设立陕西东岭工贸股份有限公司，公司股本总额5400万元。东岭集团进入“工业化扩张、资本化裂变”的跨越发展阶段，先后以租赁、参股、控股、收购等方式，重组、兼并多家经营困难、濒临破产的国有企业，安置国企职工上万人，为地方政府排忧解难，同时扩大集团产业领域，逐步涉足冶炼、矿业、贸易、地产、金融、投资等诸多行业。

东岭企业以“容天下人，干天下事”的博大胸怀，吸纳海内外优秀人才，共谋产业报国大计。集团建立严格、规范、科学、实用的管理制度，企业的产量、产值、营业收入、利税、固定资产等快速增长。2005年，东岭集团进入“中国企业500强”行列，此后连续12年跻身其中且位次逐步提升。“东岭集团”商标被认定为中国驰名商标，“建友”牌热轧圆钢和“东岭”牌锌锭获陕西省名牌产品称号。

改革开放以来，东岭企业实现了金属制品加工奠基、迈入流通领域、进入大工业的历史性大跨越。2016年，东岭集团拥有员工1.8万名，设有7个总公司，下辖分公司（子公司）92个。东岭村的发展过程是不断解放思想的过程，也是不断求实、创新的过程，更是不断追求卓越的过程。东岭富裕后，以感恩之心回报社会，投身社会公益事业和慈善事业，为贫困地区修路架桥、捐资助学、扶贫帮困、救助灾害、产业帮扶，捐款累计达3亿元以上。

◉ 四

东岭村依靠政策，抓住历史机遇，在村党委、村委会的带领下，彻底甩掉贫穷的帽子，村庄建设日新月异，村民收入大幅提高。1958年村民年人均分配115元，2000年年人均纯收入4261元，2016年年人均纯收入达9万元，走上共同富裕的道路。村民入住高档住宅小区，家庭资产超过300万元。村民多在东岭集团工作，除领取工资外，还有股息分红、集体分红、房屋租金等收入。村民生活发生质的变化，幸福指数逐年攀升。村民子女从幼儿教育到高中教育，均由村集体报销学杂费，并奖励考入高中、大学的学生。建立老年退养制度，使老人安度晚年。组建东岭演唱团、秦曲班、管乐队、秧歌队、舞蹈队、太极拳队，建立图书室、娱乐室、健身房，经常邀请省、市剧团演出，丰富村民文化生活，用优秀的文艺作品，陶冶村民情操。

经过多次改造建设，东岭村成为现代城市中的新型村庄，村民只是名义上的称谓。

村民住宅宽敞舒适，小区绿树成荫、鸟语花香，村民在东岭和园游览，到渭河公园健身，登廊桥穿越古今。村庄周边高楼林立，街巷车水马龙，更有被誉为“西府的名片、宝鸡的浦东”的宝鸡中央金融文化商务区，203 米超高建筑宝鸡国金中心 A 座、承载历史文化景观的东岭石鼓廊桥，成为东岭乃至宝鸡的地标性建筑。

村党委、村委会加强村精神文明建设，既考虑带领村民致富，更注重把村民带好。东岭村制定村规民约，开展“五好”员工、“三好”学生、星级文明户、“好婆婆”、“好媳妇”、健康老人等创优活动，树立学习追赶的榜样。同时，星级文明户等考核结果与经济利益挂钩，把精神文明建设落在实处，村民的思想道德水平不断提升。东岭集团创办报刊、网站、微信，弘扬正能量，传递东岭情。在传统习惯、创新思维的双重熏陶下，东岭村村民风淳朴、勤劳向上，兼顾传统与时尚，正义、正气浩然，多年未发生刑事犯罪、治安案件。作为炎帝故里、青铜器之乡、周秦文化之乡，东岭村的风味饮食、婚丧礼仪、古寺庙会、岁时节俗、地域方言、秦腔秦曲，无不体现着秦风周韵，粗犷豪放、大气磅礴。

五

一个弹丸之地，村域经济持续、快速发展，村民早就步入小康，其原因就在于东岭村的领导思想革新与体制改革。

东岭村长期以来作为联盟行政村的一个自然村存在。随着企业的发展，在行政审批、劳力安排、土地使用、收益分配等方面遭遇旧体制牵制，影响村域经济发展。东岭村解放思想，探索创新体制，走适合自身发展的正确道路。早在 1995 年，东岭机械铆焊厂厂长李黑记当选为联盟村六组组长后，就试行“组企合一”管理，打破体制束缚。1999 年，撤销联盟村六组、设立东岭行政村后，李黑记高票当选为村民委员会主任，同时任村党总支书记、东岭集团董事长兼总经理，建立“村企合一、以企带村、共同发展”的管理体制，村庄、企业“一套班子、两个机构”，管理高效统一，化解村、企矛盾，东岭村走向共同发展之路。

东岭集团从黑白铁加工部起家，经 30 多年的奋斗拼搏，跻身“中国企业 500 强”行列，东岭村建成了“中国经济十强村”，为中国亿万名农民致富奔小康竖起标杆。伴随着改革开放的东风，东岭村实现了由传统农业向新型工业化、由农村向城市化、村民由农民向产业工人的巨大转变，经历一场依靠产业脱贫致富、创造福祉的革命，走出一条适合自身发展的新型产业化强村富民之路。东岭的发展是一个不断解放思想的过程，也是一个不断创新的过程，更是一个不断追求卓越的过程。这个过程对于发展中的东岭来说，永无止境。

征途遥远，前程似锦。勤劳勇敢的东岭人民，在全面建设小康社会道路上，必将继续谱写美好的新篇章。

东岭村社区一隅

村处渭河之滨，因城东有高岗得名。围滩造田、立木建房，建村初期极其艰苦。今创成『中国经济十强村』，书写城市村庄传奇。

◉ 建置沿革

村名由来 东岭村位于陕西省宝鸡市，隶属金台区陈仓镇。东岭、东岭上的村名，未见于明、清、民国版《宝鸡县志》。距今最近的1922年版《宝鸡县志》，所载村落仅有“川村东第一联”记入邻村的樊家滩（亦称樊家河滩，今黄家村）、上马营的记录，足见此时东岭村落尚小，未入官方志书。1934年，著名考古学家苏秉琪率队在戴家湾考古后，撰写的《斗鸡台沟东区墓葬》所附《斗鸡台附近地图》标注有“东岭上”。宝鸡民间根据地理方位，将北称为“上”，因东岭村地处渭河北岸，故称为“东岭上”。1941年，驻扎在渭河南谭家村的国民党陆军特种兵联合分校曾绘制南四村地理图，标注有“东岭村”。

东岭村地名由来。第一次全国地名普查资料载为“因位于上马营、晏家庄、黄家村以东，地处高地而得名”。1993年版《金台区志》载为“清代末年，因该村地势较高，位于原宝鸡县城之东，故名”。因本地方言将“高地”称为“岭岭”，以方位、地势而得名。还有一说为原村西的宝鸡市第二人民医院至宝鸡货运东站处有一高地，人称为西岭。村北的侍郎坟（葬明代侍郎张抚，民间讹传为四郎坟）至东岭村内的高地，因处西岭之东而称为东岭。东、西二岭形似两条龙，龙头伸向渭河，呈二龙戏珠之势。20 世纪 50 年代，修建宝鸡铁路医院、宝鸡铁路枢纽时，西岭遭破坏，仅余东岭。东岭村旧为东西窄、南北宽的高岗，人居高岗之上。每遇渭河水患，河水漫过东岭村周围，人则基本无险。

由于古人抵御自然灾害能力低下，选择居住村落多依山傍水。截至 2016 年，金台区所发现的福临堡、温家寨、北首岭、王家堰、高家坪、金大堡、韩家崖、刘家崖等新石器时期遗址，均位于远离河滩的高地，以避免水涝洪灾。在金陵河入渭河口以东、千河入渭河口以西的渭河北岸，金星、李家崖、进新、工农、团结、代家湾、光明、龙丰、刘家台、南坡诸村，旧时均倚市区北坡而建。明、清时期，宝鸡县城东南的渭河滩上始有人挖石平滩、引渭漫滩，筑堤垦田，零星居住，久而形成村落。清朝政府实行“新开荒地免税六年”的奖励垦荒政策，鼓励农民垦荒造田。北坡上无地、少地的农民，外地流离失所的灾民，聚集在渭河滩上，选择高岗处居住，漫滩造田，艰苦创业，逐渐形成东岭村落。民国时期，宝鸡县城东南的渭北滩地上，仅有上马营、晏家庄、黄家村、东岭村 4 个自然村，所以人们习惯称其为南四村。

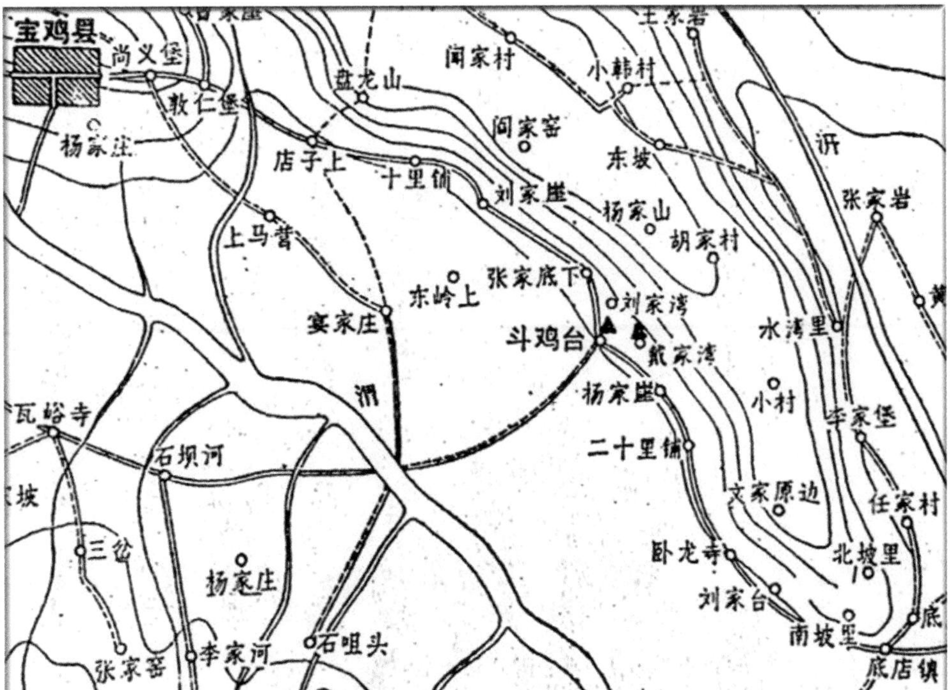

《斗鸡台沟东区墓葬》附图中的东岭

辖区变迁 东岭建村以来，址曾三移，位置变迁。民国时期，东岭村东接张家村、韩家崖，西连黄家村、晏家庄、李家崖，南临渭河滩，北至韩家崖。1990 年，东岭村地理坐标为北纬 34° 21′、东经 107° 11′。1993 年，国家修建西宝高速公路延伸段，征用村中土地，48 户村民由村南迁至村北，另辟院落、重建新家，村址随之变更。是时，村东接进新村新庄子，西连黄家村、晏家庄、李家崖，南临渭河，北至东风路。2002 年 10 月，村民整体搬迁至村西马营路（今金台大道）南新建小区。2012 年，东岭村村民在金台大道北的旧庄基拆除，建设宝鸡中央金融文化商务区。2016 年，村东起宏文南路、石鼓隧道，西至冠森路，南临渭河，北至金台大道。

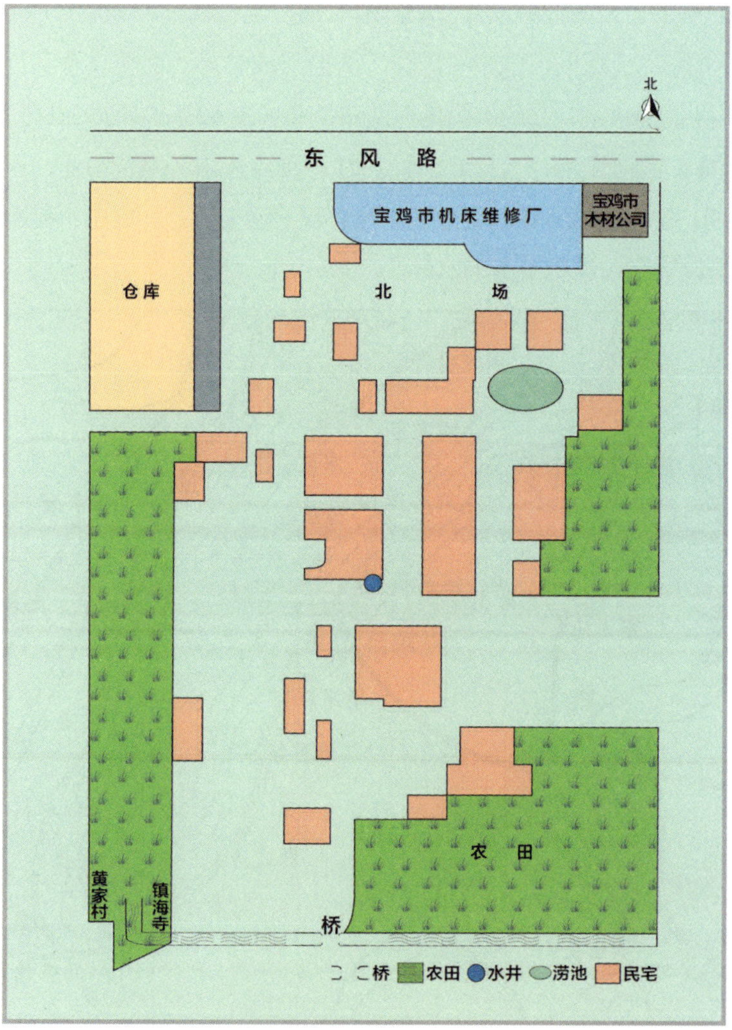

20 世纪 60 年代，东岭村村落示意图

建村创业 宝鸡县东南的渭河滩地，因地势低洼，易遭水淹，少有耕作。明、清时期，北岸始有村民组织起来，围滩垦荒，漫滩造田，种植庄稼。终因沿渭无堤防，庄稼屡遭水淹，收获微薄。一般沿岸群众居住北坡，耕作河滩，日出而作，日落而归。居住河滩的东岭村民在“叫劳”方贵、仝生富等人的组织下，开渠筑堰，引渭漫滩，淤地造田。漫滩时，先将荒滩划为若干小块，再将渭河水引入地块中。经过一段时间沉淀后，再将积水引走，河水携带的泥土便留在滩地中。经数次引水漫滩后，方有适宜耕作的土地出现。前人经数载劳作，终于迎来麦穗长、稻花香。民国中期，东岭村已有大片农田。根据金台区档案馆所藏的民国时期《清赐农政司天衢公齐老先生懿行序》碑文记载，民国中期，该碑撰文韩树德曾“间尝呼船只渡渭河，登石鼓之山，眺渭水之滨，见夫渭北沿岸开渠引水，(修)固河堤，防维冲崩，水利大兴，稻田数顷，嘉禾青葱而口蔚，秋稼葱茏而可悦，白鹭孤飞，黄云遍野，正所谓今岁秋田大稔、稻苗高过行人者是也”。渭河每隔数年便泛滥一次，村民所种庄稼有时颗粒无收。但是东岭村村民不向渭河屈服、不向命运低头，灾后立即开渠排涝、抢救庄稼、补种小秋。截至1952年，全村共有正式耕地960.82亩，其中大部分是村民围滩造田而“夺来”的水浇地。2006年“城中村”改造前夕，东岭村有土地356.4亩，其中耕地41.4亩。

乡里保甲 宝鸡县始建于秦，以境内陈仓山而得名陈仓县。唐至德二年(757)，“以昔有陈宝鸣鸡之瑞”更名为宝鸡县，名称沿用至今。清末，宝鸡县设10乡54里，东岭村隶属宝鸡县宣明乡正己里。民国初年，全县改设十三区，东岭村隶属第二区。1933年，宝鸡县推行保甲制度，全县设28个联保，东岭村属正己乡联保。1939年，全县设22个乡镇，东岭村隶属陈宝乡，乡因境内陈宝祠而得名。1943年，陈宝乡公所驻武城山，下设11保、205甲，总人口2158人，乡境内主要街市村庄有店子街、十里铺、菜市、火车站、卧龙寺、底店镇、石羊庙。东岭村编为陈宝乡第九保一、二甲，村内设有甲长。1947年，经户政保甲整顿，陈宝乡改设8保，东岭村编为第七保一、二甲。1949年7月16日，新成立的宝鸡市人民政府宣布废除保甲制度。

乡社队组 1949年7月14日，宝鸡解放。7月16日，经陕甘宁边区政府批准，宝鸡市人民政府成立。包括东岭村在内的原陈宝乡4个保划归宝鸡市，隶属新设置的十里铺区。1951年4月，东岭村隶属新成立的宝鸡市店子乡。1953年，东岭村的3个互助组合并，成立东峰农业合作社(以下简称东峰社)。1956年5月，店子乡并入斗鸡区陈仓乡，东锋社转而隶属陈仓乡。随后，东峰社和邻村的马营社、劳动一社、劳动二社、黄家村社合并，成立高级农业合作社。1957年2月，经上报批准，高级农业合作社名为南五村高级农业合作社（以下简称南五村社)。1958年10月，成立宝鸡市陈仓人民公社，实行政社合一；12月，设立宝鸡市县功人民公社陈仓大队，原南五村社以“工农联盟”之意更名为联盟中队。旋即，陈仓大队相继更名为陈仓生产管理区、陈仓人民公社，联盟中队更名为联盟大队。东岭村成为陈仓乡联盟生产大队第六生产队（以下简称联盟六队）。1967年，东岭村随陈仓乡更名，称为红旗人民公社联盟生产大队第六生产队。1970年，东岭村为四季青人民公社联盟生产大队第六生产队。1982年，四季青公社撤销，原属金台区的生产大队回归，东岭村回归陈仓乡联盟生产大队第六生产队。1984年4月，陈仓公社改设陈仓乡，设乡人民政府。联盟大队改称联盟村，设村民委员会。东岭村由联盟生产大队第六生产队改设联盟村第六村民组（以下简称联盟村六组）。

撤组建村　1995年，金台区领导在东岭村调研时，村民表达要撤销联盟村六组、成立东岭村的意愿。1999年6月3日，联盟村六组164名村民再次以“村民要求”上书区政府，要求“将东岭村从联盟村划出，成立东岭村”，后经联盟村六组代表会讨论后上报联盟村村委会，要求成立东岭行政村。7月6日，经联盟村村委会讨论，同意联盟村六组成立东岭行政村。7月9日，联盟村六组上报《关于联盟村第六村民组机构设置中有关问题的报告》，就村、组资产问题提出3条意见。7月11日，联盟村村委会向陈仓乡政府上报《关于第六村民组成立东岭行政村的报告》。7月26日，金台区人民政府向陈仓镇下发《关于撤销联盟村六组设立东岭村的批复》，同意撤销联盟村六组、设立陈仓镇东岭村。撤组设村后的地域范围，以原联盟村六组的行政区域为新设村的行政区域，村委会办公地址设在东岭村67号。7月27日，中共宝鸡市金台区委组织部下发《关于成立中共陈仓镇东岭村党总支委员会的批复》，同意陈仓镇党委《关于成立中国共产党陈仓镇东岭村党总支委员会的请示》，批准成立中共陈仓镇东岭村党总支委员会、撤销联盟村第六村民组党支部。8月12日，东岭村在东岭娱乐广场举行首届村民委员会选举。市、区领导到场指导选举工作，宝鸡电视台等新闻媒体前往采访报道。经参加选举的409名选民无记名投票选举，李黑记以高票当选为东岭村村民委员会（以下简称村委会）主任，罗卫军、方纪林分别当选村委会副主任，李新宝、黄烈爱当选村委会委员。东岭村的共青团、妇代会、老年协会等群众组织随即成立。2000—2016年，村委会已进行5届换届选举。

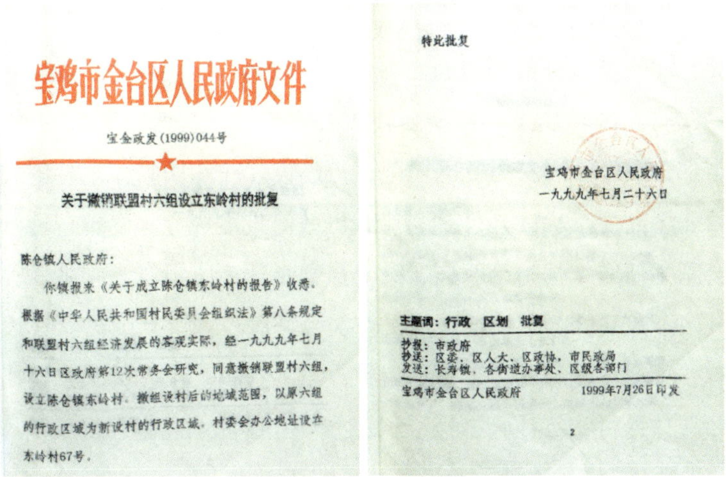

宝鸡市金台区人民政府文件

宝金政发(1999)044号

关于撤销联盟村六组设立东岭村的批复

陈仓镇人民政府：

你镇报来《关于成立陈仓镇东岭村的报告》收悉。根据《中华人民共和国村民委员会组织法》第八条规定和联盟村六组经济发展的客观实际，经一九九九年七月十六日区政府第12次常务会研究，同意撤销联盟村六组，设立陈仓镇东岭村。撤组设村后的地域范围，以原六组的行政区域为新设村的行政区域。村委会办公地址设在东岭村67号。

特此批复

宝鸡市金台区人民政府

一九九九年七月二十六日

主题词：行政　区划　批复

抄报：市政府

抄送：区委、区人大、区政协，市民政局

发送：长寿镇、各街道办事处、区级各部门

宝鸡市金台区人民政府　　1999年7月26日印发

2

金台区政府《关于撤销联盟村六组设立东岭村的批复》

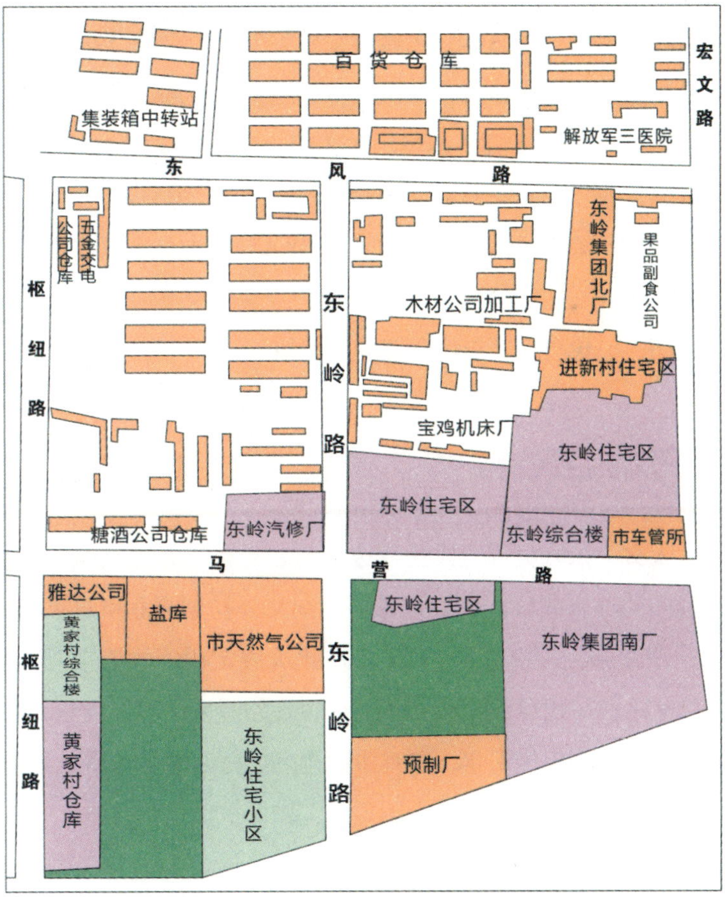

1998 年东岭村示意图

农村社区 2003 年，金台区实施城中村改造，原村民委员会改设为社区居民委员会。2006 年，东岭村进行“城中村”改造。宝鸡市为树立新农村建设的样板，未在东岭村实行农民转居民、村委会转居委会的转化，保留东岭村的行政建制。2008 年，宝鸡市部分县区开展农村社区示范试点建设。在此期间，东岭地产开发建设的楼盘有大量城镇业主入住。2011 年 4 月，金台区政府批准成立陈仓镇东岭社区居民委员会，东岭村委会副主任方纪林为第四届居民委员会主任，康银侠为副主任。同年 7 月 1 日，举行东岭社区党总支部、东岭社区居民委员会挂牌仪式。社区设立环境卫生、治安保卫、民事调解、物业管理、社会事务等组织，配备专职工作人员，成立物业管理公司，设立服务大厅。东岭村实行社区管理，村民享受社区服务待遇。2016 年，东岭社区有住户 4000 户 10080 人，流动人口 150 人。社区配备工作人员 15 名，其中，专职人员 6 名，公益性岗位 5 名。

村党组织 1955年，东岭村发展首个中共党员。1957年，成立南五村高级社党支部，东岭村设党小组。1972 年 2 月，联盟六队党支部成立，后改为联盟村六组党支部。1994 年 6 月，成立东岭机械铆焊厂党支部。1999 年 7 月 26 日，成立东岭村党总支部。2002 年 6 月，成立中共东岭村委员会；8 月，成立中共陕西东岭集团委员会，与中共东岭村委员会“一套人员，两块牌子”。2016 年，东岭村（集团）党委辖基层党委 8 个、党总支部 10 个、党支部 84 个，管理党员 2815 名。在村（集团）党委领导下，成立工会、共青团、妇代会、老年协会等群众组织。

◉ 村情与交通

人文 东岭村周边文化底蕴深厚。村东北的戴家湾遗址是省级重点文物保护单位，遗址内的陈仓故城，为秦人东征、秦文公初创霸业所筑。秦文公四年（前 762），秦人至千渭之会，“占卜曰吉”后，在此筑城定居，成为宝鸡建城的渊源。秦文公十九年（前 747），在此得“陈宝”（传为神鸡，实为陨石），遂设坛、建祠以祭祀。祀鸡台延绵至今，陈宝祠流传千年，宝鸡由此得名。村西的金台观始建于元末明初，是太极拳创始人张三丰修行之地，现为全国重点文物保护单位。陵原上的五代李茂贞墓，墓主被封大唐秦王，墓葬仿帝陵形制，发掘后轰动一时，2013 年 5 月入选全国重点文物保护单位。村西北的北首岭遗址是全国重点文物保护单位，为距今 7000 余年的仰韶文化遗址，早于西安半坡遗址400年。该遗址总面积11万平方米，经中科院考古研究所等单位7次发掘，出土文物5000余件，其中的网纹船形彩陶壶、鹳衔鱼纹彩陶缸和陶塑人面像是珍贵的史前文化艺术珍品。村南的石鼓山俗称石嘴头，是“中华第一古物”石鼓文的发现之地。石鼓文亦称猎碣或雍邑刻石，为周宣王时期刻石，是中国现存最早的石刻文字。2012年3—6月，石鼓山又先后发现3处西周墓藏，共发掘文物138件（组），其中青铜器127件（组）。石鼓山考古发掘震惊海内外，被评为2012年度全国十大考古发现之一。村北的蟠龙原，挟龙川雄镇之风。“龙川雄镇”为明、大顺、清三代重臣党崇雅所题，蟠龙原为其故乡，陈仓村的党崇雅墓为区级文物保护单位。

交通 旧时东岭人东进、西出、北上，以步行为主，富户有车、马代步。向南，须经郭家崖渡口，夏秋渡船、冬春过桥。1915年，东岭村北的祀鸡台（后演化为斗鸡台）道路修通。该路由宝鸡县城东的龙泉巷南口通往斗鸡台，该路段，基本沿今中山东路、宝十路前行。村民经此路，东至十里铺、张家村，西到店子街、宝鸡县城。1916年，村东北的宏文路修通。该路原为土路，1939年经申新纱厂拓宽，1943年以路东宏文造纸厂得名宏文路。1936年12月7日，村北新修的陇海铁路西安至宝鸡段通车。东岭村人首次听到火车的轰鸣，见到火车的雄姿，感受到现代工业文明。1939年，村东北增设斗鸡台火车站，村民可就近坐车直达省城西安。1941年，长（安县）益（门镇）公路（俗称西宝南线）全线通车，村民可隔河远望石嘴头（石鼓山的俗称）下奔跑的汽车。

1954年，国家修建宝（鸡）成（都）铁路，数万名筑路工人云集宝鸡，铁道部新建铁路总局第六工程局在村西路北的上马营（今宝铁路）驻扎。该处逐渐发展有街道、商店、学校、医院，1987年为西安铁路局宝鸡分局驻地，至今东岭有些老人还把到马营街道称为“到六局去”。1958年，村北的经建路（由经济建设得名，1967年更名为东风路）开通，村民出行更为便捷。该路贯穿市区东西，东至卧龙寺、虢镇，西达宝鸡市区。直通村中的东岭路、村西的联盟路也先后开通。同年，西（安）宝（鸡）高速公路北线改由千河桥经卧龙寺、十里铺直达宝鸡市区，不再绕行蟠龙原。由村北解放军第三医院通往宝鸡县城虢镇的宝虢路开通。东岭环村交通条件大为改善。1964年，东岭村西、经建路北建成宝鸡铁路货运枢纽站（今宝鸡东站）。1965年，村北的经建路通行公共汽车，称为1路公交汽车。村民可在村北解放军第三医院站乘公交车西至市区、东到十里铺。该路公交车原在宝十路运行。1990年，村西通往渭滨区的渭河大桥（今金渭大桥）通车，东岭人不用再绕道宝鸡

村庄道路一处

市区到渭河南。1995 年 12 月 28 日，村东的西宝高速公路通车，连接高速公路出入口的西宝高速公路延伸段（2003 年得名金台大道）同时通车。西宝高速公路为国道 G30 连（云港）霍（尔果斯）高速公路的一段，东岭人从此融入现代高速交通网。1996 年，斗中路南拓展至延伸段。1999 年，村西由东风路至延伸段的道路修通（2004 年命名为冠森路）。2000 年 5 月，拓宽改造后的大庆路竣工通车。2002 年，东岭路南延至滨河北路。同年，开拓修通街坊路（后更名为冠森东路、东岭西路）。2004 年 4 月 26 日，村东的人防隧道（今称石鼓隧道）建成通车。2012 年 9 月 28 日，村南通往中华石鼓园的东岭廊桥建成通行。

工业　1938 年 12 月，原在湖北汉口的申新公司第四纺织厂为避战火，内迁至村东北的斗鸡台，设立宝鸡分厂（今大荣纺织有限公司前身，习惯称为申新纱厂）。截至抗日战争末期，周边形成有数百家工厂的秦宝工业区，知名者有大新面粉厂、福新面粉厂、宏文造纸厂、洪顺机器厂、泰华织布厂、泰和烟厂等。工厂的烟囱、机器的轰鸣、夜晚的电灯，令东岭人感到新奇并为之一振。中国工业合作协会（以下简称工合）西北办事处兴办的工业合作社也在村庄周边兴起。东岭村人首次见到宝鸡地区机器制造的“洋布”“洋面”“洋烟”。1958 年，村西北建宝鸡炼焦厂，1959 年，宝鸡石油机械厂在东岭村西建立东厂区。1960 年，宝鸡炼焦厂建成投产，1963 年停办。1964 年，宝鸡卷烟厂在村西的金陵桥东建立新厂区，并于 1968 年由市区人民街 38 号（今中山花园小区）迁至今处。1965 年 9 月，陕西机床维修站从虢镇陕西机床厂迁至东岭村西北的原市炼焦厂旧址，改建为宝鸡机床维修厂（宝鸡机床集团有限公司前身），维修普通车床和精密车床。东岭村进入工农交融状态，传统纯农业布局被打破。1968 年，村西北建陕西铸造厂（1970 年更名为宝鸡市钢铁厂，后又更名为宝鸡钢厂）。20 世纪 70 年代后，东岭村周边成为市区的重要组成部分，商业服务设施逐渐增多，不再新设工厂。

商业 民国初期，东岭村人购买日常用品一般到店子街。该地旧名金陵店，因位于金陵河畔、开设有店房而得名。群众购买更丰富的生活用品则需要到商品更为齐全的宝鸡县城。县城分东街、西街，每日集市、半月轮换。有时，人们也到虢镇、凤翔县陈村镇乃至陇县县功镇赶集。抗日战争爆发以后，太白庙西的柴火市成为蔬菜等交易的菜市（也称菜市街），开设有商业店铺。随后，陇海铁路南的粮市街形成。东岭村人也可到菜市、粮市街购买日用物品。宝鸡县城设立火车站后，车站一带成为繁华之地，商品交易活跃。东岭人需涉金陵河，进城赶集、买卖物品。1954 年，铁道部新建铁路总局第六工程局进驻村西后，马营街道逐渐形成，购物更为便捷。同时，斗鸡街道商店增加，物品更为丰富。之后，两地分别组建斗鸡地区、马营地区商店。同年，村西北由粮食部投资修建 1003 国家粮库。该库 1956 年建成并投入使用，容量 5 万吨，设铁路专线百余米。1955 年，村北由商业部投资扩建 6501 国家储备库。1957 年，6501 国家储备库的百纺仓库（今中粮国际）竣工，库容 13760 平方米，土货场 1720 平方米，有铁路专用线 147 米。1958 年，村北设宝鸡市木材公司。1980 年，市金属材料公司在村西北建立。1985 年，村东北由商业部和省、市共同投资新建中型果品冷库，建筑面积 8900 平方米（使用面积 8230.4 平方米），容量 3000 吨。1998 年后，沿马营南路（今金台大道）先后建立果品、家居、建材、废旧物资等专业市场，增添商店、超市、酒店、饭店等服务设施。东风路沿线相继有联盟服务楼、联盟宾馆等建立。2001 年 6 月 25 日，村西的东岭市场试营业，随即正式营业。2002 年 8 月 12 日，村西的宝商集团家美佳购物中心建成开业。2005 年 12 月 6 日，东岭村东北的惠邻购物广场超市开业。

20 世纪 90 年代，东岭村的百货商店与理发店

◉ 人口姓氏

人口数量 建村初期，人口数量不可考。1950年5月，全村共62户263人。据1952年统计，全村人口280人，其中，男性155人，女性125人。由于社会稳定，人民生活水平提高，医疗卫生条件改善，妇女生育率上升，加之婚嫁落户，村中人口增长较快。20世纪80年代以来，国家推行计划生育，提倡一对夫妇只生一个孩子，人口过快增长态势得以遏制。1982年8月，全国第三次人口普查时，联盟六队（今东岭村）普查为121户590人。1990年，全国第四次人口普查，联盟村第六普查小区（今东岭村）普查为280户979人，其中，男性512人，女性467人。1982年、1990年人口普查数据中含暂住人口与集体户口人数。2000年，第五次全国人口普查摸底调查时，全村常住人口为187户763人。2001年，东岭村有老年人（男性60岁，女性55岁及以上）86人，其中，男性26人，女性60人；55～69岁54人，70～80岁17人，80～90岁15人，男、女丧偶空巢老人各6人。2005年，东岭村有老年人103人，其中，男性31人，女性72人，69岁以下老人66人，70～89岁35人，90岁以上2人。

2016年，全村人口（享受村民待遇的常住人口）为778人，较1950年增加515人。

1962—2016年东岭村常住人口统计表

表1 单位：人、户

年份	总户数	总人数	年份	总户数	总人数	年份	总户数	总人数
1962	78	413	1974	96	528	1984	137	604
1964	85	426	1975	101	534	1985	138	605
1966	88	441	1976	103	544	1986	143	619
1967	—	—	1977	104	545	1987	150	616
1968	93	478	1978	110	545	1988	154	620
1969	92	495	1979	111	552	1989	152	623
1970	95	489	1980	113	571	1990	158	647
1971	96	493	1981	115	583	1991	160	654
1972	96	515	1982	120	583	1992	163	658
1973	96	552	1983	128	595	1993	168	675

续表 1

年份	总户数	总人数	年份	总户数	总人数	年份	总户数	总人数
1994	172	678	2002	191	722	2010	234	757
1995	176	704	2003	191	745	2011	210	782
1996	173	690	2004	189	754	2012	207	785
1997	185	720	2005	187	763	2013	208	793
1998	188	720	2006	199	782	2014	207	792
1999	—	—	2007	205	799	2015	209	790
2000	184	698	2008	203	806	2016	208	778
2001	188	720	2009	239	892			

说明：1. 根据参与村级分配的常住人口人数编制；2. 统计时限为当年 12 月 31 日

1999—2016 年东岭村出生死亡人口统计表

表 2　　单位：人

年份	出生人数	死亡人数	年份	出生人数	死亡人数
1999	9	1	2009	10	4
2000	11	4	2010	5	9
2001	16	5	2011	3	0
2002	4	2	2012	9	4
2003	2	5	2013	6	3
2004	4	2	2014	6	6
2005	5	3	2015	5	4
2006	3	3	2016	9	6
2007	13	7	合　计	133	71
2008	7	3			

文化程度　民国时期，村内多文盲。村民到邻村私塾或保国民学校读书。学生以初小（1 ~ 3 年级）程度为主，偶有读到高小（4 ~ 6 年级）、初中。1949 年后，村民受教育程度逐步提高，上学读书、识字读报成为新潮。学生上学，初小在邻村学校就读，高小则要到李家崖小学、十里铺小学。20 世纪 50 年代，村中初中学生增多，多求学于宝鸡中学、龙泉中学、惠工中学（后改为斗鸡中学）、荣校附中。20 世纪 60 年代，村内的初中生、高中生增多，偶尔有学生升入中专、大专乃至大学。1962 年，全村 16 岁

以上在校学生共10人。1982年，全国人口普查时，全村6周岁以上总人口533人，其中，高中人口72人、初中152人、小学195人、文盲或半文盲114人，分别占总人口的13.51%、28.52%、36.59%和21.39%。1996年进行全国第一次农业普查，全村对7周岁以上至未退休人口进行文化程度统计，其中，中专5人、高中96人、初中248人、小学75人、文盲或半文盲28人，分别占总人口的0.72%、13.75%、35.53%、10.74%和4.01%，文化程度以高中、初中为主。1983—1999年，全村先后有11人考入大学、3人考入中等专业学校。截至2016年，数十人考入大学及攻读研究生课程。

外来人口 陕西农村多称自家来自山西大槐树，元末明初迁至陕西。东岭建村，村民来自附近村庄或外地，都是外来人口。经调查，最早的梁姓来自陕西省合阳县，罗姓来自金台区西关街道罗家塄，魏姓来自河南省。抗日战争时期，来自东部沦陷区的难民流落宝鸡，在东岭栖身落户。1996年，全国第一次农业调查，全村196户村民，有外省籍贯8户。改革开放以后，人口流动加快，外来人口增加，称之为暂住人口。1995年，全村有流动、暂住人口255户486人，形成“户户有租房户、家家有外来人”。2000年，全国第五次人口普查摸底调查时，全村有暂住人口374户895人，暂住人口数量超过村中常住人口数量。东岭企业在发展过程中，吸纳大量外地优秀人才，并给其中有突出贡献者以村民待遇。2008年，东岭集团的10名非东岭村户籍员工首次享受村民待遇。2016年，全村常住村民208户，其中外省籍贯42人。

姓氏分布 根据村民座谈、访谈等口碑资料，方姓为最早居住在东岭村的姓氏，后有仝姓、韩姓、李姓等在此定居。据1952年统计，全村共62户280人，户主姓氏13个。以汉语拼音字母排序，姓氏及户数分别为：陈姓，1户；方姓，12户；韩姓，12户；李姓，11户；罗姓，6户；梁姓，3户；刘姓，2户；陆姓，1户；毛姓，1户；孙姓，1户；仝姓，5户；魏姓，1户；岳姓，6户。2000年，全国第五次人口普查时，入户登记姓氏227个。全村家庭户中，李姓71户，方姓63户，韩姓22户，罗姓18户，岳姓10户，刘姓7户，仝姓6户，其余姓氏在5户以下。根据2017年3月统计，全村共有姓氏87个，以汉语拼音字母排序，分别为白、曹、车、陈、代、党、邓、董、杜、方、冯、范、符、高、郭、葛、龚、苟、关、韩、黄、郝、胡、贾、江、焦、靳、景、康、孔、李、梁、罗、雷、廖、刘、柳、芦、陆、吕、马、毛、苗、穆、彭、蒲、齐、强、乔、权、冉、任、师、石、史、宋、苏、孙、索、仝、唐、田、魏、王、汪、温、文、吴、谢、辛、徐、许、岳、薛、杨、闫、严、晏、袁、曾、张、赵、郑、钟、周、朱、左 。全村人数在5

人以上的姓氏 18 个，其中排列前 10 位的姓氏及人数分别为：李姓，151 人；方姓，115 人；韩姓，79 人；罗姓，52 人；张姓，48 人；刘姓，36 人；岳姓，35 人；王姓，24 人；仝姓，20 人；梁姓，19 人。

自然环境

土地所有权变更 东岭村土地旧为河滩地，由漫滩造田形成。民国时期，土地分散，各家占有数量不等。地主家一般土地为三四十亩，贫、下中农少地或无地。1952 年，全村土地面积共 1069.78 亩，其中，正式耕地 960.82 亩、非耕地 82.69 亩、宅基地 26.27 亩。1984 年，修筑渭河的联盟、进新、工农段河堤，占用东岭村土地 114 亩，其中，河床地 26 亩、正式耕地 88 亩。1988 年东岭进行土壤普查，全村土地面积为 520.16 亩。1996 年，经土地清查，全村土地总面积为 409.77 亩。1999 年 9 月，东岭村委会将原宝鸡东岭机械厂（集团）占用的集体土地 26.18 亩作为向陕西东岭工贸股份有限公司的投资并签订《土地投资合同》。经地价评估，土地价值为 768.07 万元；11 月 4 日，省土地管理局下发《关于对宝鸡东岭机械厂（集团）改制中土地资产处置方案的批复》，同意将其使用的 2 宗集体建设用地作价 768.07 万元，按折股率 1∶1，作为东岭村集体资产进入新成立的股份有限公司，股权由东岭村集体经济组织持有。2000 年 4 月 3 日，省政府下达《关于宝鸡市金台区陈仓镇东岭村建设村民住宅小区建设用地的批复》，同意将村内 36.16 亩农用地（菜地）转为建设用地，原集体土地所有权不变。同意将上述转为集体建设用地后的土地，连同该村原有的 4.71 亩集体建设用地，共计 40.87 亩土地使用权由金台区陈仓镇东岭村使用，用于住宅小区建设。2003 年 5 月 14 日，省政府下达《关于宝鸡市 2003 年度第二批次农用地转用土地征用的批复》，同意东岭村 65.85 亩集体农用地（含耕地 65.55 亩）转为建设用地，并同意将上述转用后的土地连同东岭村 266.25 亩建设用地依法征为国有。2006 年 3 月 6 日，金台区申报东岭村市级“城中村”改造项目时，村占地 356.4 亩，其中耕地 41.4 亩，人均 0.06 亩。2016 年，村原土地由东岭集团东岭地产总公司用于房地产开发。

土壤 东岭村土壤大部分为潮土类的黄潮土，另有新积土和水稻土。潮土主要分布于村南渭河北岸的低阶地上，地势平坦、土层较厚，质地为中壤或沙壤，疏松易耕，出苗好，宜种作物类型广，肥沃程度受人为耕种活动的影响很大。潮土较肥沃，是东岭村重要的农业耕作土壤。新积土理化性能一般较差，质地大多粗糙，易受洪水威胁，生产无保障。水稻土仅占极少部分。

地质地貌　东岭村位于陕西西部的渭河北岸，处在陕甘宁台坳（旧称鄂尔多斯台向斜）与秦岭褶皱系之间汾渭断陷，属渭河断凹地质构造单元。东岭村在陕西关中平原（亦称渭河平原）西部，该平原由渭河河流游荡迁徙和洪水泛滥冲积物沉积而形成。

东岭村原地形为南北长、东西低、中间高，俗称“驴脊梁状”。整体上为南低北高、东低西高，海拔高度在 575.40 ～ 578.06 米之间。村地貌主要为渭河河床、河漫滩及渭河一级阶地。渭河河床以中心线为界，成为金台区、渭滨区的分界线。河床水流缓慢，遍布鹅卵石，近岸处多泥沙。渭河河漫滩地面平坦，微向河床倾斜，组成物质以全新统粉砂为主，下部为砂卵石，上部为亚砂土，厚 1.0 ～ 1.5 米。旧为农业耕地，现为公园、住宅。渭河一级阶地阶面狭窄，由西向东逐渐加宽，微向河床倾斜。组成物质为全新统冲积物，下部为分选、磨圆较好的砾石层，为砂质胶结，上部为亚砂土和亚黏土。旧为农业耕地、住宅，现在是道路、住宅、绿化地。

气候气象　根据 1953—2016 年气象资料，东岭村年平均气温为 13.2℃，冬季平均气温为 1.4℃，春季为 13.9℃，夏季为 24.6℃，秋季为 13.0℃。村域年平均气温自 20 世纪 70 年代中期开始出现升高的趋势，1993 年发生突变，1998 年开始出现显著上升趋势。村域最热月和最冷月平均气温之差为 25.6℃。1953—2010 年的极端低温，为 1955 年 1 月 11 日出现的 −16.7℃，极端高温为 2008 年 6 月 17 日出现的 41.7℃。1991—2010 年，最热月均出现在 7 月，最冷月均出现在 1 月。东岭村年平均地面温度为 15.0℃，最高值一般出现在 7 月，最低值出现在 1 月，地温分别为 28.9℃、0.3℃。村年日照时数平均为 1835.8 小时，全年光照比较充足。

东岭村 1953—2016 年年平均降水量 656.0 毫米，最大降水量为 1981 年的 951.0 毫米，最小降水量为 1995 年的 378.2 毫米。降水季节性特征明显，夏季降水量占全年降水量的 44.2%，春季占 21.1%。7—9 月，为降水主要集中时间，形成“秋淋”。12 月至来年 2 月降水较少，形成春旱。年平均降水日数为 100 天。降水量年际变化大，易造成水旱灾害。2000 年以后，年降水量减少。年水分蒸发量平均为 1337.4 毫米。

1953—2016 年，东岭村盛行风向为东风，西风、西北风次之，年平均风速为 1.2 米 / 小时，月平均风速差异随季节的变化比较明显。年平均大风出现日数为 2.1 天。

河流泉渠 东岭村南为渭河。渭河为黄河第一大支流，源自甘肃省渭源县鸟鼠山，出宝鸡峡谷后，从金台区硖石镇林家村进入关中平原。渭河在联盟村西接收北来的金陵河水后，继续向东流，由黄家村东进入东岭村域。渭河流经东岭村，折向东北方向，经工农村东去，过宝鸡市、咸阳市、西安市、渭南市，在陕境潼关注入黄河。根据宝鸡林家村水文站等提供的资料，渭河多年径流量为22.12亿立方米，最大洪峰为1954年的5030立方米/秒。渭河在东岭村域流长1.04千米，河宽674米，平均比降为1.3%。由于多年河床南移变化，所遗滩涂成为东岭村新增耕地。历史上，东岭村由于地处河滩，地下水位较高，稍加挖掘，即有水出，因而水田、水浇地较多，田中渠网纵横。村南水渠，汇集来自上马营东村、晏家西庄、今宝鸡货运东站的3处泉水，由北向南流经镇海寺西侧，过寺门前，沿村向东流淌，汇集曾家泉、刘家泉，南折入渭河。村民在渠中淘洗磨面的粮食，因而得名磨渠。磨渠在村南（今东岭路南）架小桥供人通行，桥头安置有石狮。20世纪80年代后，地下水位下降，灌溉设施减少，泉水枯竭，渠网不再。2016年，村内无水渠。

渭河水患 东岭村南是流淌数千年的渭河。渭河是陕西关中地区的母亲河，为沿岸人民给予灌溉、舟楫之便，孕育着古老传统文明，但也给村民带来水患的伤痛。根据清乾隆二十九年（1764）版、乾隆五十年（1785）版、1922年版《宝鸡县志》、1946年版《最近宝鸡乡土志》及2012年版《宝鸡市水利志》记载，渭河在明、清时期发生重大水灾13次，分别为明嘉靖十一年（1532）、万历四十四年（1616年）、清康熙元年（1662）、康熙四十一年（1702）、乾隆十年（1745）、乾隆二十一年（1756）、嘉庆十三年（1811）、嘉庆二十四年（1815）、同治六年（1867）、同治七年（1868）、光绪二十四年（1898）、宣统元年（1909）、宣统二年（1910），留下"秋淫雨，渭溢，崩塌沿渭地亩""渭水涨，冲淹村庄房舍，淹毙人口秋禾""大水，渭河泛滥"等记载。民国年间较为重大的水灾分别发生在1914年、1933年及1947年，留下"渭溢""渭水暴涨""灾民啼饥号寒"等记载。其中，1933年6月17日，"渭水暴涨冲进县城南门，淹死冲走南河滩居民，倒塌房屋数百间"，渭河水漫过村庄，直抵今东风路的国家粮食储备库宝鸡直属库处，村民将家中财物、牲口转移到村北高处韩家崖；1947年6月6日，"大雨倾盆，山洪暴发，淹没民房院墙，县南街尤甚"。

1954年8月17日，渭河出现罕见洪水，林家村水文站监测洪峰流量达5030秒/立方米。沿河秋田被淹数万亩。宝鸡市区住有48户人家的夹心滩除人畜外，其余淹没殆尽。洪水冲毁宝成铁路路基50余米，冲进经二路街道，受灾人群达18013人，死亡18人，冲倒房屋1350间，冲淹耕地田禾6500余亩。洪水淹没庄稼，冲进东岭村里，水漫至今东风路。村民将妇女儿童、贵重物品及大牲畜转移到陇海铁路北的亲戚家里。9月2—3日，连降大雨，渭河、金陵河暴涨，东岭村民再次抗洪避险。

二十世纪六七十年代以来，国家、集体相继投入巨资，修筑加固渭河堤防。2010年，渭河北岸自金陵河入渭口至南坡村段的堤防共长1.21万米，均按一级堤防设计，为石块混凝土砌就。自此，东岭村彻底告别屡遭水淹的历史。

◉ 发展概况

学校学区 民国时期，东岭村上学的孩子人数较少，分散在县境内多所学校求学。1952年4月，市政府设立宝鸡市店子街联合小学等其他小学。设在村镇海寺和三官殿的初小班，称为宝鸡市店子街联合小学晏家庄分班（以下简称店子街小学晏家庄分班）。1953年，市政府将私立十里铺小学（今十里铺中学）、私立十里铺初级中学（今斗鸡中学）接收为公办学校，分别更名为宝鸡市十里铺小学、宝鸡市第二初级中学。1954年9月6日，村西北的铁道部新建铁路总局第六工程局职工子弟小学（今宝鸡铁路第一小学）正式开学。1955年9月，市第二初级中学迁往今斗中路67号新校区。1957年9月，店子街小学晏家庄分班独立建校，成立宝鸡市晏家庄小学，并划拨晏家庄千余平方米土地作为新校址。驻村西北韩家崖的西北革命残疾军人学校（以下简称为荣校）附中开办普通教学班，招收附近小学毕业生。1958年，东岭村办起2个托儿所。1960年，石油机械厂职工子弟小学迁至东岭村西的石油家属区。1961年，宝鸡铁路第一职工子弟中学（以下简称宝鸡铁一中）成立。1963年，陈仓中学（前身为荣校附中）并入斗鸡中学，村西的宝鸡电气化器材厂创办职工子弟学校。1964年，陈仓乡开办农业中学，招收部分未升入普通中学的学生。

1966年，斗鸡中学更名为毛泽东主义中学。1968年，晏家庄小学增设中学部，成为九年一贯制的晏家庄学校。1974年，宝鸡铁路职工第二职工子弟中心（以下简称宝鸡铁二中）在今滨河北路北建校。1979年，晏家庄学校撤销中学，成为全日制完全小学。1982年，村办幼教机构解体，村民将子女送入社会幼儿园、学前班。1987年，晏家庄小学更名为金台区东风路小学。2001年10月，宝鸡石油学校移交金台区政府管理。

东岭幼儿园小朋友

2002 年 10 月 26 日，晏家庄小学更名为逸夫小学；8 月 6 日，由东岭集团、西街幼儿园联合创办的西街幼儿园东岭艺术园获区文教局批准成立。2003 年 2 月 20 日，斗鸡中学改制为国有民办学校，实行理事会领导下的校长负责制。2005 年 1 月，西安铁路局所属的宝鸡铁一中、宝鸡铁二中、宝鸡铁一小等学校移交金台区政府管理。随后，宝鸡铁一中、宝鸡铁二中分别更名为东风路高级中学、陈仓园初级中学。同年 12 月 15 日，斗鸡中学被命名为“省级重点中学”。

二十世纪五六十年代，东岭村孩子分别到晏家庄小学、李家崖小学、店子街小学、十里铺小学、斗鸡中学、荣校附中等附近公办学校及陈仓乡农中就学。2010 年，根据义务教育“就近入学”的原则，东岭村划定为逸夫小学、斗鸡中学、十里铺中学、陈仓园初级中学的学区范围，学生按期入学接受九年义务教育。高中阶段，学生根据最低控制分数线，在所在学区范围内选择学校，持初中毕业学业考试成绩通知单到学校报名。学生家长也有为子女选择名牌学校就读，为其创造更好的学习环境。

教育培训

教育普及 清末民国初期，东岭村个别孩子就读私塾，读“四书”“五经”及《百家姓》《三字经》等儿童启蒙读物。民国中期，保国民学校先后设在上马营谢家厅房、李喜家及黄家村黄喜家，学校实行 1 ～ 3 年级复式教学。1946 年后，保国民学校设在晏家庄三官殿。学校开设公民、国语、算术、体育等课程，教师按课程表授课。东岭村学生多在此读初小，高小则到惠工中学小学部就读。1955 年以后，村内中学生逐渐增加。1962 年，仝德祥考入西安交通大学，成为全村首个考入全国重点高等院校的大学生。1970 年后，村小学教育基本普及。1990 年，村九年义务教育普及，适龄儿童按时入学接受义务教育。进入 20 世纪 90 年代，每年都有考入高校的学生，村中大学生人数逐渐增多。2000 年，全村高中教育基本普及，学生接受高级中学普通教育或职业教育。2016 年，全村有在校小学生 47 名、中学生 48 名。2000—2016 年，全村考入高校学生 96 名。2005—2016 年，先后有 7 名学生考取硕士研究生。

未成年人教育　东岭村重视未成年人教育，成立校外活动领导小组，制定教育计划，组织安排教育活动，提高未成年人的思想道德素养。学生暑假期间，组织专题报告、公益劳动、参观考察、学习交流、文艺演出等活动，开展思想品德、社会道德、热爱家乡、自强自立、奋发有为、文明礼仪等教育。

专业技术教育　1950 年，村内办识字班、扫盲班，向农民教认常用字，开展扫盲工作。1958 年，成立“扫盲突击班”“红专学校”，组织社员学政治、学军事、学农业科技知识。20 世纪 80 年代，村内中、青年基本达到初小程度，教育转向科技培训。1983 年 12 月，开办农民技术学校，以科学种植、养殖为主要内容，进行科技教育，培养农业技术人员。1989 年，村民罗锁成、韩玉山等人首获助理农艺技师、技术员的农民技术职称。1996 年 7 月，组织村民参加中央农业广播电视学校学习。东岭企业重视企业员工教育培养，多次组织员工到高等院校培训，邀请行业专家到企业讲课，组织人员到国内、外学习考察，提高企业员工素质。

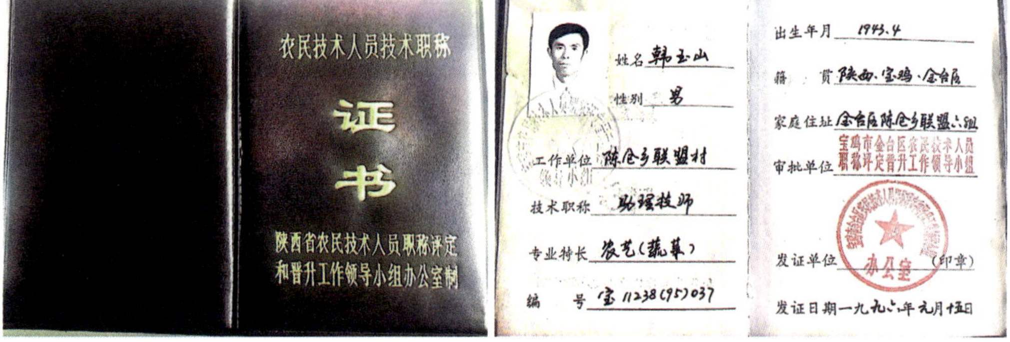

村民韩玉山农民技术职称证书

金台区东岭社区卫生服务中心

卫生机构 民国时期，宝鸡县城设有实验卫生院，店子街、十里铺有药铺、诊所，申新纱厂设有申福新医院。1951 年 7 月，东岭村东北建解放军西北军区第五陆军医院（后更名为解放军第三医院）。1958 年 3 月，东岭村所在的联盟大队建立保健站，为社员诊病；5 月，郑州铁路局西安分局宝鸡卫生所迁址村西的上马营，更名为宝鸡铁路医院。1968 年，大队建立合作医疗站，配备“赤脚医生”坐诊，为社员防病治病。1998 年 5 月，东岭村建立村卫生室。1999 年 12 月，村委会申请开办东岭村卫生所。2005 年 1 月，铁路医院移交地方政府管理；10 月 26 日，更名为宝鸡市第二人民医院。2007 年，全村 710 名村民参加新型农村合作医疗。2008 年，于宝十路 22 号设立宝十路社区卫生服务中心，东岭社区儿童在此接受计划免疫接种。2011 年，民营的全胜医院在东岭国际社区北建立。2015 年 5 月，村卫生所迁至东岭南路 3 号。至 2016 年，村周边的解放军第三医院为三级甲等综合医院，宝鸡市第二人民医院、第三人民医院均为二级甲等医院。2017 年 6 月，宝鸡市人民医院东岭分院、东岭社区卫生服务中心成立。

医疗卫生 民国时期，东岭村民有病，一般到中药铺进行简单诊治，照方抓药。病情严重时，需进城求医，存在请医难、看病难等问题。霍乱、天花、伤寒、痢疾、疟疾、麻疹、白喉等传染病时有流行。1949 年后，医疗卫生机构逐步形成网络，村周边有医院、卫生所、保健站，人员、设备增加，村民看病就医逐渐便利，健康水平提高。同时，开展爱国卫生运动。改革开放后，公立医院深化改革，单位医院向社会开放，民营医院数量增加，村民有病就到医院就诊，再没有拖延、硬挺等现象。村民闲暇时间，注重养生保健，加强体育锻炼，增加身体抵抗能力。1998 年以后，村民患一般常见疾病，

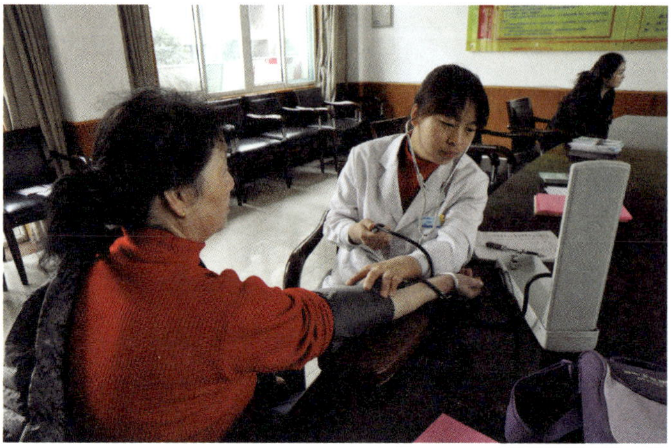

医疗单位走进东岭义诊

就近在村卫生室治疗。2007 年，新型农村合作医疗实施以后，村民患病一般到市区二级甲等医院、三级甲等医院就诊。遇有疑难杂症，就到省城检查、确诊、治疗。同时，各医疗单位也到东岭村内举办健康讲座，开展义诊活动。

二十世纪五六十年代，先后进行妇产卫生宣传教育、推广新法接生，治疗子宫脱垂、闭经等妇科疾病。1975 年开展妇科疾病普查，1977 年普查妇女子宫脱垂、尿瘘病。1999 年，宣传婚前医学检查、妇科疾病普查防治、孕产妇女保健、推行新法接生等妇幼保健知识，婚育妇女均纳入全区系统管理。孕妇全部住院分娩，孕产妇死亡率为零。对新生婴儿建立预防接种卡，通过保健网络定期对婴幼儿注射疫苗，乙肝疫苗、卡介苗、脊髓灰质炎疫苗、百日破疫苗、麻疹类疫苗“五苗”接种率，乙脑疫苗接种率及流脑疫苗接种率均达 100%。幼儿园学生全部建立健康档案。2015 年，组织育龄妇女参加母亲健康工程和孕前优生健康的免费检查，举行“爱母乳妈妈会”活动。

1950 年，开展爱国卫生运动，宣传卫生保健常识。1952 年，贯彻“预防为主”方针，开展消灭苍蝇、蚊子、老鼠、跳蚤、臭虫“五害”活动，治理村域环境卫生。1958 年，开展除“四害”、打麻雀，消灭传染病活动。1975 年，开展地方病防治活动。对普查发现的甲状腺肿、克汀病、氟中毒、头癣、布氏病等疾病，及时开展预防治疗。1979 年 6—9 月，乡、区政府派医疗队，治疗多人感染的伤寒。1976 年，建立三级卫生防疫网，为儿童建立预防接种卡。1999 年 3 月，组织开展创建区级卫生村活动。2003 年，村委会组织“非典”防治，加强卫生隔离、环境清洁、房间消毒等工作。2007 年，卫生保洁人员实行门前“三包”（包卫生、包绿化、包秩序）责任制，小区实行垃圾袋装化，“四害”

消杀专业人员按季投放灭鼠药并开展蚊蝇消杀工作。2008 年 5 月，四川汶川特大地震后，建立疫情预测预报制度，强化环境卫生，避免灾后疫情发生。2009 年，甲型 H1N1 流感防治期间，村委会组织专门队伍，实施环境卫生清理、喷洒消毒剂、监测重点人群体温变化，对幼儿园学生、老年人等人群进行重点跟踪监控，全村未发生疫情感染病例。

体育项目 村传统体育活动项目有填方、下象棋、抓羊儿、荡秋千、放风筝、斗鸡、跳绳、掰手腕、踢毽子、滚铁环等。填方也叫作盯方。即在田间地头就地画方，二人各执“码子”（一方为石头或土块，一方为树叶或草根），填法虽不同，但均以吃掉对方所有“码子”者为胜。抓羊儿又称抓羊拐拐。因最早为羊蹄骨节而得名，后以瓦片等代替。曾是姑娘和年轻媳妇的游戏活动，能锻炼手的灵活性。玩时三五为伴，拣几块瓦片敲碎磨光，作为“羊儿”，每人一副。可以两人对抓，也可以一人连战两三人。在抓法上，有单丢、单捡、背全、“泼羊”等许多套路花样。谁若领先作定，便为胜者。打毛蛋、拍皮球是早期的体育锻炼项目。毛蛋内填棉花、外用棉线织扎。玩时，用手在地上拍打，以拍打次数多者为胜。玩法有两人对打，也有一人连打几人。打法有“小毛”（连续拍打）、“大毛”（拍一下转身，再拍一下）、“跤毛”（拍一下，用右腿跨过毛蛋，同时转身）。民国末年，小皮球出现，毛蛋被淘汰，后发展为篮球等运动。斗鸡项目的斗法是一腿站地，一腿盘膝，手扳脚面，单腿跳跃，以盘起之膝盖互相斗撞，至击倒对方为胜。有两人互斗，也有一人跳跃连斗数人者，还有组织队伍，成队斗撞者。1949 年以后，村体育锻炼项目增多，最常见的球类运动有篮球、足球、排球、羽毛球、乒乓球等，其他有体操、拔河、赛跑等。

孩子们“斗鸡”

体育竞赛　20 世纪 50 年代后，村开展篮球等体育活动，大队举办运动会。进入 20 世纪 70 年代，村建篮球场，购置乒乓球台案，开展以球类为主的体育活动，其他项目有长跑、拔河、象棋等。20 世纪 90 年代后，群众体育活动项目增多，参与人员更为广泛。建立东岭游乐场，内设篮球场、排球场、足球场、保龄球馆、乒乓球台、网球场，安装慢步机、揉腰器、太极柔推器、臂力训练器等健身器材。开展体育锻炼，举办舞蹈、投镖、钓鱼、跳绳、“青蛙跳水”、象棋、击鼓传花、第八套广播体操等趣味运动。2000 年 2 月，东岭集团举办“跨世纪迎春文体活动比赛”，比赛项目有篮球、乒乓球、羽毛球、拔河等。2002 年，小区体育活动场地扩大，设施焕然一新。 2005 年 12 月 24—25 日，东岭集团宝鸡赛区球类运动会在东岭运动场举行，村民参加男子乒乓球、男子羽毛球、男子篮球及五公里越野赛项目的角逐。2010 年，东岭村建健身房，内有单车、仰卧起坐机、力量训练器材、跑步机等。2012 年 3 月 6 日，组织村内妇女 100 多人，在代家湾生态公园开展户外爬山活动。2013 年 3 月，组织村民参加市直属机关、妇联等的“三八妇女节健步走”活动；5 月 3 日，由东岭房地产总公司冠名，举办“东岭地产杯”宝鸡市青春榜样评选及青年文明接力跑活动；12 月 4 日，东岭幼儿园举办冬季趣味运动会，全园 200 多名幼儿及其家长参加亲子互动性活动。

东岭村学生暑期运动会

村域经济

东岭村建村以来，为农业个体经济。村民终日辛勤耕作，以求家人温饱。民国时期，由“叫劳”组织，引渭淤地、漫滩造田，集体经济萌芽产生。1949年后，先后建立互助组、东峰初级社、南五村高级社，直至人民公社联盟六队，集体经济诞生并日益壮大。在计划经济体制下，村域经济为单纯的农业经济，难以摆脱贫穷、落后的窘境。改革开放后的1980年，东岭村开办联盟综合服务部，从事木材加工、黑白铁加工、车辆修理等业务，年工业总产值达1.5万元。1981年，村集体经济收入28.46万元。1982年，实行农业联产承包责任制，划分作业组从事农业生产。1984年，村经济总收入中的农业收入占58.71%、企业收入占22.48%。在此期间，村域的个体、私营经济也得到恢复发展。1985年，在黑白铁加工部基础上建立东岭机械铆焊厂，后又发展为宝鸡东岭集团。伴随东岭集团的发展，村域经济更加壮大。1999年7月，撤销联盟村六组、设立东岭村，创新“村企合一、以企带村、共同发展”体制，村域经济走向快速发展之路。东岭村经济收入及村民人均纯收入多年居全省之首。2006年11月，东岭村被评为“全国十佳过百亿元村”。2008年，东岭村入选“全国十佳小康村”，跻身“中国经济十强村”。

东岭村志

长期农耕经济，种粮种菜生存。改革开放以来，机械加工起步，发展多元经济。三十年间，超越追赶，实现强村富民梦想。

◉ 经济强村

中国村社发展促进会领导为东岭村代表村委会副主任方纪林（左）授旗。

全国十佳过百亿元村 2007年11月2—4日，在江西省南昌市青山湖区湖坊镇金顺村召开的第七届全国“村长”论坛上，东岭村位列中国名村影响力排行榜第14位，发展指数（资源能力、成长能力和经济实力）高居全国第7位，村党委书记、村委会主任李黑记被评为“中国十大杰出村官”。东岭村以上年经济收入121.89亿元被评为“全国十佳过百亿元村”。此次评定是由中国村社发展促进会特色村工作委员会、亚太农村社区发展促进会（APCRD）中国委员会等单位联合组织的。标志着东岭村进入中国名村行列。

中国经济十强村 2008年9月27日，在北京召开的第八届全国“村长”论坛上发布“中国经济十强村”名单。东岭村排列“中国经济十强村”第7

位，村党委书记、村委会主任李黑记获“中国农村改革三十周年十大优秀村官”称号。“中国经济十强村”的评定以中国名村影响力评价体系发展指数为基础，对位于中国名村影响力发展指数前 30 名的村庄进行综合评定。综合指数构成分为销售收入额、利税、村可支配收入、村民人均纯收入。此后，东岭村多次登上“中国经济十强村”榜单。2016 年，东岭村在“中国经济十强村”榜单中排行第 4 名。

2008 年“中国经济十强村”牌匾

◉ 经济类型

集体经济　1955 年，东岭村建立东峰初级合作社，村集体经济初步形成。1958 年，建立人民公社，实行“政社合一”，建立在计划经济基础上的农村集体经济逐步得以强化。1961 年，实行“三级所有、队为基础”，村集体经济得以恢复发展。“文化大革命”期间，由于受极左思潮影响，村集体经济发展缓慢，个别时期甚至出现倒退。1972 年、1973 年、1974 年，村集体经济的年总收入分别为 16.13 万元、17.16 万元和 19.05 万元。1968—1976 年，社员从集体经济获得的日劳动报酬最低为 1968 年的 1.40 元，最高为 1972 年的 2.55 元。1976 年，社员日劳动报酬为 1.75 元，仅比 8 年前增加 0.35 元。1980 年，东岭村创办工商企业，村集体经济迅速壮大。1982 年，东岭村推行作业组承包责任制。在此期间，以组办企业为标志的集体经济得到巩固发展。企业安排农业劳动力上班，同时向村集体上交承包费、租赁费，改变村集体经济以农业为主的格局。1988 年，李黑记同东岭村签订东岭机械铆焊厂承包合同，获得更大的经营自主权，企业迅速发展壮大，对村集体经济贡献更加突出。1989 年，村经济总收入为 334.26 万元，其中：农业收入为 23 万元、集体其他收入 7.35 万元，两项合计为 30.35 万元；企业收入 283.05 万元，饮食服务 2.88 万元，商业 8.68 万元，以上三项为 294.61 万元；个体收入 9.30 万元。

1996 年 6 月，经金台区农村集体资产登记试点工作领导小组办公室登记确认，联盟村六组集体资产总额为 409.43 万元，其中净资产为 129.86 万元。同年 8 月，以东岭机械铆焊厂为核心组建东岭集团。根据 1996 年村收益分配方案表，村总收入为 30846.89 万元。其中，农业收入 31.14 万元、组集体收入 10.67 万元、企业上交收入 65.38 万元、

1998 年东岭集团驻地

2016 年东岭集团总部

东岭集团收入 30739.70 万元，东岭集团收入占村级总收入的 99.65%。村民年终人均从村集体获得收入 2918.59 元，其中，来自农业收入 292.76 元、组集体收入 50.70 元、其他企业上交收入 938.05 元、东岭集团收入 1637.08 元，村民人均年收入的 56.09% 来自集团收入。1999 年 11 月 12 日，宝鸡东岭机械厂（集团）申请改制为陕西东岭工贸股份有限公司（以下简称东岭集团）。东岭村以宝鸡东岭机械厂（集团）产权界定分割的净资产 968 万元及货币 200 万元共计 1168 万元认购东岭集团股份，共认购 1168 万股，占公司股份总额的 21.62%。2000 年 2 月 23 日，村集体财务账目移交集团，实行“分别建账、统一管理”。根据该年收益分配方案表，村级总收入 300.19 万元，其中，村集体收入 20.19 万元、企业收入 280 万元。

个体私营经济 东岭建村以来，村域经济为个体农业经济。村民以家庭为单位，组织农业生产。1956 年，经过城乡社会主义工商业改造，东岭村归入南五村高级农业合作社，个体经济不复存在。1962 年，村民重新拥有自留地，主要种植粮食。1978 年，中共十一届三中全会后，个体经济逐渐恢复发展，村内有人将房屋出租给外地进城务工经商人员。1982 年，村民王翠娥开办东岭压面部。该部有压面机 3 台、搅面机 1 台，总资产 8000 元，雇请工人 3 名，从事面条加工。1984 年 9 月，村民方明生开办东岭印刷厂。该厂配备有圆盘机 1 台、手工切纸机 1 台，固定资产 3 万元，雇请工人 2 名，主要印刷表格、标签。1985 年 4 月，村民郭兰贵创办全海火补修理部，经营轮胎火补、汽车底盘修理、电焊等业务。修理部有经营人员 4 名，以家庭成员为主，年收入 4500 元。1987 年，村土地承包到户后，个体经济再度兴旺。村民以家庭为单位种菜，还到市场摆摊设点卖菜。1994 年，村民个体经营 24 户，其中，运输 8 户、印刷 2 户、理发 2 户、木器 1 户、商店 2 户、其他 9 户。1995 年，村有个体运输 8 户、个体印刷 2 户、个体商店 2 户、个体发廊 2 户、个体粮店 1 户、个体木器厂 1 户、个体压面部 1 户、个体幼儿园 2 个、个体金属材料加工 1 户、个体饮食营业 6 户。1998 年，村内有租赁房屋开办的个体铝合金厂、发屋、商店等。2001 年 6 月，由东岭集团、宝鸡机床厂、1003 仓库共同投资修建东岭路贸易市场。市场位于村西东岭路南端东侧，主营饮食服务，容纳数十位个体工商户摆摊设点。

股份制经济 1954 年，东岭村成立东峰初级社，社内根据劳动力、农业工具等划分若干股，实行按股份分红。1956 年，南五村高级社成立后，不再按股份分红。1978 年改革开放后，股份制再次进入人们视野。进入 20 世纪 90 年代，村办企业实行股份合作制。1994 年 10 月 20 日，区乡镇企业局（以下简称乡企局）在下发的《关于成立“东岭钢丝厂”的批复》中规定“该企业属组办集体股份合作制企业”。该企业一期投资 110 万元，其中，金台物资供应处入股 80 万元、东岭机械铆焊厂入股 30 万元。1999 年 11 月，宝鸡东岭机械厂（集团）申请改制，由酒泉钢铁（集团）公司、山西海鑫钢铁公司、东岭村、略阳钢铁厂、股份公司职工持股会等法人发起设立陕西东岭工贸股份有限公司。公司设置面值为人民币壹元的记名式普通股 5400 万股，总股本为 5400 万元。各发起人分别出资、认购公司股份，各方收益分配根据在公司所占股份确定。公司根据《中华人民共和国公司法》设立董事会、监事会。2000 年以后，东岭集团分别采取参股、控股等方式，兼并、重组多家企业。

◉ 农业经济

发展概况 东岭建村以来，就以农业经济为主，依靠粮食种植维持温饱。剩余产品进行出售交换，购买油、盐、火柴等日常用品。民国中期，村内开始蔬菜种植。除自家食用外，还可在县城、集市售卖，但蔬菜产量较少，其收入在整个农业经济中所占比例较小。农民信奉“民以食为天”的古老信条，仍以粮食种植为主。20 世纪 50 年代，村内蔬菜种植面积增加，单纯粮食种植的农业格局松动。1956 年 7 月，包括东岭村在内的南五村高级社转为蔬菜生产合作社，传统农业经济结构被打破。1964 年，东岭村秋季种有粮食、蔬菜及棉花等作物。1966 年 7 月，转为蔬菜专业生产队，由国家供应商品粮，生产队仅种植少量粮食。同时农民自留地种植粮食，弥补国家供应粮食的不足。随着国家建设的发展，征用土地面积增加，耕地减少。东岭村有限耕地供养人口逐年增加，传统农业经济结构面临严峻挑战。1978 年，全村农业人口 545 人，有耕地 421 亩、人均

20 世纪 70 年代，东岭村村民收获蔬菜

0.77 亩，蔬菜总产量达 2128.2 吨，社员分配劳动日值为 2.11 元。改革开放后，伴随私营个体经济恢复发展，东岭村农业经济结构发生重大调整。1979 年，村办企业出现，工业经济萌芽成长。1980 年，村办企业联盟综合服务部年总产值达 1.5 万元。1994 年，村总收入（不含企业收入）44.86 万元，其中，农业收入 29.64 万元、其他收入 15.22 万元。1998 年，村集体农业收入 1.36 万元，租金、利息等其他收入 10.91 万元，村办企业收入为 150 万元，农业经济在村级经济中所占比重轻微。

村级耕地 民国时期，村内耕地多为滩地，耕地地力贫瘠，盐碱化严重。1952 年，全村有正式耕地 960.82 亩。1958 年，全村总耕地面积 679.55 亩，其中，水田地 46.25 亩、水浇地 496.92 亩、旱地 136.38 亩。水田地也称稻田地，其面积居上马营、晏西、晏东、黄家诸村之首。随着国家经济建设占用土地增多，村耕地数量逐年减少。1962 年 10 月，全村耕地面积为 497.31 亩，其中，滩地 70 亩、水地 36.6 亩、水浇地 390.71 亩。1969 年 4 月至 1970 年 12 月，村中的进新庄后、1003 粮库前、木材公司、木材公司前、解放军第三医院后（2 块）、东石壕、上海子、东坝路共 9 块地被征用，合计 26.4 亩。滩地 5 亩，因河岸崩塌而减少。1970 年，东岭村有耕地 500.76 亩，其中，7 等地 9.34 亩、9 等地 189.97 亩、11 等地 237.52 亩、14 等地 28.02 亩、16 等地 35.91 亩。1974 年，全村耕地面积为 480 亩。1980 年，根据农业统计年报，全村年末耕地为 474 亩，其中，集体经营 419.80 亩、社员自营 54.20 亩。1985 年，根据农业统计年报，全村耕地面积为 316.8 亩。1987 年，全村耕地面积为 319.63 亩，其中，一等地 286.71 亩、二等地 32.92 亩。

1993年，国家修建西宝高速公路延伸段，统一征用东岭村专业菜地28020平方米（42.03亩）。1996年，经土地清查，全村总面积为273314.70平方米，其中，耕地面积155284.56平方米、道路用地7978.68平方米、生产道路用地14751.90平方米、宅基地用地50982.30平方米，集体建房用地108平方米、企业用地42002.10平方米、灌溉渠道用地1035平方米、其他用地1172.16平方米。1999年10月5日，东岭村研究第四轮土地承包办法。此时，全村共有耕地112.39亩，分别是：殿门西耕地22.56亩，全长158.35米，分两段，中间留公渠1.2米；海子坟耕地8.73亩，长94.75米，南北分；河堤根三角地耕地8.16亩，留作机动地；大路西耕地40.15亩，留作机动地；大路东耕地（预制厂)14.22亩，南北分作两段，分别长150米、135米，留公渠1.2米；韩宝明门前耕地18.57亩，分为两段，留水渠。共留机动地48.31亩，留作东岭村以后修路、盖楼使用。确定的分地顺序是盐库后耕地、殿门南耕地、海子坟耕地、大路东耕地、韩宝明门前耕地。后经村民户代表会议研究，将海子坟耕地留作机动地。全村分地农户劳力代表56户，67人承包土地。

2000年4月3日，经省政府批准，村内36.16亩耕地转为建设用地。2003年5月14日，经省政府批准同意，村内65.66亩耕地转为建设用地，并将合计332.17亩建设用地依法征为国有。2006年3月，东岭村申报市级“城中村”改造项目时，村占地面积356.40亩，其中耕地41.40亩，人均0.06亩。

1952—2006年部分年份东岭村耕地变化统计表

表3　　　　单位：亩

年份	数量	年份	数量
1952	953.89	1975	479.00
1962	497.31	1977	475.00
1965	565.56	1978	474.90
1966	565.56	1980	474.00
1967	521.50	1981	422.00
1968	489.66	1982	422.00
1969	535.37	1992	295.90
1970	500.76	1995	209.85
1973	579.03	1996	209.47
1974	480.00	2016	41.40

说明：表内数据根据村经济年报等整理编制

农具农机 在长期的农业生产中，东岭村民使用传统农具、农业机械进行耕作收获。传统人力农具中，用于土地耕耘、播种的有耒、耜、锄、镢、锨、耙、石磨、犁、榾都（长柄木榔头，用于碎粪土）等；用于灌溉的有水戽、水车、提水秤杆等；用于收获的有镰刀、搂麦耙、锄镢等；用于碾打的有连枷、风车、麦杈、谷杈、麦钩、撒杈、捡杈、推板、晒耙、木锨、簸箕、筛子、扫帚、石臼等；用于棉花加工的有引车、弹弓、弹花柜等；用于运输的有背架、搭柱、独轮车、推车、扁担、尖担、箩篓、菜筐等。此外，还有铲草用的土铲，点种用的扎棍，榨油用的油梁等。畜力农具主要有犁、耩、铧、耙、耱、耧、碌碡、石磨、砻子、石碾、弹花机、轧花机等。为役畜配套农具有笼嘴、持绳、槅头、枷枷、拽钩、钗子、枷嘴、捆头。用于推磨的有套绳、眼窝。用于运输（驮）的有木轮大车、胶轮大车、鞍子（如水鞍、骑鞍、驮鞍等）、驮笼、驮架。用于骑驾的有软鞍、马蹬、串铃。蔬菜生产常用的工具有耕地用的挖镢、铁耙、铁锆镳、铁刮耙、钉耙、锄镢、两齿镢、尖锤子、平底石锤、石夯、拍板、苗刀、瓜铲、镊子等，运输用的水担、水桶、拌笼、背斗等，进苗、下菜用的有割韭菜镰刀、栽菜苗宽刀、剜草窄刀等。20 世纪 50 年代后，出现改良农具，主要有新式步犁、双轮双铧犁、条播机、解放式水车、喷雾器（分单管式和压缩式）、喷粉器、手压泵、马拉收割机、架子车、胶轮大车等。随着生产力发展，传统农具逐渐被淘汰、更新。

20 世纪 60 年代，东岭村村民耕种

1970年后，东岭村出现手扶拖拉机。1974年，东岭村有手扶拖拉机3台、农用排灌机械9台、农副产品加工机械6台。1978年，有手扶拖拉机4台、排灌动力机械12台、农副产品加工动力机械12台、排灌机械12台（农用水泵12台）、农副产品加工机械（磨面机）1台、畜牧机械5台（饲料粉碎机2台、机动打浆机1台、铡草机2台）、半机械化农具117辆（部）（胶轮大车5辆、架子车95辆、人力喷雾器15部、人力喷粉器2部）、拖拉机牵引犁2部。20世纪70年代末期，村农用机械增多，手扶拖拉机增至5台，农田作业基本上实现机械化和半机械化。1980年，东岭村有胶轮大车5辆、架子车91辆、喷雾器18台。1982年村划小生产组织、1987年实行家庭承包责任制，大型农业机械逐渐闲置。东岭村告别农业生产后，农业工具基本淘汰。

粮食生产 东岭村粮食种植始于建村初期。种植品种有小麦、玉米、水稻、谷物、豆类。由于地力贫瘠，亩产仅100千克左右。每遇水涝、干旱等自然灾害，粮食减产严重，有时竟颗粒无收。1929年，遭遇大旱，农作物颗粒无收。村民无以果腹，半数外出逃难。1949年后，由于耕作技术提高，选用优良品种，使用化学肥料等，粮食亩产提高。1956年，东岭村转为蔬菜专业合作社后，粮食种植面积减少，国家为村民减免公购粮。1964年，所种秋季粮食作物有玉米、谷子、高粱、红薯、黄豆、黑豆等。1966年转为蔬菜专业队后，由国家供应商品粮，粮食生产降为次要位置，种植面积、粮食产量均减少。1969年，全村粮食种植264亩，其中，小麦150亩、玉米114亩，总产量达47.75吨，平均亩产181千克。1973年，全村种植粮食192.03亩，其中，小麦100.89亩、玉米51.14亩、高粱40亩。村集体播种83.63亩、社员自留地108.04亩，集体平均亩产238千克、社员自留地平均亩产234千克。截至1974年6月底，社员自留地种植玉米3.24亩、高粱20亩。1978年，全村社员自留地种粮食54.2亩，品种包括小麦、玉米。1982年，全村种粮77亩，其中夏粮38亩，总产量12.38吨，平均亩产326千克。1983年，全村种粮35亩，其中，小麦24亩、玉米11亩，平均亩产219千克，总产量7.66吨。1985年，全村仅种小麦6亩、玉米3亩，平均亩产167千克，总产量约1.50吨。1987年，东岭村土地家庭承包后，种菜、种粮由村民自行选择。村民多选择在自家田里种植经济价值高的蔬菜。后随主导经济产业转移，东岭村基本无人再种粮食。

水稻种植 建村早期，根据河滩地的地势低洼、易遭水淹、富含盐碱、地力贫瘠现状，村民学习种植技术，在滩地上开畦引水、插秧种稻，每亩产量一二百千克。秋季丰收后，村中各家碾米、舂米，能吃上大米蒸饭、喝上大米稀饭，故村中有“早晨晌午喝米汤”的民谣。在小麦、玉米主产区的宝鸡农村，种植水稻是件值得骄傲的事情。截至 1949 年，东岭村有稻地 30 余亩。1962 年，东岭村有水稻田 32.6 亩。20 世纪 60 年代中、后期，由于片面强调“以粮为纲”，过度追求粮食产量，每年仅产一季、产量又低的水稻种植面积逐渐减少，改种其他产量高的粮食作物。20 世纪 70 年代以后，东岭村不再种植水稻。

蔬菜生产 宝鸡种菜历史悠久，唐代就有菜园、菜圃出现。据传说，清代宝鸡所产的红、白萝卜曾作为贡品，进入北京城。宝鸡传统的地方名菜有透心红胡萝卜、宝鸡红圆蛋热萝卜、野鸡红热萝卜、宝鸡笨苤蓝、宝鸡菊花心白菜、宝鸡二包头大白菜、宝鸡红皮葱头。东岭建村初期，村民主要种植粮食，仅在田边地头种植少量萝卜、白菜。除自家食用外，偶尔也到集市售卖。20 世纪 30 年代，随着陇海铁路通车宝鸡，尤其是抗日战争爆发后，宝鸡县城内迁的机关、部队、学校入驻，县城商店增加，周边工厂迁驻，沦陷区难民涌入，宝鸡成为“战时景气的宠儿”①。来自东部的难民带来先进的蔬菜生产技术，引进宝鸡稀缺的蔬菜品种。部分灾民租种当地耕地或开垦渭河滩地，以种菜卖菜为营生，蔬菜品种日渐增多。宝鸡当地农民也学习效仿，扩大蔬菜种植面积。1938 年，军政部第三荣誉军人临时教养院的官兵们在县城南渭河滩上种粮种菜。渭河滩地地势平坦、便于灌溉，成为宝鸡主要的蔬菜种植地。

大量外来人口的增加，对每日生活必需的蔬菜需求旺盛，催生东岭村及附近村落的蔬菜生产规模。东岭村具有发展蔬菜生产的天时地利。即：地势平坦，易于耕作；临近渭河，灌溉便利；距宝鸡县城、秦宝工业区近，便于售卖。1949 年，包括东岭村在内的南四村蔬菜生产在宝鸡县城已小有名气，人称“小菜园”。

20 世纪 60 年代，东岭村村民收获景象

① 见茅盾《“战时景气”的宠儿——宝鸡》一文。

1949年后，东岭村蔬菜生产仍处于自由种植阶段，种不种、种什么、种多少，任凭各家根据市场需求、生产条件而定。1956年，随着社会主义工商业改造的完成，国家计划经济体制开始形成；7月，包括东岭村在内的南五村合作社成为宝鸡市的蔬菜生产专业社，蔬菜生产呈现专业化、规模化发展趋势。蔬菜种植面积占村耕地的半数，种植品种以萝卜、白菜、大葱、蒜苗等为主。1966年7月，东岭村和周边数个村庄均转为蔬菜专业生产队。村集体耕作的土地，全部种植蔬菜，社员由国家供应商品粮。全村蔬菜种植面积扩大，品种、数量增加，收入全部依赖蔬菜生产。根据1969年10月统计，全村共有蔬菜种植面积636亩，总产量为1600吨。1973年，全村种植蔬菜387亩，总产量达1746.9吨，亩产达4.51吨。1973—1974年，种植的越冬菜有菠菜、白菜、飘儿菜、葱头、芹菜、韭菜、青笋、羊角葱、小葱、蒜苗、大蒜、蒜薹等，春季有圆热萝卜、长热萝卜、菠菜、黑白菜、芹菜、土豆、小葱、恭菜、苋菜、茼蒿、葱头、甘蓝等，夏季有西葫芦、番茄、黄瓜、青椒、线辣椒、冬瓜、茄子、菜花、甘蓝、四季豆、生姜、青葱，早秋菜有秋黄瓜、秋四季豆、早菜花、中熟菜花、中熟甘蓝、菊花心、早白菜、早白萝卜、早红萝卜、秋架豇豆、大葱、土豆等，秋季有白萝卜、胡萝卜、甜萝卜、储藏甘蓝、储藏菜花、雪里蕻、芥菜等。

1975年，东岭村蔬菜种植面积达434.8亩，亩产4158千克，总产量约为1990吨。1978年，全村种植蔬菜421亩，总产量达2128.2吨。1982年，推行联产承包生产责任制。根据蔬菜生产特点，东岭村划分为3个作业组，由各作业组生产销售。1987年，村内的蔬菜土地承包到户，蔬菜生产以家庭为单位进行。农民根据市场对蔬菜的需求，组织生产、销售。2002年后，随着企业的发展及土地转为国有，东岭村不再从事蔬菜生产，村民变成蔬菜的消费者。

蔬菜栽培技术 民国时期，村民蔬菜生产基本上凭传统经验种植。20世纪40年代，村民用瓦盆、油麻纸、风障、阳畦、草帘等设备，进行韭黄、韭菜等蔬菜的覆盖栽培。1949年后，逐步推广蔬菜保护地栽培、品种配套栽培技术、病虫害防治及肥料配合施用等措施。20世纪50年代至60年代，村民应用改良阳畦和土温室栽培蔬菜。延至60年代末，又相继出现改良温室和日光温室，大多用于夏季蔬菜育苗。1970年，引进推广中小棚覆盖栽培技术。1971年3月，在东岭村镇海寺原址建联盟蔬菜科研站。1977年，联盟科研站建竹木结构大棚种植蔬菜，亩产由大田栽培的3500千克提高到7500千克。1981年，引进蔬菜地膜覆盖栽培技术。覆盖作物由单种发展到多种，由冬春季蔬菜发展到四季蔬菜，覆盖形式由单膜发展到双膜，由一膜专用发展到多用，基本形成一年一茬或两三茬的保护地生产方式。温室和大棚主要进行黄瓜、番茄的春茬覆盖，芹菜的秋茬覆盖。中小棚为芹菜、韭菜、黑白菜的秋冬茬覆盖，菜花、西葫芦、黄瓜、番茄、甘蓝的春茬覆盖。地膜则用于瓜类、豆类、果菜类、甘蓝、菜花等的春季覆盖栽培。大棚、中小棚、地膜覆盖生产的蔬菜可提早上市，增加经济收入。1992 年，温室蔬菜首次实现夏令菜冬季上市供应。

同时，村民根据蔬菜生产的淡旺差异，从 20 世纪 60 年代初，便开始摸索排开播种、补淡削旺的栽培方法。1975 年，根据计划调节蔬菜的面积、茬口、品种、栽培、贮存等环节。蔬菜品种安排，实行骨干菜与搭配菜、生长期长与生长期短、早熟与中熟、耐贮与加工相结合的“四结合”生产方法，基本缓解蔬菜供应的淡旺矛盾。进入 1980 年，村民根据市场需求，扩大早春、早秋蔬菜生产，压缩夏秋季蔬菜生产，扩淡压旺、增细减粗，保障市场供应，提高经济效益。

民国时期，蔬菜生产主要施用农家土肥。20 世纪 50 年代初期，化学肥料在蔬菜生产上开始应用，直至 20 世纪 70 年代普及。使用化肥以氮肥、磷肥、钾肥为主。越冬和秋菜收获之后，一般结合耕翻地施入土肥，化肥、有机肥作为追肥使用；根茎、茄果类，基本以氮肥为主，增施磷、钾肥；叶菜、葱蒜类基本使用氮肥。20 世纪 80 年代后期，蔬菜生产加大磷、钾肥的施用比例，提高科学施肥水平。

蔬菜销售 民国时期，村民将自家食用所余的蔬菜，担往宝鸡县城东关叫卖，到张家村附近的菜市摆摊售卖，还向斗鸡台包括申新纱厂的秦宝工业区供应。20 世纪 50 年代初，农民将自给所余的蔬菜批发给摊贩或由自家销售。1956 年，东岭村成为蔬菜专业合作社，由国家按计划收购。1958 年 12 月，宝鸡市蔬菜公司成立，公司下属的菜场、门店收购村内生产的蔬菜，实行统一销售。国家为菜农减免公购粮费用。1960 年，宝鸡市将蔬菜专业村划片定点，采取包干负责制，菜农凭证购粮。1962 年，供应菜农口粮改为基本口粮加奖励，稳定蔬菜生产和市场供应。1963 年后，实行菜场、生产队对口，商店、生产队挂钩，村上生产的蔬菜直接向对口门店交售。1966 年 7 月，转为蔬菜专业队后，蔬菜交由市蔬菜公司统一销售。1974 年，按“就地生产、就地供应、产大于销”的原则，市蔬菜公司安排生产，实行统购包销。1980 年，实行“大管小活”的产销政策，国家统购 22 个蔬菜种类，其余种类由菜农自选种植，议购议销。1982 年，东岭村实行承包到作业组，蔬菜生产变为指导性计划。国家管理 10 种主要蔬菜的种、购、销，其余品种放开，由市场调节。1985 年 2 月 15 日，市政府开放蔬菜市场，生产、销售直接见面。1986 年 12 月，

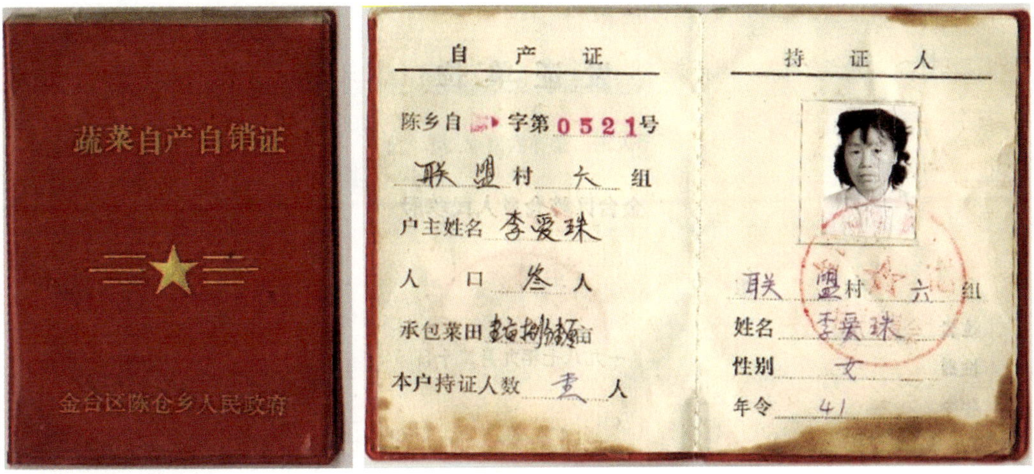

菜农自产自销证

东岭村将蔬菜土地承包到户，村民不仅要种菜，还要到市场卖菜，商品交换意识进一步增强。宝鸡市为扶持菜农的蔬菜交易，制定若干优惠政策，为农民颁发菜农蔬菜自产自销证。村民凭证在市场上销售蔬菜，能够免除税费。1990年，村民或将蔬菜批发给蔬菜商贩，或到市区人民街、斗鸡街、店子街、马营街道等处售卖。随着东岭集团的发展壮大，村民就业门路扩大，种菜卖菜的人越来越少。2002年，村内无人种菜，村民由生产、销售蔬菜变为向外购买蔬菜。

1969—1992年部分年份东岭村蔬菜生产统计表

表4　　　　单位：亩、千克

年 份	面 积	亩 产	总产量
1969	638.00	2500	1595000
1973	387.00	4501	1741827
1975	434.80	4577	1990000
1978	421.00	5055	2128146
1980	420.00	4375	1838250
1981	367.00	3800	1400000
1982	383.00	3500	1666050
1883	385.00	3525	1366750
1985	390.80	3875	1709750
1991	297.10	4250	1262650
1992	295.90	4350	1287150

其他种植 民国时期，村民种植棉花，纺花织布，解决自家穿衣问题。全村棉花种植面积在 40 亩左右，亩产皮棉 15 千克左右。棉花收获后，经过脱籽等加工，再纺线织布。村内棉花种植持续至 20 世纪 60 年代初。截至 20 世纪 60 年代，东岭村种植的其他农作物有豆类、薯类、油菜、谷子、烟叶等。但面积不大，产量不高，属于补偿性品种。

农业养殖 村民旧有饲养牛、马、骡、猪、鸡的习俗，养猪吃肉、养鸡换钱，用以改善家庭生活，增加家庭经济收入。大家畜作为农业生产、运输的工具，农业集体生产后由生产队集中饲养、使用。小家畜、家禽在经济紧缺的年代，是农民家庭重要的经济收入。1958 年，联盟大队在东岭村办有养猪场。1962 年，有大家畜 23 头，其中，牛 6 头、马 2 匹、驴 5 头、骡 10 头。1969 年，全村大家畜共 21 头，其中，牛 6 头、马 1 匹、骡 14 头。全村养猪 65 头、羊 6 只。1971 年，全村养猪户为 96 户，养猪 262 头，户均 2.73 头。1983 年，村有大家畜 20 头，其中，马 1 匹、骡 19 头，均为役畜。村民家养猪 33 头、羊 6 只、家禽 666 羽，年出栏生猪 16 头。1986 年 12 月，东岭率先实行蔬菜耕地承包到户后，村集体不再饲养役畜，或作价处理给村民，或由村上变卖。村民自家饲养猪、鸡，主要用于增加肉食，聊补家用。2002 年，村民搬入新建的多层楼房住宅小区，不再饲养小家畜、家禽。

◉ 工贸经济

发展概况 东岭村处于宝鸡的城市副中心，长期接受城市工商文明的影响，早就认识到“无工不富、无商不活”的哲理。但是，由于城乡二元体制的束缚，只能发展农业经济。1978 年改革开放后，村民酝酿改变贫穷落后的面貌，决定利用村庄临近路边、紧靠工厂的区位优势，发展集体的工业、商业经济，打破传统的单一农业经济结构。1979 年冬，东岭村在东风路南、市木材公司以东的耕地上修建临街门面房 16 间。1980 年 7 月，房屋建成。经金台区四季青公社革命委员批准，成立金台区联盟综合服务部。服务部包含黑白铁加工、木材加工、车辆修理、食堂、商店等项目。创办企业均实行经济责任制，由企业负责人按时向生产队上交承包费。1983 年，根据“联盟大队生产队农户办工业总产值及产品产量”统计表，东岭村办工业共实现产值 5.5 万元，项目包括商业、加工业。由于企业规模扩大，1984 年 6 月 20 日，经金台区乡企局批准，将联盟综合服务部划分为联盟黑白铁加工厂、联盟木器加工厂、联盟车辆修理部和联盟百货商店。1985

东岭机械铆焊厂一角

年10月，联盟黑白铁加工厂扩大经营范围，成立宝鸡市金台区东岭机械铆焊厂（以下简称东岭机械铆焊厂）。企业经营范围为机械加工、铆焊、钣金、车修等。同年，创办东岭塑料厂。1986年，包括东岭村在内的联盟行政村的组办企业工业收入为98.02万元，其中出售工业品收入为14.35万元。截至年底，村办企业有东岭机械铆焊厂、东岭木器厂、东岭车辆修理部、东岭塑料厂、东岭汽车修理厂、东岭砂石厂、东岭饮料厂、东岭食堂、东岭商店。1987年，东岭机械铆焊厂规模扩大，开始冷拉丝生产经营。村办的木器加工厂、塑料厂停办。1988年，东岭机械铆焊厂的部分业务分立，另行成立金台区东风电力器材厂。李黑记与联盟村六组（东岭自然村）签订为期3年的企业承包协议，接收资产仅万元的东岭机械铆焊厂，开始东岭集团的创业阶段。1990年，东岭铆焊机械厂资产达到120万元。李黑记又与村续签5年承包协议。1992年，东岭机械铆焊厂完成工业总产值856万元，销售收入890万元，创利税31.84万元。

1994年3月27日，联盟村六组和新疆水利水电建设工程局在东岭路1号联合创办宝新联营实业有限公司（以下简称宝新实业公司），占组非耕用地面积5.57亩；9月4日，东岭机械铆焊厂和金台区物资局物资供应处联合创办东岭钢丝厂。1996年6月，在东风路40号设立东岭饭庄，主营饮食服务；8月，以东岭机械铆焊厂为核心，组建宝鸡东岭集团。1997年3月1日，陈仓乡政府下发《关于成立“宝鸡市金台东岭汽车修理厂”的批复》，同意成立宝鸡市金台东岭汽车修理厂。企业位于东岭路西侧的原宝新实业公司旧址，注册资金 50 万元，经营范围以修理机动车辆为主，兼营零配件销售业务。同年 7 月 1 日，东岭集团申请成立宝鸡东岭物资公司。公司地址在东风路 40 号。注册资金 46 万元，经营范围为金属材料（除贵金属外）、化工产品、电器机械及器材、普通机械及配件、冶金炉料、五金、汽车配件、批发兼零售。1998 年 12 月 31 日，东岭集团建办河南省原阳县东岭线材厂。1999 年 4 月 23 日，设立宝鸡市东岭房地产开发有限责任公司。2000 年 3 月 20 日，省政府下发批复，同意设立陕西东岭工贸股份有限公司，改制为股份制公司；10 月，东岭集团租赁凤县锌品厂，进入金属冶炼行业，企业进入快速发展阶段。2016 年，陕西东岭工贸集团股份公司年营业总收入达 964 亿元。

工业经济　村域工业经济始于 1958 年，宝鸡市在村北征地开办宝鸡炼焦厂。1963 年，炼焦厂下马停办。1965 年，在炼焦厂旧址开办宝鸡市机床维修厂（后更名为宝鸡机床厂）。1980 年，村工业企业诞生在村北东风路旁，经营黑白铁加工、木材加工、车辆修理等。当年年底，就实现工业总产值 1.50 万元。1983 年，东岭村办工业共实现产值 5.5 万元。1992 年，东岭机械铆焊厂完成工业总产值 856 万元，销售收入 890 万元，创利税 31.84 万元。1993 年，东岭机械铆焊厂完成销售收入 5409 万元，创利税 96.3 万元，上缴税金 48.3 万元，资产达到 600 多万元，职工人数 120 人。1994 年，企业营业收入突破亿元大关，企业固定资产达到 2000 万元。1995 年，完成销售收入 2.12 亿元，完成利税 296 万元，职工人数 232 人。1996 年、1997 年、1998 年，东岭企业营业总收入分别为 4.20 亿元、5.07 亿元、6.18 亿元。1999 年 6 月 23 日，《陕西日报》刊登全省纳税大户，东岭集团名列全省第 4 位。是年，东岭集团销售总额 85000 万元，总产值完成 10200 万元，总利税 1000 万元，职工人数 936 人。

商贸经济　1980 年 8 月，东岭村在东风路南新建的临街房内开办东岭食堂。9 月，东岭商店开业，主要经营烟酒副食、日用百货。1986 年，包括东岭村在内的联盟行政村的组办企业商业、饮食业、服务业总收入为 52.51 万元。1989 年 5 月，经区乡企局批准，东岭机械铆焊厂设立冷拉丝销售点。1992 年，东岭机械铆焊厂抓住全国钢材市场逐步放开的机遇，及时调整经营策略，将经营的重点放在钢材销售上，与酒泉钢铁公司、包头钢铁公司等大型钢铁基地和辽宁、浙江、甘肃等省级物资贸易公司搞好横向联合，参与钢材生产贸易。全年实现销售收入 1209 万元，率先在全区乡镇企业中跨入千万元企业行列。1995 年，东岭机械铆焊厂共购进各种钢材 92609 吨，销售钢材 96111.78 吨；6 月，宝鸡市金台区物资局物资供应处变更为宝鸡市金台东岭物资站，业务范围扩大。1998 年 2 月 11 日，东岭集团被省经贸委列入全省重点扶持流通企业。2000 年 3 月，陕西东岭工贸股份有限公司成立，物流贸易成为集团公司的主要业务范围。

◉ 村办企业

综合服务企业 1980 年 7 月 26 日，金台区四季青公社革命委员下达《关于联盟综合服务部的批复》，同意东岭村兴办综合性的企业——宝鸡市金台区联盟综合服务部。同年 7—9 月，服务部下属的木材加工厂、黑白铁加工部、车辆修理部、东岭食堂、东岭商店陆续开办。创办企业均实行经济责任制，由企业负责人按时向生产队上交承包费。1983 年，队办工业共实现产值 5.5 万元。1984 年 6 月 20 日，金台区乡企局下发《关于将联盟综合服务部划分为木器加工、黑白铁加工、车辆修理和百货四个企业的批复》。鉴于联盟综合服务部经营项目过多、不利于经营管理，同意东岭村企业按行业划分，分别成立宝鸡市金台区联盟木器加工厂、宝鸡市金台区联盟黑白铁加工厂、宝鸡市金台区联盟车辆修理工作部。金台区联盟综合服务部随之解体停办。

20 世纪 80 年代东岭村的黑白铁加工部产品

机械加工企业 首创企业是东岭机械铆焊厂。其前身是联盟综合服务部下属的黑白铁加工部。1980年8月创办，主要产品有水桶、烟囱、炉子、洗衣盆、蒸笼等。1984年6月，经批准，成立宝鸡市金台区联盟黑白铁加工厂。1985年，企业增添铆焊机、剪拔机、单口机等设备，开展铆焊业务；10月4日，陈仓乡政府向区乡企局上报《关于联盟村第六村民小组开办“宝鸡市金台区东岭机械铆焊厂”的报告》，申请建办宝鸡市金台区东岭机械铆焊厂。企业经营范围为机械加工、铆焊、钣金、车修等。此时，企业固定投资10.50万元，流动资金3.50元，从业人员55人，其中外聘技术人员15人。经区乡企局批准后，东岭机械铆焊厂成立并于10月10日启用“宝鸡市金台区东岭机械铆焊厂”印章。1987年，企业扩大生产，增加冷拉丝、钢材经营等业务，有职工47人。1988年7月1日，分设宝鸡市金台区东风电力器材厂；7月15日，李黑记与村里签订承包协议，承包东岭机械铆焊厂，年承包费5000元。1989年7月15日，制定《金台区东岭机械铆焊厂章程》，将企业界定为“联盟村第六组所属的集体企业”，承包人李黑记为企业法人代表。章程还提出企业要“利用有限的资源设备，在政策允许的范围内，以最快的速度、最小的费用、最简单的环节、最佳的质量，尽最大努力，满足生产与人民生活的需要。增加利税，为社会主义建设贡献力量”，分配实行“定额计件计时结合、进行记工考核付酬”。10月，企业扩建，在原厂区南端另建房12间，分出拉丝、车修、制钉车间。1994年，在马营路（今金台大道）南建设南厂，占地24亩，投资110万元。建成后，拉丝、制钉车间随即迁入。1996年8月，经批准，以东岭机械铆焊厂为核心企业，组建宝鸡东岭集团；11月12日，东岭机械铆焊厂更名为宝鸡市东岭机械厂（集团）。1999年11月12日，宝鸡东岭机械厂（集团）申请改制，组建股份制公司。

20世纪90年代初的东岭机械铆焊厂

20 世纪 80 年代的东风电力器材厂

1988 年 7 月，东岭机械铆焊厂的机械加工业务分立，成立金台区东风电力器材厂（以下简称东风电力器材厂），有职工 23 人。1997 年 2 月 25 日，东风电力器材厂并入东岭机械厂（集团），更名为宝鸡市东岭电力器材厂并启用新印章。1999 年 11 月，宝鸡东岭机械厂（集团）改制设立陕西东岭工贸股份有限公司，该厂作为集团的全资子公司进入改制范围。经评估，该厂净资产 364244.22 元。2001 年 6 月，企业更名为宝鸡市东岭电力器材有限责任公司。公司位于东风路 40 号，注册资本 50 万元。公司经营范围为电力器材加工、机械加工、修理，主要生产电力器材中的横担、抱箍、吊杆、U 型螺栓等，并为东岭集团生产企业加工小型的备品、备件等。2015 年 8 月，公司迁至渭滨区石鼓镇王家河工业园区。截至 2016 年年底，公司经营性收入 290 万元。

运输服务企业　1980 年 7 月，创办东岭车辆修理部，主要维修非机动车辆。1987 年，修理部停办。

1995 年 9 月 14 日，经批准，设立东岭运输部。该部隶属东岭机械铆焊厂，主要经营运输装卸，地址在东风路 40 号。由东岭机械铆焊厂投资 25 万元、群众集资 20 万元组建，装备有 6 吨东风大吊车 1 台、8 吨东风大吊车 1 台、5 吨解放大吊车 1 台，装载能力达 19 吨；有 8 吨东风半挂车 1 辆、10 吨康明斯汽车 1 辆、加长解放和加长东风汽车各 1 辆，总运输能力达 28.5 吨。1998 年，运输部有员工 45 人，固定资产 442.6 万元，年收入 247 万元，利税 35.2 万元。1999 年 11 月，宝鸡东岭机械厂（集团）改制设立陕西东岭工贸股份有限公司，运输部作为集团的全资子公司进入改制范围。

1997 年 3 月 17 日，成立东岭汽车修理厂，地址在东岭路 1 号原宝新实业公司旧址。经营范围为二类机动车维修，润滑油、轮胎及其汽车配件的销售等。时有员工 15 人。

1999年11月，宝鸡东岭机械厂（集团）改制设立陕西东岭工贸股份有限公司，东岭汽修厂作为集团的全资子公司进入改制范围。经评估，企业净资产为733743.34元。2011年，企业更名为宝鸡市东岭汽车修理有限责任公司。2012年11月，公司迁至陈仓区千渭汽贸城院内，占地面积5.69亩，厂房面积1230平方米。经营业务以汽车修理、货物运输为主业，兼做煤炭、矿粉销售等贸易业务。截至2012年12月底，公司共有挂靠运输车辆220台、合计载重吨位6600吨。修理车间员工40名，其中，修理技师22名、管理人员18名。公司全年营业收入11000万元，其中，贸易收入9300万元、汽车修理及货物运输收入1700万元。2017年，为东岭集团下属企业。

商贸服务企业　1980年8月，村集体在东风路南新建的临街房内开办东岭食堂。1996年6月13日，区乡企局下发《关于同意设立“东岭饭庄”的批复》，同意东岭机械铆焊厂所属的金台物资站投资3万元设立东岭饭庄。

1980年9月，联盟综合服务部下属的东岭商店开业。商店位于东风路南临街门面房，主要经营烟酒副食、日用百货。1989年，成立东岭机械铆焊厂东岭商店。后名称依次变更为宝鸡东岭物资有限责任公司东岭商店、宝鸡市金台区东岭商店。2013年，更名为宝鸡鸿森达商贸有限公司，位于东岭路1号院。

2001年4月11日，东岭集团申请在东岭路南端东侧的村空地投资兴建东岭贸易市场；5月17日，区计划经济局下发《关于宝鸡东岭集团临建贸易市场的立项批复》，同意临时建设东岭贸易市场。市场计划投资10万元，宝鸡市机床厂、宝鸡中央直属粮食

20世纪90年代的东岭商店

储备库分别出资4万元，宝鸡东岭集团出资2万元。随后，由3个建设单位共同组建市场理事会。市场占地700平方米，由钢管焊接搭建，屋顶为蓝色彩钢夹芯板，内设摊位32个。2008年1月1日，市场管理经营权交由李现秋个人承包，年承包费4万元。2012年，因建设新东岭综合体，东岭贸易市场拆除。

其他村办企业 1980年8月，创办东岭木材加工厂。工厂起初制造“65”磨粉机上的磨罗，后来生产办公家具、包装箱，还为彩电厂加工底板。东岭村投入周转金3万余元。1987年，工厂停办。

1985年，创办东岭塑料厂，聘请技术人员王振德，厂内有工人4～5名，车间5个，主要产品塑料桶。1987年，企业停办。

1990年3月，创办东岭砂石厂，经营砂石。1996年11月，企业由宝鸡东岭机械厂（集团）收购，成为其下属单位，进行机械化生产。1998年，有企业职工68人，固定资产89.45万元，年产值94.67万元。1999年11月，宝鸡东岭集团改制设立陕西东岭工贸股份有限公司，该厂作为集团的全资子公司进入改制范围。经评估，企业净资产为967888.06元。

1994年10月28日，经金台区乡企局批准成立东岭钢丝厂。该企业为东岭村与金台区物资局物资供应处共同投资联办的股份制企业。企业位于东风路40号，总投资200万元，其中一期投资110万元。工厂主营多规格、多用途的钢丝，兼营钢丝制品。1996年9月4日，东岭集团决定将东岭钢丝厂、东风电力器材厂、东岭机械铆焊厂合并，组

20世纪90年代的东岭砂石厂

20 世纪 90 年代的东岭钢丝厂

建宝鸡市金台东岭机械厂。

集团公司企业 1996 年 8 月，经批准，以东岭机械铆焊厂为核心企业，组建宝鸡东岭集团。集团为自负盈亏、独立经营并承担民事责任的经济实体。集团企业有东岭机械铆焊厂、东岭物资站、东岭钢丝厂、东岭商店、西安市东岭物资经营部、汉中市东岭金属材料经营部、甘肃西峰市东岭物资经销部、东岭运输部。集团实行董事会领导下的总经理负责制，根据民主集中制原则行使职权。集团注册资本为 1310 万元。11 月 12 日，东岭机械铆焊厂更名为宝鸡市东岭机械厂（集团）。1999 年 11 月 12 日，宝鸡东岭机械厂（集团）申请改制，组建股份制公司。经酒泉钢铁（集团）有限责任公司、山西省海鑫钢铁有限公司、东岭村委会、略阳钢铁厂、职工持股会等法人共同发起，组建陕西东岭工贸股份有限公司。宝鸡东岭机械厂（集团）职工持股会以产权界定分割的净资产 1904 万元及货币 2028 万元认购入股。2000 年 3 月 20 日，经陕西省政府批准，设立陕西东岭工贸股份有限公司。2016 年，集团公司发展为年营业总收入 964 亿元，拥有下属七大总公司，有员工 18000 人。公司上年度营业总收入 761.14 亿元，位居中国企业 500 强第 182 位（参见本志“村企合一”）。

◉ 收入分配

体制变革 长期以来，东岭村收入为传统农业收入。互助组、初级社时期，实行按股份分配。村民的牲畜、土地、大型农具折价入股，归集体所有，实行统一劳动、分配。村民按入社所评的股份，按“地四、劳六”计算。每年7月预分，年终决分。进入高级社后，取消按股份分配，实行按劳分配加照顾的政策。劳动力的工分，实行民主评定。一般男性劳力最高为10分，女性劳力为7分。每年夏季预分，年终决分。社员的分配部分，需在总收入中扣除总支出、公积金、公益金、管理费用、生产费用、折旧基金、生产基金等。1958年，建立人民公社，大刮“共产风”，实行“一平二调”，漠视社员利益，造成经济困难。1962年，贯彻《农业六十条》，实行“队为基础、三级所有”，提倡国家、集体、社员利益的“三兼顾”，农村逐渐焕发生机。社员参加集体劳动，按男女性别、劳动强度评定工分，按劳动天数记工分，按工分数量参与集体分配。农业总收入扣除相关费用、国家税金、公积金、公益金等后，成为社员的分配部分。生产队制定夏季预分配方案、年终分配方案，报经大队审核、公社审批后，进行决算分配。社员平时可从生产队借支少量现金，年终分配由队上直接扣除。劳力少、借款多的家庭，年终决算分配后，成为超支户。1966年6月，“文化大革命”开始，在极左思潮的影响下，过分强调国家、集体的利益，社员收入分配增长缓慢，个别年份甚至出现下降。1978年以后，东岭村传统农业收入格局被打破。1980年，村工贸企业年产值1.50万元，在村级经济收入中占据一席之地。1987年，村集体不再实行按工分分配。2000年，参与村集体分配的收入几乎全部为企业收入。2016年，村级经济收入达964亿元，参与村民收入分配全部为企业收入。

收入构成 村集体经济收入，早期依赖粮食生产收入。1966年后，主要靠蔬菜生产收入。1972年，村级总收入16.13万元。1974年，村总收入19.05万元，其中农业收入16.03万元，还有少量其他收入。1978年后，村经济收入多元化。1980年，全村可支配收入中的农业收入15.44万元、牧业收入0.18万元、副业收入5.02万元、其他收入0.31万元，分别占可支配收入的73.70%、0.86%、23.96%和1.48%。1983年，全村年终总收入29.50万元，其中，农业收入16.40万元，占总收入的55.59%；工副业收入10.40万元，占总收入的35.25%；其他收入2.50万元，占总收入的8.47%。1984年，村总收入30.2万元，其中，蔬菜收入17.47万元、粮食收入0.81万元、工企业收入7.06万元、副业收入1.09万元、其他收入3.77万元，分别占总收入的57.85%、2.68%、23.38%、3.61%、12.48%。

1996年，年度总产值97030万元，扣除总费用、总提留后，分配部分为201.38

万元。村民人均分配 2918.59 元，其中，来自农业部分 292.76 元、组集体部分 50.70 元、其他企业上交部分 938.05 元、东岭集团部分 1637.08 元，来自东岭集团部分占村民人均分配的 56.09%。1999 年，村级总收入中，农业收入 7886.80 元、集体其他收入 16.62 万元、企业收入 210 万元，分别占总收入的 0.36%、5.22%、94.42%。随着企业的发展，工业经济逐渐增强，在村组经济中的份额不断扩大。2002 年，村集体经济构成主要为工业经济，其次为其他经济，农业经济处于边缘化。随着东岭集团的发展壮大，特别是建立“村企合一、以企带村、共同发展”的体制后，村集体无农业收入，村级经济收入等同于东岭集团的企业收入。2016 年，村集体经济为工业经济、商贸经济。

费用提留　1958 年，建立人民公社后，东岭村农业总收入扣除生产费用、管理费用、其他费用及国家税金、公积金、公益金、储备粮基金、生产费基金等，成为用于社员的分配部分，大体上占总收入的 60%。1974 年，全村年可分配总收入 19.05 万元，其中，费用总计 3.48 万元，占总收入的 18.27%；国家税收、村提留等总计 3.82 万元，占总收入的 20.05%；社员分配部分 11.75 万元，占总收入的 61.68%。其中，生产费用 32424.96 元、管理费用 952.28 元、其他费用 1391.06 元，国家税金 1971.52 元、公积金 24759.19 元、公益金 5713.66 元、储备粮基金 1905.55 元、生产费基金 3809.11 元。1976 年，村级可支配收入扣除生产费用 32424.96 元、管理费用 952.28 元、其他费用 1391.06 元，还要扣除国家税金 1971.52 元、公积金 24759.19 元、公益金 5713.66 元、储备粮基金 1905.55 元、生产费基金 3809.11 元。

1984 年，村级总收入 30.2 万元，其中，费用部分 6.62 万元，含农业费用 4.38 万元、副业费用 0.17 万元、管理费 0.55 万元、农业税 0.23 万元、企业税 0.74 万元、其他费用 0.55 万元；提留部分 2.83 万元，占纯收入的 12%，其中，折旧费 0.47 万元、公积金 1.65 万元、公益金 0.71 万元。

1987 年，东岭村实行土地承包责任制后，农民负担费用有国家税费；集体提留（俗称“三提”），包括公积金（发展基金）、公益金（福利基金）和管理费；乡统筹费（俗称“五统”），包括农村教育、计划生育、民兵训练、优抚和交通 5 项民办公助事业费以及农村义务工、劳动积累工。1995 年，推行农民负担明白卡，保护农民的合法权益。同年，村级总收入的费用部分有农业费用、农业税、农业其他承包费、企业费用、工商税、农业管理费，提留部分有农业公积金、农业公益金、农业折旧费、计划生育基金。

2002年，金台区推行农村税费改革，取消乡统筹、村提留，村级公益事业实行“一事一议”。国家出台惠农政策，为农民减轻负担、增加收益。2005年，金台区农业税全部取消，不再向农民收取任何税费，农民真正实现“零负担”。

劳动日值 1958年，建立人民公社后，男性劳力劳动日值在1元左右（10工分），女性劳力一般为六七分工，劳动日值低于男性劳力。1968年，村内男性劳力的日劳动价值为1.40元。延至1972年，社员日劳动价值为2.55元。1974年，全村年可分配总收入19.05万元，其中，社员分配部分为11.75万元，占总收入的61.68%。全村参与分配的人口528人、参与分配的劳动力251人、参与分配的劳动日52815个。社员人均分配收入222元，劳动日值2.22元。全村有88户余款户（即不需倒找给村上钱），8户成为需向队上倒找钱的超支户。1976年，社员劳动日值为1.75元，仅比1968年提高0.35元。1983年，全村社员超支欠款为10482.03元。1984年，全村社员历年超支欠款户12户，超支欠款金额16500元，其中生活欠款8500元。1987年，村民不再单纯按劳动工分分配，劳动日值3.94元。2000年以后，村级集体分配按人口计算，收入全部来自工贸经济。

1972—1999年部分年份东岭村村级经济总收入统计表

表5　　　　单位：万元

年　份	年终总收入	其　中	
		农业收入	企业收入
1972	16.13	—	—
1973	17.16	—	—
1974	19.05	16.34	—
1980	20.95	15.44	—
1981	28.46	—	—
1983	29.50	16.40	10.40
1984	31.13	16.28	9.09
1989	334.26	23.00	283.05
1990	393.27	28.05	353.78
1991	410.70	25.00	365.50
1992	963.70	24.80	907.61
1995	21186.58	29.40	21123.56
1996	30846.89	31.14	30805.08

续表 5

年 份	年终总收入	其 中	
		农业收入	企业收入
1997	50499.95	33.62	50402.00
1999	222.41	0.79	210.00

说明：1. 根据村年终分配收益表整理编制；2.1995 年后实行“组企合一”，年终总收入为组（企）营业总收入；3.1999 年，因统计口径改变，总收入为村（企）纯收入

2000—2016 年东岭村（集团）经济收入统计表

表 6 单位：亿元

年 份	营业总收入	年 份	营业总收入
2000	14.02	2009	208.00
2001	18.50	2010	232.00
2002	26.16	2011	303.00
2003	42.38	2012	491.00
2004	84.48	2013	608.00
2005	95.08	2014	757.87
2006	121.89	2015	761.00
2007	138.00	2016	964.00
2008	176.00		

说明：表内数据根据村（集团）统计报表整理编制

村企合一

1980年，东岭村创办联盟综合服务部。1985年，成立东岭铆焊机械厂。1994年，企业销售收入达1.2亿元。企业发展壮大后，受小富即安、“分光吃净”的小农经济思想影响，村民组、企业矛盾加剧，阻碍共同发展。1995年，试行“组企合一、以组带企”管理，减少行政、企业间矛盾内耗，整合组内资本、土地、人力、技术等诸要素资源，共同发展集体经济。1996年，以东岭机械铆焊厂为核心，组建宝鸡东岭集团。1999年，撤销联盟村六组，设立东岭村，正式确立“村企合一、以企带村、共同发展”的体制。东岭村的政治组织（村党委）、行政组织（村民委员会）和经济组织（东岭集团）进行有机整合，形成“三位一体”的领导集体，建立集中统一的领导，带领村民致富奔小康。村组干部在村委会、集团公司交叉任职，村民大都是企业员工。新体制有利于形成整体合力，以企业的先进理念、管理经验、资金技术，带动农村社会、经济发展。“村企合一”为东岭村崛起提供体制保障，村集体、企业集团齐心谋发展，成为全省新农村建设的样板。

是村庄，却有千亿企业；是村民，也是企业员工；行政村、企业，『一套班子、两个机构』。创新村企合一，促进共同发展。

◉ 创新体制

实行村企合一 1980年，作为联盟六队的东岭自然村开始创办企业。企业在发展壮大的过程中，由于理念、体制、利益的不同，在土地、资金、人员、分配等方面，不可避免地与村民组、行政村发生某些矛盾、冲撞，影响村组、企业的共同发展。1995年年初，村办企业东岭机械铆焊厂的厂长李黑记当选为联盟村六组组长后，在上级部门的支持下，试行“组企合一、以企带组”管理，突破体制瓶颈，理顺村民组、企业的关系，促进共同发展。1996年，宝鸡东岭集团成立、壮大后，体制问题再次凸显。1999年7月26日，经区政府批准，撤销联盟村六组，设立陈仓镇东岭村。8月9日，中共金台区陈仓镇委员会批准中共东岭村总支委员会组成人员，中共东岭集团党总支书记李黑记任村党总支书记；8月12日，东岭集团董事长兼总经理李黑记以高票当选为东岭村村民委员会主任。自此，东岭村形成“村企合一、以企带村、共同发展”的体制，东岭村、东岭集团实行“一套班子、两个机构”，建立集中统一的管理。行政村、企业间相互掣肘的体制矛盾得以解决，走向共同发展之路。

村企干部兼职 1980 年，村办企业创办后，部分村民组干部在企业任职。1995 年，东岭机械铆焊厂厂长同时担任第六村民组组长，部分企业员工也在组内任职。新体制在东岭村形成组企协调、农工并容的新格局，企业得到广阔的发展空间。1999 年，东岭集团多名中、高层管理干部在村委会任职，形成村、企干部交叉兼职的方式，有利于对村、企的集中统一领导。村委会干部实行一人多职，全部在集团任职，统一由企业支付报酬，不向村民摊派一分钱，减轻农民负担。

村民成为企业员工 1980 年，村办企业创办初期，除外聘技术人员外，其他员工都是社员，由生产队记工分，参与村级分配。1995 年，实行“组企合一”，村民大都是企业员工，村农业剩余劳动力得到自我消化和自我安置。企业在发展壮大后，大量吸纳村民进入企业工作。2000 年，成立陕西东岭工贸股份有限公司，村民认购集团公司股份，成为公司股东，参与企业年终分红。在安置村内剩余劳力和城市下岗职工的同时，企业还妥善安置了村里的 10 多名失足青年，并从安置就业入手，在工作和劳动实践中进行思想教育，用企业精神、企业文化感化、教育、影响他们，使之成为有用人才。2008 年，东岭村首批吸收 10 名东岭企业优秀员工为“荣誉村民”，享受村民的福利待遇。2016 年，村内具有劳动能力的村民，凡愿意到东岭集团工作的，基本都可得到满足。全村共有村民 223 人在东岭集团各公司、部门工作。

村民在东岭企业工作

东岭企业回馈村民 东岭企业在发展的同时，将部分利润投入到村级建设、村民生活，与村民共享发展的红利。1994 年，由东岭企业出资，村建樱花路、银杏路、玉兰花路、洒金柏路、垂杨路，实现“四季常青、三季有花”。1996 年，由东岭集团出资，对村内道路进行硬化，全村环境得到绿化、美化，家家通上有线电视，路灯明亮，退休老人养老金增加。1999 年，村、企共同投资 40 万元，将东岭村建成全省第一个电气化村。村民做饭用上电，既干净又卫生。自 1996 年起，东岭村民在年终都能得到东岭企业提供的村级分配款。村民子女上幼儿园、中小学，均由东岭集团资助、村委会报销学费。村民子女考上高中、大学，村委会协会给予物质奖励。东岭村老人享受村委会的养老补贴，参加外出旅游，实现“老有所养”。其他村民也都享受到村委会提供的优厚福利。2002 年，东岭集团投资建设东岭幼儿园，让村民子女从小受到正规的教育。截至 2008 年，东岭村民已分两批入住由村里建设提供的多层、高层楼房。2016 年，东岭村民家庭资产超过 300 万元，村民幸福指数日益提升。东岭村民所享受的福利待遇，资金均源自村办企业收入。详细内容参见本志“村民生活”。

支持企业发展 东岭村村民旧有“故土难离”的情结，宁肯在家受穷，也不愿出门闯荡。改革开放后，村民陈旧理念被打破，有大干一番事业的雄心。随着村办企业做大做强，村民走出东岭小村庄，进入国内外大市场。东岭企业员工奔波于国内外，考察交流、洽谈签约、推销产品、办厂开矿。东部沿海、西南边陲、西藏矿区、秦巴山区，都有村里的东岭企业员工。员工常年在外，抛家离舍，最牵挂家中妻儿老小。村党委、村委会、村妇代会、村老年协会、村关心下一代工作委员会，体谅在外的东岭企业员工难处，关心留守在家的老人、儿童，提高村民福利待遇，开展多种文体活动，尽力安抚好村里的“一老一小”，解除员工的后顾之忧，让在外工作的亲人安心。在家的东岭村民，亲身感受到村办企业发展带来的好处，主动做好家庭后勤保障，鼓励亲人努力工作。同时，东岭村民关心支持企业发展，自觉维护企业声誉，为企业发展献计献策，化解企业发展诸多难题。

◉ 共同发展

村企经济 1995 年，逐步实行“村企合一”体制后，行政村、村办企业经济都得到快速发展。1972 年，村集体经济收入仅为 16.13 万元。1989 年，村年终总收入达 334.26

万元。1993 年，村办企业收入为 5409 万元。1994 年，村办企业收入突破亿元大关。1995 年，村经济收入达 2.12 亿元。1999 年，“村企合一”体制正式确定后，村办企业加快扩张发展，营业总收入达 8.50 亿元，利润较上年增加 468 万元。2000 年，村企经济收入达 14.02 亿元。2006 年，村企经济收入突破百亿元大关。2009 年，村企经济收入更突破两百亿元大关。2016 年，村企经济收入达 964 亿元，东岭村位列“中国经济十强村”第 4 位，东岭集团位列“中国企业 500 强”第 182 位。2017 年，位列“中国企业 500 强”第 161 位。

村容村貌 1995 年，在村办企业资金支持下，东岭村开始修道路、装路灯、重视绿化。2000 年，东岭村为村民建欧式多层住宅楼。东岭路拓宽改造并向南拓展，越过金台大道，直达滨河大道。随后，在新建小区建灯光球场，安放运动器材。沿村道路美化绿化，路旁植草木花卉，安放石桌石凳。2008 年，东岭村老庄基拆迁，村民再次入住高层楼房。住宅小区内亭台楼榭，花团锦簇，绿草茵茵。同年，开拓东岭西路。2009 年，建成仿苏州园林的东岭和园，为村民提供休闲娱乐场所。2012 年，东岭集团建设宝鸡中央金融文化服务区。村南东岭石鼓文化廊桥建成通行，成为宝鸡市的地标性建筑。2015 年，拓宽改造宏文南路。2016 年，新建吉祥路、如意路，东岭村成为现代城市村庄。

收入分配 1995 年以来，东岭村民的人均纯收入、东岭企业员工的薪酬收入都在大幅增长。村民从村里获得村级分配款、集体福利款、股份分红款、投资收益款，成为家庭收入的重要组成部分。2000 年村民人均纯收入为 4261 元，2010 年增至 45565 元，2016 年达 9 万元，东岭村民年人均纯收入多年居全省首位。

东岭企业员工根据工作性质、贡献大小，分别享有年薪、计件工资、销售提成、股权激励、基本工资、绩效工资、奖励工资等。部分员工在东岭集团拥有股份，每年可从集团经营收益中获得红利。此外，东岭企业还对优秀员工给予股权奖励。

村企荣誉 1995 年以来，东岭村曾获“全国敬老模范村”“全国民主法制示范村”“全国文明村镇”“全国美德在农家活动示范点”“中国小康十佳村”“全国妇联基层组织建设示范村”“全国十佳过百亿村”“中国经济十强村”荣誉称号，获省级荣誉称号近 30 项，所获市、区级荣誉不胜枚举。

东岭村办企业曾获区、市、省、国家多次奖励，被授予各种荣誉称号。1995 年，东岭机械铆焊厂被市、区政府授予“科技示范型企业”“最佳效益型企业”“质量效益型先进企业”等称号，达到省级乡镇企业甲级队标准。1996 年 5 月，东岭机械铆焊厂被区政府命名为“重合同、守信用”企业。1997 年 6 月，东岭集团排名“中国金属制品行业最大经营规模乡镇企业 100 家”第 15 位，排名“中国最大经营规模乡镇企业 1000 家”第 419 名；8 月 4 日，东岭集团被确认为全国中型二档乡镇企业。1998 年 2 月 11 日，东岭集团被省经贸委列为“全省重点扶持流通企业”。2000—2015 年，东岭集团获省（部）级及其以上荣誉 30 项。主要有：2003 年 12 月，由省政府授予的“陕西省守合同、重信用企业”称号；2004 年，由中华全国工商业联合会授予的“中国优秀民营科技企业”称号；2006 年，由省科技厅授予的“科技创新型企业”称号；2011 年，由中国民营企业家协会授予的“中国优秀民营企业”称号；2013 年，由人力资源社会保障部授予的“全国就业与社会保障先进民营企业”称号；2014 年，由省人力资源社会保障厅授予的“陕西省劳动关系和谐企业”称号；2015 年，由省工商业联合会、省总工会授予的“ 陕西省第五届双爱双评先进企业工会”称号；2016 年，由中国国际铅锌大会组委会授予的“2016 年度中国铅锌行业供给侧结构性改革杰出贡献奖”。

◉ 社会效益

感恩回报 东岭村、东岭企业发展壮大后，富而思源、不忘初心，主动承担企业的政治责任、经济责任、社会责任，把社会效益放在首位，慷慨回报社会。东岭企业积极投身公益事业，修路架桥、捐资助学、扶贫帮困，多年来累计捐资、捐物超过3亿多元，其中 2002—2016 年 8 月，捐助资金达 1.38 亿元，东岭集团获省委、省政府命名的“对社会公益事业做出突出贡献先进企业”称号。2016 年 9 月，在“首届中国扶贫论坛”上，东岭集团获“中国扶贫 · 企业贡献奖”，成为全省唯一获此殊荣的企业。集团董事长兼总经理李黑记当选为中国光彩事业促进会副会长，并获“陕西省为社会公益事业发展做出突出贡献的民营企业家”等多项殊荣。

吸纳就业 改革开放以来，部分国有企业由于机制、管理、资金等原因，出现停产、破产乃至倒闭。国有企业下岗失业人员大量增加，生活出现困难，影响社会稳定，成为严峻的社会问题。东岭企业以高度的社会责任感、雄厚的经济实力，为党和政府分忧解难，主动参与国有企业改革，先后租赁、收购、兼并、重组濒临破产的国有企业 10 多家。东岭企业进入濒临破产倒闭的国企后，注入大量资金，转换经营机制，吸收安置下岗失业的国企员工再就业，维护了社会稳定。

东岭企业自创办以来，就吸纳安置村民就业，农村剩余劳动力得到就地转化。发展壮大后，成为吸纳更多人员就业的平台。周边农村进行“城中村”改造后，东岭企业安置大量失地农民。此外，随着东岭集团的崛起，社会成功人士、大学毕业生等也都慕名加入东岭集团，实现人生的理想。

诚信纳税 多年来，东岭企业坚持诚信纳税，为国家增加财政收入。1992 年、1993 年，东岭机械铆焊厂上缴利税分别达 31.84 万元、96.3 万元。1995 年，东岭企业上缴利税达 296 万元。1999 年 6 月 23 日，《陕西日报》刊登全省纳税大户名单，东岭集团名列第四，位居全省物资系统第一。2000 年，东岭集团纳税 1248 万元，首次过千万元大关。2003 年，东岭集团纳税 10051 万元，首次超过亿元。2009 年，东岭集团上缴税金 6.4 亿元，比上年增加 1.2 亿元，同比增长 23%，蝉联全省民营企业纳税第一名。集团公司年纳税数量，除烟草企业外，位列宝鸡市第一名，并位居下属企业所在地纳税第一名。东岭集团多次受到省、市政府以及税务部门的表彰。

援建路桥 2002—2013 年，东岭集团先后 26 次捐资援建公共设施，共计资金 1.21 亿元，其中主要援建项目有市区公交候车厅、金台森林公园、市区东岭路、凤县嘉陵江大桥、凤县县城拦河大坝、凤县双（石铺）唐（藏镇）公路、凤翔县冯家山公路、山阳县板岩大桥、金台区硖石镇三星村桥等。宝鸡东岭石鼓文化廊桥，南通中华石鼓园，北接渭河上马营生态公园，由宝鸡市市区河道综合治理委员会、东岭集团建设。作为援建单位，东岭集团投入资金 8600 万元，建成宝鸡文化、景观的地标性建筑。

扶贫济困 2003 年以来，东岭集团先后为省慈善总会、市慈善总会、市困难职工援助中心、金台区陈仓镇、凤县坪坎镇、略阳县接官亭镇、扶风县强家沟村、陇县峰山村、凤县安沟村、略阳县两河口村、略阳县五郎坪村、金台区宝丰村等捐款 228.09 万元，帮助社会弱势群体尽快走出困境。2005 年 12 月 23 日，东岭集团向白血病患者方某捐款 12.27 万元。2007 年，东岭集团为陕南洪灾地区捐款 3.1 万元。2008 年，四川汶川特大地震发生后，为四川、汉中灾区捐款 278 万元，为凤县捐款 5.875 万元，为略阳县的鱼洞子、金家河、林口、荷叶坝、李家坝、张家坝、长坝等村捐款 40 万元。2010 年，东岭集团为青海玉树地震灾区捐款 5 万元。

2003 年以来，东岭集团先后为北京残疾人艺术团、宝鸡市残疾人联合会、宝鸡市残疾人福利基金会、残疾贫困人群等捐款 28.45 万元。向中国光彩事业基金会（2016 年中

汶川大地震捐款现场

向贫困山区学校捐赠桌椅

国光彩事业庆阳行活动）、上海宋庆龄基金会（东亚银行公益基金）、首届中国扶贫论坛“定西行”、宝鸡市全国森林旅游博览会、宝鸡市全球华人省亲祭祖大会、宝鸡市新春音乐会、宝鸡市万人长跑、宝鸡市“非典”预防、宝鸡市创建卫生城市、汉中市创建卫生城市、“花儿”音乐会、延安市光彩事业促进会等众多社会公益事业捐款 1013.74 万元。其中，2015 年 3 月 31 日，向省慈善总会捐款 500 万元。2016 年 7 月 7 日，由中国光彩事业促进会、甘肃省政府主办的“中国光彩事业庆阳行暨民企陇上行”活动在甘肃庆阳举行，东岭集团向中国光彩事业基金会捐款 50 万元；同年 8 月 1 日，向首届中国扶贫论坛“定西行”捐款 50 万元。

捐资助学 2004 年 9 月至 2016 年 10 月，东岭企业先后为市希望工程以及市区的石油中学、斗鸡中学、列电中学、铁路第一中学、铁路第二中学、岐山中学、逸夫小学、陈仓路小学、凤县新建路小学、凤翔县窦家庄小学、西街幼儿园、东岭幼儿园等学校捐

慈善助学捐赠仪式

2013 年宝鸡西山捐赠物资现场

由东岭集团帮扶修建的硖石镇董家河村荷塘

款 113.26 万元，并在中南大学设立 100 万元的奖学金。

产业帮扶 2010 年以来，东岭集团和麟游县紫石崖村、金台区硖石镇董家河村等村建立产业帮扶关系，帮助他们早日脱贫致富。在东岭集团的多年帮扶下，贫困村走向富裕之路。

◉ 参与国企改革

改革概况 改革开放以来，国有企业先后经过扩大企业自主权、建立经济责任制、转换经营机制改革、企业产权制度改革、“双放改革”（放开企业经营、放活改制形式）、企业股权多元化、中小企业民营化、组建大集团、建立现代企业制度等改革，将企业推向市场，出现企业的承包、租赁、兼并、重组乃至破产倒闭。东岭企业以高度的社会责任感、敏锐的经济视角、雄厚的经济实力，参与国企改革，先后租赁、收购、兼并、重组濒临破产的国有企业10多家。国企引入东岭集团的民营企业机制后，很快焕发勃勃生机，工人重新上岗，经济效益提升。东岭集团通过兼并、租赁、重组、控股、收购，使国企的不良资产变为优良资产，为企业所在地方增加税收，吸收安置大量下岗失业人员和企业周边社会人员，维护了社会稳定，企业自身的产业结构也发生了根本性变化。

兼并重组 金台区物资综合供销公司是东岭企业兼并的第一个国有企业。该公司隶属金台区物资局。1996年，公司在职职工26人，其中干部6人。公司下属金属材料公司、物资供应站、石油采购站、建筑物资租销站。1997年4月16日，经金台区体改办批复同意，宝鸡东岭集团兼并金台区物资综合供销公司。区政府召开第六次常务会议审定兼并实施方案。5月30日，双方签订《企业兼并协议》，对区物资综合供销公司实施兼并，开创金台区民营企业兼并国有企业的改革先河。随后，又以承担债务的方式，兼并金台区金属材料公司、金台区石油采购供应站、金台区物资总公司经营部、金台建筑物资租赁销售站、金台区物资局宝十路供应站。

1999年，东岭企业兼并宝鸡市先锋商场。该公司位于市区汉中路214号，隶属市五金交电化工总公司。兼并前，商场有职工73人，主营五金、交电、化工的批发零售，企业经营困难。同年7月，东岭集团与先锋商场达成兼并意向；10月12日，市商务局上报《关于市五金交电化工总公司下属企业先锋五金交电化工商场由东岭机械厂（集团）兼并的申请》。经市体改委、市国资局批准同意后，2000年2月14日，市五金交电化工总公司与东岭集团签订兼并协议书。东岭集团对先锋商场进行整体兼并，接收其所有资产并承担全部债权债务，接收安置职工。兼并中所涉及的市科技城市信用社250万元贷款本金和利息以及按政策规定减免后的税费由东岭集团承担，先锋商场的职工全部由东岭集团接收安置。2003年10月12日，东岭集团与广西岑溪市温州东源房地产开发有限责任公司签订拆迁安置合同，采用货币安置方式对所有产权进行补偿安置，补偿安置总款额达880万元。

租赁经营 凤县锌品厂是东岭企业租赁的第一个国有工业企业。该厂位于凤县城北，由国家投资1亿多元，历经7年建成。工厂年设计能力1万吨锌锭。东岭集团接手前，企业连续两年亏损，已关门停产。2000年3月24日，凤县县政府召开专题会议，同意凤县锌品厂与东岭集团签订资产重组协议，由东岭接收凤县锌品厂；10 月 19 日，宝鸡东岭机械厂（集团）与凤县锌品厂签订财产租赁协议，以年租金 600 万元租赁工厂。东岭集团接手后，企业很快恢复生产、扭亏为盈。2000 年 12 月 25 日，凤县锌品厂更名为宝鸡东岭锌厂。随后，东岭集团投资 3.5 亿元，历时 1 年多建成 5 万吨锌冶炼工程。投产后，2003 年盈利 0.6 亿元，2004 年实现利润 1.1 亿元。陕西锌品产量从此跻身国内行业前 8 强，产品远销美、日、英等国家。2009 年 2 月，东岭集团成立东岭锌业股份有限公司（以下简称东岭锌业公司），经过 3 次技改扩建，至 2015 年，东岭锌业公司拥有年产商品锌 13 万吨、工业硫酸 20 万吨的生产能力。2016 年，公司实现年产值 23 亿元。

2002 年，东岭企业租赁国企宝鸡焦化制气公司。该公司位于市区福临堡地区。原名宝鸡市焦化厂，始建于 1958 年，是市属国有企业。企业年产 20 万吨焦炭，所产煤气被市煤气公司收购，作为居民生活用气。2002 年，宝鸡焦化制气公司因经营困难面临停产；9 月，东岭集团受命接管宝鸡焦化制气公司，按照集团管理模式对企业进行改造、整顿。先后投入 2350 多万元对焦化生产线全面改造，使公司很快扭亏为盈，环保指标通过国家验收。2003 年 5 月 30 日，市政府下发《关于东岭集团租赁宝鸡焦化制气公司有关问题的会议纪要》，同意东岭集团对宝鸡焦化制气公司实施租赁经营。东岭集团投资进行技术改造后，企业从煤气中提取焦油、苯、萘等原料，价值上千万元。提纯后的煤气供机组发电，满足企业生产需要，还将部分电卖给国家电网。2008 年，因政策原因，东岭集团关闭宝鸡焦化制气公司，并对公司员工重新进行安置。

2004 年，东岭企业租赁西安第一轧钢厂。该厂建于 1994 年，是省内唯一的热轧低碳钢圆盘条生产厂家，年设计能力 10 万吨。截至 2003 年，企业 10 年间仅生产 39.6 万吨线材。2004 年年初，东岭集团租赁进入后进行技术改造；11 月，企业 27 天生产钢材 1.9 万吨，3 次日产超过 800 吨，成材率达到 96.64%，各项经济指标均创建厂以来的历史新高。同年 12 月 7 日，经批准，西安第一轧钢厂与秦岭金属材料公司进行合资合作。

控股收购 2000 年 1 月，东岭企业以竞拍方式购得西安市物资再生利用总公司以西安金回物资储运总公司名义登记的红光路货场土地使用权。该处土地共 20.03 亩，购买后作为东岭集团库房使用，主要用于钢材到货存放、销售。

2003年，东岭企业控股国有企业陕西略阳钢铁厂。1999年11月，陕西略阳钢铁厂参与东岭集团改制，共同发起成立陕西东岭工贸股份有限公司。2003年12月30日，经省经贸委批准，陕西略阳钢铁厂联合东岭集团、陕西省技术进步投资有限责任公司以及略钢职工，共同出资组建陕西略阳钢铁有限责任公司（以下简称为略钢公司）。公司注册资本13396.24万元，其中，省经贸委以持有经评估确认的略阳钢铁厂经营性净资产5810.95万元作为国有股出资，占注册资金的43.38%，东岭集团现金出资6832.08万元，占比51%；陕西省技术进步投资有限责任公司以货币（债转股）出资300万元，占比2.24%，略钢工会以现金出资453.21万元的形式，占比3.38%。东岭集团进入略钢公司后，当年钢产量突破40万吨。随后，经技术改造，推行经济责任制，公司产能超过100万吨。2016年，公司年产值达到2.03亿元。

2004年，东岭企业收购宝鸡八方山铅锌矿业公司。2001年3月9日，由市国资局、宝鸡八方山铅锌矿业公司职工持股会、八方山铅锌矿劳动服务公司、东岭集团及社会自然人王炳志、梁炎生，共同签署协议，作为发起人，共同组建宝鸡八方山铅锌矿业有限责任公司（以下简称八方山矿业公司）。公司注册资本588.25万元，由国家股、职工持股会股、社会法人股和社会自然人股组成，其中，东岭集团出资70万元，占股份总额的12%。2004年8月23日，东岭集团进而收购八方山矿业公司，使集团的铅锌冶炼有充足的上游资源。2005年1月6日，市政府会议形成《关于八方山铅锌矿业有限公司国有股权转让有关问题的会议纪要》，原则同意公司将其持有的168.25万股国有股按协议价格转让给东岭集团。公司下属劳动服务公司持有的30万股和评估净资产整体并入国有资产一并进行处置，处置所得用于安置劳司职工。东岭集团全部接收并妥善安置宝鸡八方山矿业公司职工。

2006年7月7日，省国资委复函同意东岭企业对陕西省物资产业集团总公司所属陕西省木材加工经营公司实施承债式并购的整体改制方案。兼并重组后，公司更名为陕西东岭现代物流有限公司，东岭集团占公司股份70%，安置职工120人。改制后，公司年盈利21.5万元，扭转长期亏损局面。2007年，东岭集团先后投资3000多万元对公司进行整体改扩建。公司年实现盈利36.7万元。公司逐步发展成西部地区规模最大的钢材、木材、建筑模板等交易集散地，多年来盈利上千万元。2016年，东岭集团出资收购陕西省物资产业集团总公司在公司的30%股权，使其成为东岭集团下属的全资子公司。

◉ 多元产业

业态发展 东岭村办企业创建初期，进入二、三产业，主要从事机械加工、金属制品、物资贸易、饮食服务等行业。1992 年，进入钢铁贸易行业。2000 年，进入有色金属冶炼行业，拓展国际贸易。2001 年，进入有色金属矿采选行业。2002 年，进入煤炭化工行业。2006 年，进入房地产行业。2008 年，进入煤炭开采行业，实行多元化发展。2016 年，东岭集团产业涉及二、三产业，行业涵盖采矿业、制造业、批发零售业、房地产业及金融投资。

金属冶炼

2000 年 3 月，东岭集团租赁凤县锌品厂，进入有色金属冶炼行业。2003 年，东岭集团在凤翔县长青工业园建设铅锌冶炼项目，引进国际先进的 ISP 铅锌冶炼技术和捣固炼焦新工艺，采用焦化与铅锌冶炼相结合的循环经济模式。2007 年 10 月 7 日，集团内设冶炼总公司。企业坚持走绿色发展之路，进行技术改造，实行节能减排，经济效益不断提升。总经理孙宏先后被评为“宝鸡市第五届劳动模范”“全国有色金属行业劳动模范”。2016 年，总公司主要从事有色金属铅锌冶炼以及钢铁和焦炭生产，年总产值

陕西东岭冶炼有限公司

陕西东岭冶炼有限公司全貌

50.44 亿元。旗下的陕西东岭冶炼有限公司是省有色金属工业协会、中国有色金属协会理事单位，陕西略阳钢铁有限公司是中国钢铁工业协会、省钢铁工业协会的理事单位和省金属协会、陕西工业经济联合会的会员单位。

陕西东岭冶炼有限公司 位于陕西省凤翔县长青工业园内。始建于 2003 年 11 月，2006 年 3 月正式投产。公司厂区占地 958 亩，生活区占地 40 亩，铁路专运线占地 187 亩、总长 13.2 千米，注册资本 14 亿元。主要从事有色金属铅锌冶炼及焦化生产，拥有铅锌密闭鼓风炉冶炼和捣固炼焦生产线各 1 条，年产精铅、锌 13 万吨，焦炭 100 万吨，以及工业副产品硫酸、煤焦油、粗苯、硫铵等。公司利用焦炉煤气从事有色金属冶炼，将有色金属冶炼和煤炭化工产业有机结合，是世界有色冶炼行业发展循环经济的典范。公司先后通过质量管理、环境管理、能源管理及职业健康安全卫生管理等多项体系认证，是国际 ISP 俱乐部会员单位。2016 年，公司员工 1800 余人，其中专业技术人员 50 余人，年产值 19.03 亿元。

东岭锌业股份有限公司 位于陕西凤县，其前身是国有企业凤县锌品厂。2000 年，东岭集团租赁该厂后成立东岭锌品厂。2009 年 2 月，成立东岭锌业股份有限公司，注册

东岭锌业股份有限公司办公楼

东岭锌业股份有限公司循环水回收项目

资金 2.57 亿元。2015 年，公司拥有年产商品锌 13 万吨、工业硫酸 20 万吨的生产能力。公司主要产品“东岭牌”锌锭获“中国有色金属产品实物质量金杯奖”“陕西省名牌产品”等多项荣誉。公司曾获省“高新技术企业”及“市园林式单位”“安全生产工作先进单位”“节水型企业”等称号。2016 年，公司占地 600 余亩，有员工 1870 人，其中高级技术人员 120 名，年产值 23.87 亿元。

陕西略阳钢铁有限责任公司 位于陕西省略阳县。其前身是1966年成立的略阳钢铁厂。2003年企业改制，组建陕西略阳钢铁有限责任公司（以下简称略钢公司）。东岭集团出资0.68亿元，以占公司注册资金51%控股。公司地处陕南铁矿富集区，自有铁矿储量1亿多吨，临近十（堰）天（水）高速公路、S309省道，有铁路专用线与宝成铁路接轨，交通便利。公司生产的建筑用圆钢、螺纹钢，畅销国内20多个省市，应用到多个国家重点项目。公司的“建友”商标为陕西省著名商标，“建友”牌钢筋为省名牌产品。2016年，再次进行企业改制，将汉中嘉陵矿业有限公司归属略钢公司。改制后，公司拥有员工2583人，年产值2.03亿元。

陕西略阳钢铁有限责任公司生产线一角

炼钢系统外景

炼铁3号高炉外景

六机六流连铸生产线

新建轧钢生产线

八方山铅锌矿业有限责任公司远眺

矿山采选

2001 年，东岭集团参股宝鸡八方山矿业公司，进入有色金属矿采选行业。2004 年 8 月，收购八方山矿业公司。2005 年，控股西藏天诚矿业有限公司。2008 年，联合组建陕西永陇能源开发建设有限责任公司，进入煤炭开采和洗选行业。同年，集团内设矿业总公司，主要从事煤炭、铅锌、铁矿、锑矿等采选。集团开发建设崔木煤矿，总公司总经理梁宝平，2015 年，被东岭集团授予年度“特殊贡献奖”。2016 年，总公司旗下拥有八方山矿业、崔木煤矿以及西藏自治区的 5 个矿权。

宝鸡八方山铅锌矿业有限责任公司 位于陕西省凤县。1991 年筹建，1999 年建成投产。公司矿山为多金属矿床，以铅、锌、铜为主，伴生有金、银、铬

八方山铅锌矿业有限责任公司办公楼

等贵重金属，已探明矿石总储量 943 万吨，金属总储量 53.24 万吨。公司属中型矿山采选企业，采用分段空场法或潜孔留矿法进行原矿开采。2008 年，采矿场日采原矿能力达 700 吨，原矿日处理能力达 600 吨。尾矿处理和废水排放均达环保要求，废水利用率达到 70%。2007 年，公司实现销售总收入 1.98 亿元，创历史最好水平。2010 年以来，公司先后获省、市安全生产先进单位称号。2016 年，公司下属 1 个采矿场、4 个井下采掘工程队、1 个选矿厂，有 3 条选矿生产线。有公司员工 248 人，其中工程专业技术人员 17 人，年完成工业产值 1.04 亿元。

西藏天诚矿业有限公司 2005 年 9 月，集团注册成立西藏天诚矿业有限公司，注册资本 1250 万元。公司拥有车穷卓布金锑矿、错嘎金矿、日拉松多铅矿、巴扎铅矿、拥郎铜钼矿 5 个矿权，其中，车穷卓布金锑矿已完成详查，其余 4 个正在进行普查。2008—2009 年，公司重点对错嘎金矿、拥郎铜钼矿普查，其余矿山开展普查勘探。

陕西永陇能源开发建设有限责任公司 2008 年 4 月，东岭集团与陕西省煤田地质局 186 地质队联合组建。公司位于陕西省麟游县，注册资本 22.1 亿元，经营范围涉及煤炭生产、洗选、加工、运输、销售及煤炭综合开发利用等。公司建设的崔木煤矿为大型现代化矿井，项目总投资 15.69 亿元。矿区总面积达 88.74 平方千米，已探明地质储量 4.53 亿吨，为优质的动力煤和化工用煤。2016 年，有公司员工 850 人，年完成工业产值 11.09 亿元。

崔木煤矿办公区域全景

崔木煤矿职工文化活动中心

现代化煤矿剪影

国内贸易 1992 年 4 月，东岭机械铆焊厂在金台区物资局下设物资供应处，开始进入钢铁贸易领域。1995 年 9 月，设东岭运输部；11 月，成立宝鸡东岭物资站，大举进军钢材市场。在省城西安创办分公司，创造东岭钢材销售的诸多第一，一举成为西安钢铁市场的“大哥大”。1996 年，宝鸡东岭集团成立，为推进企业的“以钢崛起”战略，东岭集团与首都钢铁公司等 20 多家钢铁企业建立巩固的战略合作伙伴关系，相继在兰州、成都、新疆、昆明、上海、北京等城市设立 22 个分公司，业务网点辐射到大半个中国，年销售钢材 200 多万吨。

1997 年 5 月 30 日，东岭集团兼并金台区物资综合供销公司；7 月 1 日，设立宝鸡东岭物资有限责任公司。2003 年 2 月，公司变更登记为陕西东岭物资有限责任公司，主营业务为金属材料、建筑材料、电器机械、化工原料、煤炭、焦炭、锌锭、硫酸、黑色及有色矿粉的经营销售。2007 年 10 月，东岭集团内设物流总公司。2011 年 9 月，东岭集团整合物流总公司资源，成立陕西东岭集团国内贸易总公司。总公司注册资本 24 亿元，拥有资产 49.8 亿元。主要从事钢铁、煤炭、矿粉、焦炭、硫酸等贸易业务，拥有经营场地 852 亩，铁路专用线 15 条，大型专用吊装设备 56 套，大型货运车 100 多台，并组建有专业化的采购、装卸、运输、仓储、销售队伍，物流规模和经营业绩居中国西部同行业首位。

东岭钢材物流一角

2016年，总公司下设钢铁、煤炭、矿粉、焦化、硫酸、运输等公司，在国内数十个城市建立子公司50多家，集中形成以关中、西北、西南、华北为核心市场的4大销售区域，贸易业务辐射全国各地。当年，总公司员工1326人，年营业收入289.28亿元。

总公司旗下的东岭钢铁贸易公司成立于1993年，有员工120人，年销售钢材1.2万吨，销售收入达0.54亿元。经多年发展，公司在自产自销150万吨钢的基础上，年代理销售钢材1000多万吨，位列“中国建筑钢材百强企业”第1名。公司还在西安港务局设立全国性第三方钢铁电子交易平台——陕西钢谷电子商务股份有限公司（简称钢谷电商），进行线上钢材采购、销售、运输等综合服务。2016年，公司分为关中、西北、西南3个片区，共下辖子公司、分公司40家，年销售总收入达190.24亿元。

2016年东岭集团国内贸易企业统计表

表7　　　　单位：人、亿元

公司名称	成立年份	员工人数	年销售收入	备　注
东岭钢铁贸易公司	1993	729	190.24	子公司40家
东岭煤炭贸易公司	2011	240	39.71	子公司6家
东岭原料贸易公司	2011	35	5.33	
东岭焦化贸易公司	2005	14	0.88	
东岭硫酸贸易公司	2011	12	1.38	
东岭诚泰贸易公司	2014	8	0.98	
东岭盛嘉物流公司	2013	65	0.41	
东岭运输公司	1996	54	2.36	

国际贸易

2000年，成立东岭国际贸易总公司，驻地上海。总公司以期货、现货结合的经营理念为指导，凭借现货市场信息及上海地区的产业优势，与国内外各大矿山、冶炼企业建立国际贸易合作关系，开展铜、锌、铝、镍等有色金属的进口及现货业务。

金克金属贸易有限公司　坐落于上海浦东陆家嘴金融中心。公司成立于2011年4月，注册资金5亿元。公司以有色金属、金属矿产品的进出口贸易，尤以电解铜、铜精矿、铝、锌、镍等大宗有色金属及矿产品种的进出口及转口业务为主要特色，同时参与

上海金克金属贸易有限公司

国内有色金属市场的交易，开展铜、锌、铝、镍等有色金属的现货业务，以及期货的保值交易。公司在发展现货主营业务的同时，还向创业投资、投资管理、资产管理等产业升级转型。公司成立以来，销售收入逐年递增。2016 年，公司完成销售额 300 亿元。

上海秦岭金属材料有限公司 主要从事有色金属现货、期货贸易。国际业务部主要为东岭集团冶炼生产系统采购供应锌精矿粉和铅精矿粉，并从事转口贸易业务。2016 年，年采购量 20 万吨，进口总值 1.5 亿美元。

东岭有色金属公司 负责集团精铅锭、锌锭和有色金属副产品销售，以及国内有色金属贸易业务。截至 2016 年，先后成立青岛东岭、天津岭北、广东东岭等有色金属贸易公司，并在国内沈阳、天津、石家庄、巩义、无锡、杭州、长兴、聊城、烟台等地设立货物储存仓库和销售处。2016 年，有员工 70 人，销售精铅、锌总量 73 万吨，销售收入 121 亿元。

房地产业

1999 年，集团成立宝鸡东岭房地产开发有限责任公司。2006 年，变更登记为陕西东岭房地产开发有限公司。随后，东岭集团内设地产总公司。2016 年，总公司下辖陕西东岭房地产开发有限责任公司、陕西诚誉商业运营管理有限公司、西安东岭房地产开发有限公司、西安东隆商业运营管理有限公司、陕西东岭物业管理有限公司、宝鸡东岭皇

东岭地产总公司开发的部分楼群

冠假日酒店。地产总公司总经理赵淑兰，2008 年、2012 年曾分别获“宝鸡市十大杰出青年”“宝鸡市劳动模范”称号。

2006 年 10 月 4 日，东岭地产开发的首个楼盘——东岭新时代小区一期项目破土动工。项目共投资 2 亿多元，开发住宅楼 8 栋，总建筑面积 10.8 万平方米。2008 年，开发建设东岭新时代二期项目，规划商住楼房 21 栋，总建筑面积 33.35 万平方米。2010 年，开发完成 16 ~ 21 号楼的 10.5 万平方米，并交付业主使用。2013 年，22 ~ 25 号楼、27 号楼、28 号楼、32 号楼、33 号楼共 15 万平方米竣工并交付使用。二期项目先后命名为东岭国际城、东岭国际社区。截至 2013 年 7 月，公司共完成开发投资 9.39 亿元，房屋

东岭新时代

东岭国际社区

施工面积44.8万平方米，竣工面积20.69万平方米。

2012年，开发建设新东岭城市综合体项目，规划区域占地约102.38公顷（1536亩），总投资230亿元。项目后改称宝鸡中央金融文化商务区（CCBD），由金融中心、商业区、高档住宅区等建筑群组成，其中，国金中心A座203米超高层、五星级宝鸡东岭皇冠假日酒店、11万平方米银泰购物中心、10万平方米的东岭新天地，构成城市的地标建筑。整个国金中心项目总建筑面积30万平方米，总投资40亿元。2013年12月10日，宝鸡中央金融文化商务区开工建设。2015年12月25日，宝鸡国金中心A座、宝鸡银泰城等工程竣工，随即进入装修施工。截至2016年，金融广场、海棠兰亭均已封顶，进入装修施工。2017年7月5日，宝鸡东岭皇冠假日酒店试营业。宝鸡银泰城正在进行开业前筹备。

2013年，在新东岭城市综合体项目的外延区，结合旧城改造、城中村改造、棚户区改造，先后开发建设多个房地产项目。其中，进新花园项目位于斗中路与宏文路交会处，由7栋高层住宅楼组成，总建筑面积20.86平方米，总户数1614户，总车位1046个；幸福家项目位于斗中路与宏文路十字东南，由7栋住宅、7000平方米社区商业和1所国际幼儿园组成，总建筑面积5.22万平方米；幸福里项目位于大庆路与铁塔路东南侧，总建筑面积3.55万平方米，总户数302户；幸福悦项目位于斗中路与宏文路十字东南角，为5栋纯板高层及周边围合商业，共1087套。至2016年，幸福悦开发建设的1、2、4号楼共完成建筑面积约8万平方米；工农新苑项目位于市区陈仓路东侧工农村内，由2栋高层住宅楼、1栋27层公寓、1所2层幼儿园及1层地下室组成，总建筑面积8.17万平方米，总户数495户，2016年已交付业主使用。

陕西东岭房地产开发有限责任公司　注册资本3亿元，具有国家房地产开发二级资质，为省、市房地产协会理事单位。公司以“专业化、市场化、现代化、精品化”为发展目标，开发建设的东岭新时代、东岭国际城楼盘被省、市授予“优质工程”称号。2012年12月，公司投资230亿元，开发建设宝鸡中央金融文化商务区。2013年，公司被授予“中国房地产责任信誉双优企业”称号，其品牌价值、综合开发实力和上缴利税均位居宝鸡房地产企业前列。公司承建的“东岭·石鼓廊桥”被评为全国乡村文化遗产地标性建筑，开发的“东岭新时代”二期工程被授予“宝鸡市环境暨景观建设优秀项目”称号。

陕西东岭物业管理有限公司　2008年8月成立陕西东岭物业管理有限公司，注册资金500万元。公司先后获物业管理企业国家二级资质，通过ISO9001国际质量体系认证，

东岭物业管理有限公司物业服务中心

是省物业管理协会理事会副会长单位、市物业管理协会会长单位。2015 年 12 月，公司与长城物业签署合作协议，全面引入一应云物业管理平台，打造全方位服务智慧社区。2016 年，变更登记为陕西东岭物业管理有限公司。有员工 150 人（其中专业技术人员 45 人），在管物业项目 18 个，管理服务面积 145.65 万平方米，涵盖多层住宅、高层住宅和办公楼宇等多种物业类型。公司管理的东岭新时代小区获“全国物业管理示范住宅小区”称号，东岭国际社区获市“物业管理示范小区”等称号。2015 年，公司获“宝鸡市 2015 年度十佳物业服务企业”称号。公司总经理方纪林曾先后获“省物业管理优秀项目经理”“省物业管理优秀企业经理”“宝鸡市劳动模范”等称号。

金融投资　2000 年以来，东岭集团进入新型工业化扩张时期，资金需求量急剧增长。集团负责人在参与集团决策、主管生产经营的同时，以大量精力操持集团的融资、投资工作。集团通过资本运作，实现资本增值、效益最大化。企业凭借良好的信誉，按照现代资本、金融运作游戏规则，与各大银行建立银企合作关系，内部建立融资投资公司。2015 年，集团内设金融总公司。总公司成立以来，调整融资结构，适应发展，维护额度，保障发展。先后成功发行第三期企业债 10 亿元，争取棚户区改造二期专项资金 2.48 亿元、三期专项资金 8.5 亿元。特别是总公司所属资金运行处，组织、配合各贸易公司，充分利用银行理财产品和国家金融政策，全力推进“贸易加资本”业务。2015 年 11 月，以最大持股股东（33.33%）参股陕西民东投资集团有限公司。2016 年，总公司下设融资和资金部门，共有员工 22 人，主要负责融资和资金管理工作。

2008 年，东岭集团成立投资总公司，业务包括股权投资、债券投资、证券投资等。2016 年，总公司旗下有投资公司本部以及上海东岭股权投资公司、陕西金沣资产管理有限公司、北京谷雨金泉资产管理有限公司等分公司。主要业务有股权投资、债权投资、证券投资等。总公司已投资入股长安银行股份有限公司、兰州银行股份有限公司、中信信托产业基金、私募基金等。同时，积极对接资本市场，已发行企业债券三期。总公司财务公司正在筹备成立。

产品产值

产品产能 20 世纪 80 年代初期，村办企业生产有铁桶、烟囱、蜂窝煤炉、洗衣盆、磨面机配件、办公家具、包装箱、塑料桶等产品。20 世纪 90 年代初期，村办企业主要产品有冷拉丝、圆钉、镀锌铁丝 3 大系列、10 多个规格、46 个品种。1996 年后，逐渐增加冷轧带肋钢筋、水泥钢钉、锌锭、电力器材、钢带、焦炭、钢材、铅锌、硫酸、沫煤、品种煤、粗苯等 10 多个产品系列。1997 年，年产电镀锌铁丝 8326 吨、冷拉丝 4730 吨、圆钉 1838 吨。1998 年，年产电镀锌铁丝 13443 吨、冷拉丝 3513 吨、圆钉 1642 吨。1999 年，生产冷拉钢丝 3542 吨、电镀铁丝 17362 吨、圆钉 1838 吨、冷轧带肋钢筋 1319 吨、电力器材 320 吨。2000 年，年产冷拉钢丝 3548 吨、电镀铁丝 25395 吨、圆钉 2219 吨、冷轧带肋钢筋 5986 吨、水泥钢钉 104.5336 吨、锌锭 5064 吨。2001 年，年产镀锌铁丝、圆钉、冷拉丝、冷轧带肋钢筋合计 2.4 万吨。2002 年，5 万吨锌冶炼系统开工投产，引进钢带生产线。2003 年，年产商品锌 6.16 万吨、硫酸 10.5 万吨、全焦 20 多万吨、焦油 6445 吨。2004 年，东岭集团旗下的西安第一轧钢厂年产钢材 17.9 万吨，略钢公司钢、铁年产量均突破 40 万吨。2005 年，略钢公司钢铁冶炼达 43 万吨。东岭集团 10 万吨铅锌冶炼项目建成投产后，铅锌冶炼达年产 20 万吨以上的综合规模，在国内同行业中与广东韶关冶炼厂并列第二、西北名列第一。70 万吨焦化生产项目建成投产，使集团焦化生产能力达到 90 万吨，成为国内规模较大、环保设施先进的焦化企业。略钢公司炼钢技改工程全面建成投产，可年产百万吨钢材。2007 年，八方山矿业公司全年入选矿石 23.4 万吨，比上年增加 2.2 万吨。2008 年，略钢公司的 1 号高炉扩容改造工程、60 万吨棒材生产线和铸铁机工程，相继投入生产运行。东岭冶炼公司的焦炉煤气发电项目建成

待运的东岭锌锭

运行，4 台机组成功并网发电。2009 年，东岭锌业公司建成余热发电项目，90% 的用电实现自给自足。东岭冶炼公司 30 万吨焦炉扩建项目完成，焦化产能达到 100 万吨以上。2010 年，略钢公司钢产量达到 75.4 万吨，创建厂以来的新纪录。东岭冶炼公司在 4 月中旬开始恢复生产。焦化公司产量达 70 万吨，创历史新高。2011 年，略钢公司扩建后产能翻番，由原年产 20 多万吨提升到年产 50 万吨。崔木煤矿最高日产量超过 1.8 万吨。2014 年，东岭锌业公司人均产锌量达 63.2 金属吨，东岭冶炼公司人均产铅锌量达 71.74 金属吨，略钢公司产能提高到 100 万吨以上。2015 年，人均产锌量达到 76 吨，同比增加 15 吨。崔木煤矿日产煤最高达 2 万吨，月最高产量 48.69 万吨，全年原煤产量 413.97 万吨。2016 年，崔木煤矿全年生产原煤 423 万吨。

2016 年年底，东岭集团公司主要工业产品有煤、矿粉、锌锭、铅锭、钢材、硫酸、焦炭、粗苯等。东岭矿业总公司下辖的崔木煤矿产品有沫煤与品种煤（粒煤、小渣、35 块、58 块、大块），宝鸡八方山矿业有限责任公司产品有铅精矿粉、锌精矿粉。东岭冶炼总公司企业产品有锌锭、铅锭、钢材、硫酸、焦炭、粗苯。其中，钢铁产品有生铁、连续铸钢方坯、矩形坯、热轧光圆钢筋、热轧带肋钢筋等。“建友”牌螺纹钢是省名牌产品，“东岭牌”锌锭是国家免检产品、省名牌产品，“高纯锌”是省高新技术产品。

产值利税　1996 年，东岭企业销售总收入达 5 亿元，实现利税 300 余万元。1999 年利税突破千万元，2002 年实现利税 1 亿元。2006 年，总收入突破百亿元大关，达到 122 亿元。2013 年，年营业总收入超过 500 亿，达到 608 亿元。2016 年，营业总收入达到 964 亿元。

固定资产　1996 年，东岭企业固定资产达 3000 余万元。1999 年，企业固定资产不足亿元。2000 年，企业固定资产突破 5 亿元。2010 年，企业固定资产达到 27.67 亿元。

2016 年，企业固定资产达到 34.19 亿元。

1997—2016 年东岭集团主要经济指标统计表

表 8

时　间	工业总产值（亿元）	营业总收入（亿元）	利润（万元）	税金（万元）	固定资产（亿元）
1997	1.58	5.07	131.56	311.92	0.40
1998	1.22	6.18	205.00	551.00	0.44
1999	0.97	8.50	673.00	673.00	0.56
2000	2.15	14.02	5423.00	1248.00	5.80
2001	1.79	18.50	5385.00	2439.00	7.29
2002	5.60	26.16	7557.00	3258.00	2.43
2003	21.00	42.38	22494.00	10051.00	2.91
2004	6.43	84.48	30680.00	22351.00	3.05
2005	9.99	95.08	21747.00	27268.00	11.73
2006	11.61	121.89	34938.00	35930.00	19.39
2007	38.43	138.00	28525.00	52371.00	20.37
2008	35.87	176.00	27330.00	50194.00	21.03
2009	52.28	208.00	42576.00	52026.00	20.47
2010	77.11	232.00	34787.00	64200.00	27.67
2011	92.34	303.00	16355.00	64515.00	34.42
2012	97.15	491.00	28351.00	57187.00	38.07
2013	86.15	608.00	19006.00	51715.00	39.04
2014	73.47	757.87	20904.00	54466.00	43.10
2015	53.32	761.00	18296.00	42645.00	32.44
2016	58.56	964.00	62737.00	69599.00	34.19

◉ 创立品牌

中国企业 500 强　2005 年 8 月 21 日，中国企业联合会、中国企业家协会在天津召开“中国企业 500 强”榜单发布会。东岭集团以上年营业收入 84.48 亿元，首次进入“中国企业 500 强”。截至 2016 年 8 月，东岭集团连续 12 次跻身“中国企业 500 强”行列，最高名次为 2015 年的 179 位。2016 年，东岭集团以上年度营业收入 761.14 亿元，排名“中国企业 500 强”第 182 位。2017 年，东岭集团以上年度营业收入 964 亿元，排名“中国企业 500 强”第 161 位。

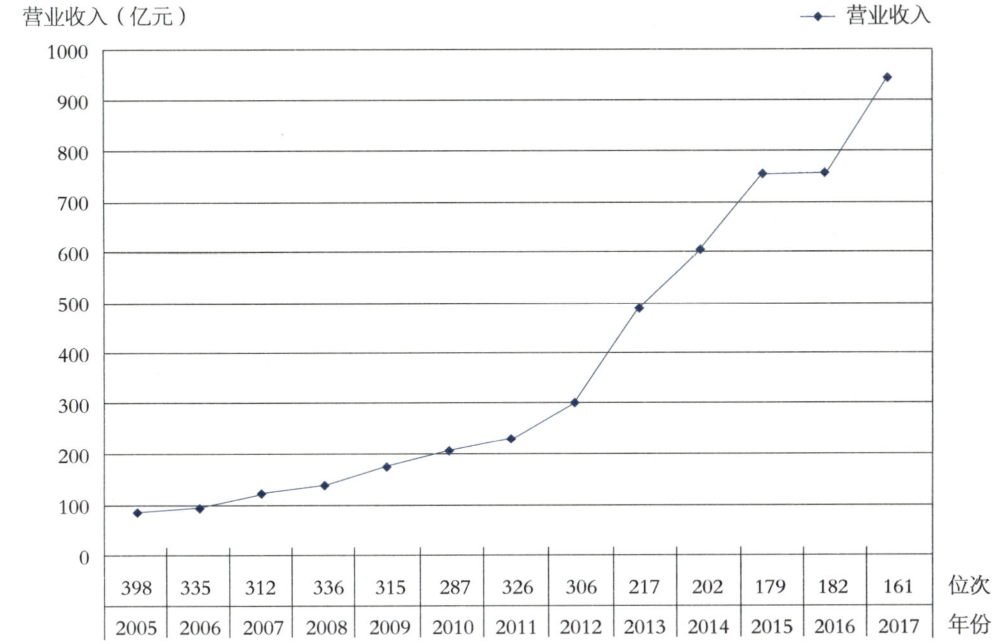

2005—2017 年东岭集团在“中国企业 500 强”排名

中国民营企业 500 强 2002 年，中华全国工商业联合会等联合发布“中国民营企业 500 强”榜单。东岭集团首次以年营业收入 19 亿元，进入“中国民营企业 500 强”行列。2002—2016 年，东岭集团连续 12 次跻身“中国民营企业 500 强”，最高排名为 2015 年的第 27 位。2016 年排名第 29 位，2017 年排名第 28 位。

2002—2016 年部分年份东岭集团“中国民营企业 500 强”排名表

表 9

年　份	营业收入（万元）	排名名次（位）
2002	190000	38
2003	261598	58
2007	1218920	40
2008	1380000	47
2009	1760000	38
2010	2080000	42

续表 9

年　份	营业收入（万元）	排名名次（位）
2011	2322147	63
2012	3030988	60
2013	4909746	29
2014	6084083	31
2015	7578723	27
2016	7611371	29

说明：1. 根据中华全国工商业联合会发布结果整理编制；2. 营业收入均为上年度营业收入

中国驰名商标　2015 年 9 月，“东岭集团”被国家工商行政管理总局商标局认定为“中国驰名商标”。2016 年 3 月 1 日，在陕西省推进商标战略工作会议上，省政府为东岭集团等新认定的 28 件“中国驰名商标”所有人授牌，并给予每家企业 100 万元的奖励。

陕西省著名商标　2003 年 12 月 25 日，经省工商行政管理局评定，“东岭”商标为陕西省著名商标。其核定使用商品（服务）为：进出口代理、推销（替他人）、替他人做中介（替其他企业购买商品或服务）。2004 年，经省工商行政管理局评定，东岭集团下属陕西略阳钢铁有限责任公司所拥有的“建友”商标为陕西省著名商标。

陕西省名牌产品　1995 年，略阳钢铁厂（陕西略阳钢铁有限责任公司前身）生产的“建友”牌热轧圆钢获“陕西省名牌产品”称号。2008 年 10 月，东岭集团下属的东岭锌业股份有限公司生产的“东岭牌”锌锭获“陕西省名牌产品”称号。

其他排名　2002 年，在第一届“中国成长企业 100 强”评选中，东岭集团以 1999—2001 年度 195.69% 的成长速度排名第 41 位，以 19 亿元的营业收入总额排名第 23 位。2005 年 8 月，东岭集团位居“2004 年度全国上规模民企 500 家”行列第 32 位。同时，进入 2005 年“中国服务业

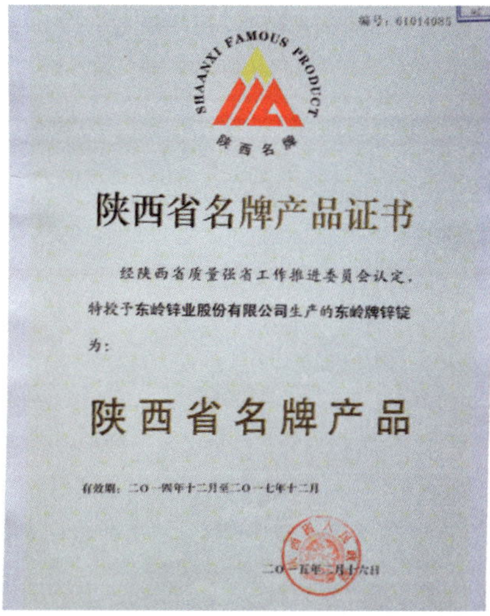
编号：61014085
SHAANXI FAMOUS PRODUCT
陕西名牌
陕西省名牌产品证书
经陕西省质量强省工作推进委员会认定，
特授予东岭锌业股份有限公司生产的东岭牌锌锭
为：
陕西省名牌产品
有效期：二〇一四年十二月至二〇一七年十二月

“东岭牌”锌锭陕西省名牌产品证书

500强”行列。2006年8月21日，东岭集团进入“全球华人企业500强”行列，是全省唯一入选的民营企业。2009年9月5日，东岭集团位列“2009全球华商企业500强”第348名。2010年8月，东岭集团位居“中国制造业企业500强”第147名；10月11日，东岭集团位居“2010年度中国大型民营企业500强”第38位。2016年8月，东岭集团名列“中国民营企业服务业100强”第12位，成为陕西省第一大民营企业；11月30日，省企业家协会发布“2016陕西百强企业”名单，根据2015年营业收入并经评委会审定，东岭集团位列“2016陕西百强企业”第4位。

◉ 经营管理

管理创新 1990年以来，东岭企业由个人承包经营，逐步实现集团化、股份制，村企关系由矛盾内耗转为协调发展，为企业赢得良好的发展机遇。1999年，东岭集团在股份制改造中，按照现代企业管理制度，结合企业实际稳步推进、逐步完善，调动全体员工的积极性。东岭集团不断创新管理机制，使管理更贴近实际、更富有特色，也更加科学。东岭村从企业创业到加快发展的实践中，积累丰富的管理经验，形成具有东岭特色的个性化管理魅力。东岭集团秉承管理没有定式，只要能最大限度地调动人的积极性、创造性，最大限度地提高企业效率和效益，就是最科学、最成功的管理理念。集团领导班子倡导管理人员大胆探索，不断进行管理创新、机制创新和观念创新。注重实效，以业绩论英雄、论待遇，为从业人员提供不断创新的广阔天地，形成求真务实、注重实践、注重实效的工作机制和工作作风。

管理制度 企业重视管理制度建设，尤其重视制度的实用性、可行性和时效性。1989年，李黑记承包东岭机械铆焊厂之初，就制定系列规章制度，强化企业管理。1996年8月，宝鸡东岭集团成立，先后建立健全集团的会议制度、生产经营制度、奖惩制度、安全保卫工作制度、财务管理制度等。2003—2005年，东岭集团按照现代企业管理模式，先后制定、印发系列企业管理制度，并汇编成《东岭集团经营管理综合手册》。2006年、2008年和2010年，东岭集团又对部分管理制度进行修订。截至2016年，东岭集团建立经营管理、资金管理、应收账款管理、机关事务管理、运输管理、装卸管理、业务办理流程、职业规范标准、投融资管理、招投标管理、项目建设管理、安全环保管理、司法保卫13项管理制度。

质量管理 2004 年 5 月，东岭集团通过认证机构的注册审核，取得中国质量认证中心颁布的 ISO9001：2008GB/T19001-2008 认证证书。每年，东岭集团都要经过内部评审、外部评审及审核，外部有西北质量认证中心的管理评审及三年一次的监督审核换证。保证东岭集团全年制定质量目标及各部门质量目标总体达标，全体员工自觉遵守公司质量管理规定。严格采购控制，采购物资均在公司制定的合格秩方目录中选择。完善东岭集团设备管理，各分公司建立设备台账，主要起吊设备按规定进行年检，并对各测备装置制定年度周检计划。规范库房管理规范，严格验收、过秤、清点入库材料。

安全生产管理 东岭集团通过制度建设、规范操作、资金投入、技术改造、安全教育、监督检查等，加强安全生产管理。2013 年，设立专职安全管理部门，由安全环保处负责集团的安全管理工作，并设立年百万元的“安全专项奖励基金”。集团的安全事故和职业危害逐年下降。狠抓内部安全管理，形成由集团、企业、车间、班组、员工组成的“五级安全管理体系”，管理体系运行良好，取得较好成效。在“全国安全生产月”期间组织的安全知识竞赛，连续两年获国家安监总局和全国总工会的表彰。东岭集团下属的八方山矿业公司获“省级安全生产先进企业”称号，略钢公司获“省级特种设备管理先进单位”称号，东岭锌业公司、八方山矿业公司等单位多次获“市级安全生产先进单位”称号，崔木煤矿安全生产标准化达到“一级企业”标准、略钢公司达到“二级企业”标准，东岭锌业公司和东岭冶炼公司正在创建“二级企业”。

人力资源管理 东岭集团坚持“事业留人、机制留人、待遇留人、感情留人”，建立人才激励机制、培训机制、管理机制，员工的学历和行业背景逐年优化提升。基于长远的发展远景规划，东岭集团将人才引进作为重要的战略举措。校园招聘制定“璞玉计划”，在每年招募全国一类本科院校优秀大学生中，选拔专业知识丰富、综合质素优异的大学生作为集团未来发展的重要储备力量。社会招聘制定同行招募计划、贸易经营人才招聘计划，吸收优秀社会人才。人才队伍建设，从内部培养和外部吸引齐推共进。集团建立后备干部人才库储备。根据集团发展形势和中长期战略发展规划，从全集团范围内发掘一批“年轻化、专业化、市场化、标准化”的新生代经营人才和管理干部。集团试行“合伙制”，采取个人投资入股、年底根据经营结果分红的办法，建立“利益共享、风险共担”的共同体。推行承包制，以承包制和技改创新带动企业效益增加、职工人均收入增长。评选“十大好员工”，用先进人物事迹教育、激励全体员工。同时，吸纳个

“雕琢璞玉　筑梦东岭”活动

主题演讲比赛

别极优秀员工加入东岭村，享受村民福利待遇。2016 年，集团公司拥有员工 18000 余人，其中大专及以上学历占 33.6%，专业技术人员占 11 %，外聘各类专家 75 名。公司中、高层管理干部 600 余人，党员近 2000 人。

员工薪酬管理　东岭集团员工工资由固定工资加浮动工资组成。薪酬方案由东岭集团薪酬管理委员会制定，由集团人力资源部主导，下属公司严格按照薪酬方案执行。薪酬调整幅度根据集团效益与集团发展情况决定，并结合当地的工资指导线。

实行按劳计酬、多劳多得政策。建厂初期，员工在企业劳动、在生产队计工分。随后，建立不同的薪酬分配形式。1997 年，改革工资制度，把按劳分配与市场要素、经营管理结合起来。2000 年，车间工人实行计件工资，销售人员按销售量计算工资，管理服务人员拿平均工资；食堂按其营业额拿提成工资；科室人员按承担工作的职责任务拿定额工资，并按完成任务优劣上下浮动。东岭集团员工月工资最高 1500 元、最低 500 元，数额不等。工资实行“上不封顶、下不保底”。奖金以完成任务的多寡确定。年终奖多者 2000 余元，少则 300 多元。

根据员工的工作性质、贡献大小，分别实行年薪制、计件工资、销售提成、股权激励、基本工资、绩效工资、奖励等多种分配形式。集团公司部分员工在公司拥有股份，每年可从公司经营收益中获得红利，成为薪酬的重要组成。此外，公司还对优秀员工给予股权奖励。截至 2016 年，公司员工从公司股份获得分红 1096.99 万元。

2016 年 3 月，东岭集团在经营系统推行合伙制，宁夏金色能源公司等 6 家公司被列为首批试点公司。根据集团的合伙制入股创新管理办法，本着“共担风险、共享收益”原则，按照股权模拟方式，个人以现金出资方式缴纳 49% 的入股金。合伙制激发了员工的干劲，在公司效益增长的同时，职工收入也实现大幅度增长。

◉ 企业集团

发展概述 1980 年，东岭村创办企业，建立联盟综合服务部，内设黑白铁加工部等小作坊式企业。企业以加工为主，产品技术含量低下，经营管理粗放。1985 年，黑白铁加工部规模扩大，成立东岭机械铆焊厂。1987 年，由于资金、技术、管理等原因，村办企业大都停办。1988 年 7 月，李黑记个人承包东岭机械铆焊厂，企业进入发展快车道。1995 年，企业年完成销售收入 2.12 亿元，完成利税 296 万元，职工人数达 232 人。1996 年 8 月，以东岭机械铆焊厂为核心企业，组建宝鸡东岭集团。2000 年 3 月，企业集团改制为陕西东岭工贸股份有限公司，为民营股份制企业。2002 年，更名为陕西东岭工贸集团股份有限公司。2016 年，集团涉及金属冶炼、矿产开采、国内贸易、国际贸易、房地产、金融、投资等行业，下辖 7 个总公司，拥有厂矿企业和经营公司 92 家，员工 1.8 万余人，总资产 300 多亿元，是陕西省最大规模的民营企业。集团年营业收入 964 亿元，位列“中国企业 500 强”第 182 位、“中国民营企业 500 强”第 29 位。2017 年 2 月，再次更名为东岭集团股份有限公司。

组建集团 1995 年 8 月 10 日，联盟村六组办的东岭机械铆焊厂等 8 家企业，经协商，达成组建宝鸡东岭集团的协议，并上报联盟村村委会。1996 年 8 月 12 日，经宝鸡市体制改革委员会（以下简称市体改委）批准，宝鸡东岭集团成立。集团核心企业为东岭机械铆焊厂，紧密层企业为东岭物资站、东岭钢丝厂、东岭商店、西安市东岭物资经营部、汉中市东岭金属材料经营部、甘肃西峰市东岭物资经销部、东岭运输部。集团注册资本 1310 万元，其中核心企业注册资本 1000 万元，所有者权益共计 1149 万元，资产总额 640 万元，同年 11 月 12 日，更名为宝鸡东岭机械厂（集团）。1997 年 2 月，金台区东风电力器材厂被东岭集团兼并，成为集团的下属企业。1998 年，东岭集团下辖东岭机械厂、东岭物资站、东岭运输部、东岭砂石厂、东岭电力器材厂、东岭汽车修理厂、东岭商店、东岭饭庄、东岭石油采购站、西安市东岭物资经营部等 18 家企业。集团还在省内外设汉中、兰州、庆阳、平凉、天水、成都、咸阳、扶风等联销部，并设驻北京、驻嘉峪关、驻包头办事处等驻外机构。根据区统计局资料，1998 年集团年营业收入达 5.85 亿元，现价总产值达 1.22 亿元。

改革改制 1998 年 11 月 9 日，东岭集团召开职工代表大会。大会一致同意对宝鸡

20 世纪 80 年代中期的东岭机械铆焊厂

东岭集团进行整体改制，设立股份制公司。同时，成立改制筹备委员会（以下简称筹委会）。随后，筹委会按照法定程序，对宝鸡东岭机械厂（集团）进行财务审计、资产评估、土地估价和产权界定。同时，制定发起设立股份公司的总体方案，进行可行性论证，签订《发起人协议书》，起草《公司章程（草案）》等。

1999 年 3 月 10 日，联盟村六组村民代表会议同意宝鸡东岭集团改制、组建股份制公司；11 月12 日，东岭集团筹委会向金台区经济体制改革办公室（以下简称区体改办）提交设立股份公司的申请报告。股份制公司定名为陕西东岭工贸股份有限公司，将总厂与下属的砂石场、汽车修理厂、运输部和电力器材厂 4 家全资子企业评估后的净资产（包括对宝鸡东岭物资有限责任公司投资的产权）分别界定为集体及个人的产权后转入股份公司折价入股，并联合其他发起人以货币形式投资入股，共同发起设立。股份公司发起人有酒泉钢铁（集团）有限责任公司、山西省海鑫钢铁有限公司、东岭村村民委员会、略阳钢铁厂、公司职工持股会。股份公司设置面值为人民币壹元的股份 5400 万股，均为记名式普通股，按面值认购，其股本总额为 5400 万元。发起人对股份的认购情况如下：东岭村民委员会以其界定后 968 万元净资产和 200 万元货币形式投资入股共计 1168 万元，占股份总额的 21.63%；界定给企业经营者和职工的 19255166.26 元，分别界定为个人 19040018 元，转入职工持股会作为对股份公司投资，剩余的 215148.26 元作为股份公司的资本公积金。职工个人又向持股会交纳现金 20279982 元，合计职工持股会认购 3932 万股，占股份总额的 72.81%；山西省海鑫钢铁有限公司以货币 200 万元认购 200 万股，占股份总额的 3.7%；酒泉钢铁（集团）有限责任公司以货币 50 万元认购 50 万股，占股份总额的 0.93%；略阳钢铁厂以货币 50 万元认购 50 万股，占股份总额的 0.93%。

经区、市政府研究同意后上报，2000 年 3 月 20 日，省政府下发《关于设立陕西东岭工贸股份有限公司的批复》，同意设立陕西东岭工贸股份有限公司；6 月 9 日，股份公司创立大会在宝鸡国贸大酒店召开，选举产生公司首届董事会、监事会；11 月，公司登记注册成立，注册资金 5400 万元人民币。经营范围：冷拉钢丝、冷轧带肋钢筋、钢材销售、砂石开采、土方工程、汽车运输、汽车修理、电力器材、化工、机械、金属材料、金属丝绳及其制品。股份公司拥有宝鸡东岭物资、电力器材、汽车修理、运输、建材 5 个控股子公司和拉丝、镀锌、制钉、机修等车间。2002 年 7 月 10 日，股份公司名称变更为陕西东岭工贸集团股份有限公司。2017 年，经董事会研究并上报国家工商总局批准，公司再次变更为“东岭集团股份有限公司”。

企业扩张 1996 年以前，东岭机械铆焊厂先后兼并组内的联盟食堂、联盟百货商店、联盟车修部。东岭集团组建后，兼并扩张步伐加快，企业迅速发展壮大。1997 年

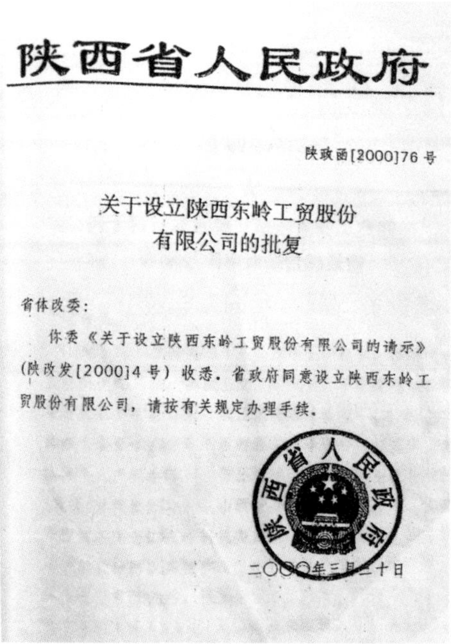
陕西省人民政府

陕政函[2000]76 号

关于设立陕西东岭工贸股份有限公司的批复

省体改委：

你委《关于设立陕西东岭工贸股份有限公司的请示》(陕改发[2000]4 号）收悉。省政府同意设立陕西东岭工贸股份有限公司，请按有关规定办理手续。

陕西省人民政府

二〇〇〇年三月二十日

省政府关于设立陕西东岭工贸股份有限公司的批复

2 月 25 日，金台区东风电力器材厂被东岭机械铆焊厂兼并，更名为宝鸡市东岭电力器材厂；4 月 16 日，经区体改办批复同意，集团兼并金台区物资综合供销公司；7 月 1 日，集团设立宝鸡东岭物资有限责任公司。1998 年 12 月，集团投资 50 万元租赁河南省原阳县线材厂，跨地区建办河南省原阳县东岭线材厂。1999 年 4 月 23 日，集团设立宝鸡市东岭房地产开发有限责任公司；6 月 24 日，集团设立宝鸡东岭物资有限责任公司天水分公司；7 月 26 日，集团与山西省海鑫钢铁有限公司签订联营合同书，成立山西省海鑫轧钢有限公司；9 月 25 日，集团设立宝鸡东岭物资有限责任公司兰州分公司；11 月 20 日，集团与同力冷轧带肋钢筋公司签订财产转让协议。2000 年 2 月 2 日，经市体改委、市国有资产管理局批复同意，集团兼并宝鸡市五交化总公司先锋商场；10 月 19 日，集团与凤县锌品厂签订财产租赁协议。2001 年 1 月 8 日，集团与宝鸡达磊公司联合成立东岭印务有限责任公司。2002 年 9 月，集团租赁宝鸡焦化制气公司。同年，东岭集团相继设立西宁分公司、延安分公司、安康分公司、兰州分公司、宝鸡金台分公司、秦岭公司、焦化公司、商贸公司、兰州铅丝厂、兰州东钢公司、重庆东岭高新物资公司及重庆万州分公司等，并在北京设立京宝亦达公司，在上海设立上海英亦达公司、上海秦岭公司。2003 年 5 月，集团投资 16 亿元在凤翔县长青工业园区征地 1000 亩，建设 10 万吨铅锌冶炼和 70 万吨冶金焦生产项目；11 月 10 日，集团控股略阳钢铁厂后成立的陕西略阳钢铁有限责任公司正式运营。2004 年 8 月 23 日，集团收购宝鸡八方山铅锌矿业有限责任公司。2005 年 1 月 27 日，集团的凤翔 70 万吨焦化厂一期工程一次点火成功。2006 年 7 月，经省政府国资委批复同意，陕西东岭物资有限责任公司对省木材加工经营公司实施承债式并购的整体改制。2008 年 5 月 14 日，东岭集团与陕西省煤田地质局 186 队正式签约，投资 23 亿元合作开发麟游崔木煤矿。2016 年年底，煤矿各项手续完备，正式生产。

集团架构 集团公司按照现代企业管理制度，设有董事会、监事会。董事会是东岭集团决策机构，经全体股东大会选举产生，对全体股东负责，董事会由董事长、董事、董事会秘书组成。2000 年 6 月 9 日，集团股东大会选举产生公司首届董事会。2002 年，公司召开第二届董事会，通过面向全体股东实施每 10 股送 2 元的分配方案。

监事会是东岭集团监督机构，由全体股东大会选举产生，对全体股东负责，监事会由监事会主席、监事组成。2000 年 6 月 9 日，东岭集团股东大会选举产生公司首届监事会。同日，监事会召开第一次会议，选举产生公司监事会主席。

集团公司内设若干管理部门，形成集团管理体系　1996年8月，集团内设办公室、财务科、质检科、保卫科、生产科、供应科、宣教科、开发部、销售处、批发部、基建办等管理部门。2000年6月，集团下设公司办公室、财务证券部、生产经营部、供销部、技术质量部、人事劳动部。2002年，集团下设综合办公室、财务部、企管部、人力资源部、党群工作部等“一室四部”。2016年，东岭集团下设的一级管理部门有综合办公室、企业管理部、财务部、人力资源部；二级管理部门有党群部、宣传部、外联办、审计处、法律事务处、安全环保处、基建处、铁运办、采购处、招标办。法律事务处下设风险控制部、司法科、清欠科、保卫科。

1996年，集团公司实行“集团—厂（站、部等）”的两级运营体系。2008年，转换为“集团—总公司—子公司（分公司）”的3级运营模式，集团下辖冶炼、物流、矿产业开发、投资、地产5家总公司、50多家子公司（分公司）。2009年，成立集团国际贸易总公司。2011年，整合物流总公司资源，成立集团国内贸易总公司。2015年，成立集团金融总公司。2016年，集团下辖7家总公司、92家子公司（分公司）。

村域建设

东岭建村以来，贫穷如影相随。建房遮风避雨，规划无从谈起。村内道路弯曲，多为土路。基础设施残缺不齐。1994年，制定规矩，要求东岭村建房有序，实施村道硬化，保证排水通畅。实施道路绿化工程，路旁种植树木，路以花名命名。1996年，东岭村作为城市副中心，被纳入城市建设规划。2000年以来，推行城市化改革试验，实施“城中村”改造，村级建设驶入高速车道，村貌日新月异。村民入住高层楼房，小区花香四季。村道以东岭路为主干道，向南、向西拓展。村民在渭河生态园漫步休闲，登东岭廊桥穿越古今，上中华石鼓园感知青铜文明，游东岭和园体验江南神韵。更有宝鸡国金中心的203米超高建筑，彰显东岭的现代气息，体现都市乡村的独特魅力。物质文明建设，有目共睹；更有精神文明建设，硕果累累。初定乡规民约，又评星级文明户，村民奋发进取，洋溢社会正气，2005年建成“全国文明村镇”。

置身闹市楼群间，忽忆村庄旧时颜。东岭村村级建设与精神文明建设双举并进，为建设社会主义新农村率先树立榜样。

◉ 地标建筑

东岭石鼓文化廊桥 东岭石鼓文化廊桥位于村南，横跨渭河南北，直达石鼓山的中华石鼓园，集拦河蓄水、防汛泄洪、人行通道等功能为一体，成为现代园林城市景观。廊桥始建于2009年6月，2012年9月28日举行通行仪式。桥长684.4米、宽6.5米，桥间设5跨，跨间距69.55～69.70米。桥为仿古周秦风格建筑，构造独特、新颖。桥上为双坡长廊、六角亭、双层重檐塔楼，古朴典雅。桥体饰有浮雕，内容涵括诗词歌赋、名人简介、历史文化、历代名画，将宝鸡历史的石鼓、青铜器、佛骨舍利等诸文化元素融入其中。并凸显宝鸡的姜炎文化、周秦文化等地域文化风韵。自北端拾级而上，廊桥栏杆镶嵌有呈现中国传统文化中喜庆元素的10幅浮雕。步入桥面，为宝鸡出土青铜器和中华石鼓的石刻地雕。两侧引桥栏杆上，置浮雕38幅，分别镌刻着有关宝鸡的经史典籍和诗词歌赋。廊桥记录了中国历史和宝鸡地方史，以铜铸中国历史纪年图起始，详尽纪事年表随后。载史叙事以中国历史、宝鸡地方史双线展开，自远古至近代。廊桥两侧栏杆置57幅浮雕，记载了中国和宝鸡的历史典故、历史名人。廊桥穹顶檐廊，荟萃千幅中国历代

廊桥夜景

名画。廊柱悬挂12幅楹联，其书丹刻制均出自宝鸡文化名人之手。廊桥南端置8幅铭记东岭村发展变化的石雕。

廊桥建成后，因其历史文化底蕴与所呈现的宏伟景观成为宝鸡的地标性景观建筑，是宝鸡的城市文化名片。2012年12月，廊桥获“中国乡村文化遗产地标”称号。

宝鸡中央国际金融中心 简称国金中心。其A座地处宝鸡中央金融文化商务区的核心区，位于连霍高速公路西宝段出口、金台大道东段，以其203米的“超级高度”、市区东大门的区位优势，成为宝鸡市地标性建筑。国金中心A座总建筑面积11万平方米，分为地下2层、地上41层。其中地下二层，建筑面积24968平方米，设有购物超市、停车场。地上设施集酒店、餐饮、办公、健身、娱乐等功能于一体。登临国金中心，极目远眺，连霍高速公路、市区金台大道、秦岭远山、蟠龙古原，近在眼前。

◉ 建设规划

宝鸡市城市规划中的东岭村 1981年，宝鸡市政府制定的（《1981—2000年宝鸡

宝鸡中央国际金融中心

市城市总体规划》）将包括东岭村的上马营地区规划为轻工机械、交通枢纽、生活居住区，远期发展为城市副中心。1996 年，宝鸡市政府制定的（《1996—2020 年宝鸡市城市总体规划》）将包括东岭村的上马营地区划归城市中心（即中心组团）范围，为宝鸡市的行政、经济、文化中心。2001 年，宝鸡市政府制定的（《2001—2020 年宝鸡市城市总体规划》），将东岭村列为市中心的中心组团，其范围以原中心区、上马营、石坝河地区为主体，通过金陵河桥、渭河桥，将经二路、马营路、公园路构成内环线，连接行政、经济、商贸服务、文化体育等大型公共设施，为全市服务。2009 年，宝鸡市城市规划（《2010—2020 年宝鸡市城市总体规划》）将东岭村列入市中心的金渭组团，其范围为宝成铁路以东、斗中路以西、秦岭北麓以北、蟠龙原以南的地区，重点建设市级商业中心和文化中心，强化区域综合服务职能。

东岭村建设规划　1984 年，东岭村所在的联盟大队编制统一建设规划，分村组织实施。1993 年，东岭村在园林绿化、水电建筑设计等专家指导下，制定村容村貌建设规划。

规划的新村道路由 5 条主干道路和 4 条街巷组成，路旁修建排污渠和绿化带。搬迁村民须按规划建房，预留道路和绿化带。村道路两旁由村集体绿化，村民门前由村民自己绿化。1997 年，规划在原村庄西南的马营路南，建设占地 50 亩的住宅楼 6 栋。1999 年，组织实施住宅小区建设规划。2006 年，制定东岭村“城中村”改造建设规划。2012 年，东岭村建设被纳入新东岭综合体建设规划。

宝鸡市东大门规划 2010 年，根据宝鸡市城市总体规划，邀请深圳市清华苑建筑设计有限公司编制宝鸡市东大门地区建设规划。其范围东起陈仓路，西至联盟路，南接滨河北路，北至斗鸡路，规划建设总面积 186733.68 平方米。规划建设主要项目有超高层酒店办公、大型购物中心、购物公园、文化特色商业街、时尚生活体验街、商务酒店、马踏飞燕雕塑、基督教堂、翰林华府、东岭新时代一期、东岭新时代二期项目、九年一贯制学校、斗鸡中学、城市广场。东岭村民住宅小区位于规划区的东岭新时代一期项目中。规划区内设有进新村安置区（建筑面积 87940 平方米），工农村安置区（建筑面积 159756 平方米），黄家村、李家崖村安置区（建筑面积 100800 平方米）。

新东岭城市综合体规划 该规划项目是市委、市政府确定的“宝鸡市十大城市综合体”之一，是宝鸡市棚户区改造重点工程。2012 年 12 月，编制《宝鸡市新东岭城市综合体规划》。规划占地面积 1536 亩，建筑面积 310 万平方米，投资额 230 亿元，规划用地 1084 亩，其中，建设用地 910 亩，公共设施、道路、城市绿化用地 173 亩，建筑面积 229 万平方米，包括住宅居住面积 163 万平方米，商业建筑面积 66 万平方米。新东岭城市综合体分为核心区和外延区。核心区位于金台大道以北、东风路以南、斗中路以西，规划定位集金融、旅游、文化、贸易、商业、生态、人居等多种城市功能于一体。商业集群建筑面积 30 万平方米，主要有东岭银泰城、东岭新天地、东岭新周里、斗中金街。商务办公集群含 203 米超高层国金中心、时代广场、金融广场、大数据产业园。生态居住集群建筑面积 90 万平方米，有东岭天誉、幸福系列住宅、海棠系列精品住宅项目。外延区，由金台大道北侧和斗鸡片区组成，主要以改善、提升居民的居住环境和生活的配套设施为主。开发改造片区，共实现拆迁安置企业单位及居（村）民 3655 户，其中企业单位 38 户、居民 2574 户、村民 1043 户。该区域规划修建城市道路 11 条，新建、重建小学 2 所，扩建中学 1 所，新建多所幼儿园，3 个市场。

新东岭城市综合体规划沙盘

城市化改革试验

试验全景 东岭村所在的上马营地区地处宝鸡市区近郊，这里城乡交错、工农兼容、交通发达、经济繁荣。但长期以来，也面临着耕地锐减、人口增加、征地安置、城乡发展、二元化管理等诸多矛盾。1995 年，上马营地区成为宝鸡市“九五”重点开发建设区域。1996 年，新修订的《1996—2020 年宝鸡市城市总体规划》，将上马营地区定位为宝鸡城市副中心区。1997 年 5 月，东岭村所在的联盟行政村启动农村城市化改革试验。试验区位于斗中路以西、金陵河以东、东风路以南、渭河以北，面积约 5 平方千米，进行“产业结构多元化，经济发展集团化，村民住宅多层化，村镇建设规范化，农村生活城市化”改革试验，实行“自我发展，自我积累，自我消化，自我安置”。区政府为此设立金台区农村城市化改革试验领导小组。城市化改革试验历时 5 年。试验期间，实验区的农村经济总收入达 22.3 亿元，第三产业占全部产业比例达 94.0%，建成村民住宅楼 18 栋。但农村集体经济组织资产管理、集体土地开发利用等体制性、政策性障碍均未能突破。

组建集团 试验之一为“经济发展集团化”。东岭村办企业先后两次组建集团，实现跨越发展。1996 年 8 月 12 日，经批准，以东岭机械铆焊厂为核心组建宝鸡东岭集团，集团的紧密层企业有东岭物资站、东岭钢丝厂、东岭商店、西安市东岭物资经营部、汉中市东岭金属材料经营部、甘肃西峰市东岭物资经销部、东岭运输部。截至 1996 年年底，宝鸡东岭集团经济总收入达 4.2 亿元，工贸产值 1 亿元，利税 207 万元，固定资产总值 1568 万元。1999 年 11 月，宝鸡东岭集团进行股份制改制，设立陕西东岭工贸集团股份有限公司，公司股本金 5400 万元。2000 年 6 月 9 日，陕西东岭工贸股份有限公司召开创设成立大会。截至 2000 年年底，总收入达 14.02 亿元，工贸总产值 2.15 亿元，利润 5423 万元，上缴税费 1248 万元。详细内容参见本志“村企合一”。

住宅建设 试验之二是“村民住宅多层化”。在此期间，东岭集团发展壮大，村级经济逐渐强大，具备为村民建设高规格住宅小区的经济实力。2000 年，东岭村申请为村民建设经济适用住房。4 月 3 日，省政府下发《关于宝鸡市金台区陈仓镇东岭村建设村民住宅小区建设用地的批复》，同意将村内 36.16 亩农用地（菜地）转为建设用地，同意将原有的 4.71 亩集体建设用地连同上述转为集体建设用地，共计 40.87 亩土地使用权由东岭村使用，用于建设住宅小区。其中，9.74 亩土地留作城市规划道路用地。2001 年，东岭村投资 4200 万元，为村民建设多层楼房住宅小区。小区位于村西南，建设仿欧式多层村民住宅楼 6 栋，总建筑面积 3.50 万平方米。小区配套附属设施有幼儿园、行政办公楼。

东岭村多层住宅小区（2002 年）

入住新居 2002年7月4日，东岭村制定并经村民大会讨论通过《东岭村民住房分配实施方案》。实施方案根据“农村生活城市化，村民住宅高层化”的城市化改革试验方案，本着“节约土地，提高村民生活水平，推动小城镇建设”的原则，以及东岭村实际而制定。东岭小区住宅楼为东岭集团垫资建设，主要出售给东岭村村民和对东岭集团发展经济做出突出贡献的中层以上领导干部居住。家庭1～4人户分配三室二厅二卫，面积128～130平方米；家庭5人以上分配四室二厅二卫或三室二厅二卫，面积在128～169平方米之间。

东岭村村民根据若干项目，累计户家庭总分数，按分值由高到低排序分配楼层。同等分数，以各户人口中年龄最大者排序。村民以2002年6月30日为基准日，计算年龄打分。对工作在东岭集团、户籍不在东岭村，为东岭集团经济做出突出贡献的优秀干部、标兵、先进工作者，分别由东岭集团奖励8分、6分、4分的计算分数。中层以上领导，根据贡献量，一次奖励选择楼层分数25～50分。留整体单元楼若干套，由东岭集团进行分配，产权归个人，10年内不得租赁或转让，期满后可在东岭集团内部转让。对2002年6月30日之前已办理计划生育独生子女证的村民，加奖选择楼层分数4分。享受东岭村民待遇的，每人一次性由东岭集团补贴房款8000元。2002年10月，222户村民入住新建住宅小区，东岭村人居环境优于一般城市居民水平。

◉ “城中村”改造

改造全貌 2003年，金台区启动“宝鸡市金台区‘城中村’城市化改革试验”。8月5日，区委、区政府上报《宝鸡市金台区“城中村”城市化改革试验方案》，确定的改革试验主要有：农村集体资产管理体制改革；“城中村”村民户口“农转非”改革；农村集体土地所有权和使用权制度改革；“城中村”规划机制改革；建立村民就业培训机制，实现劳动力转化；探索“城中村”村民的社会保障体制；“城中村”市政设施、环境卫生管理体制改革；村办学校管理及计划生育政策；撤销村民委员会，建立社区居民委员会。2005年3月27日，市政府批转《市房管局关于加快旧城改造意见》的通知。意见对“城中村”改造项目涉及的土地、户籍、规划、产权、社会保障、就业培训、基层自治组织改制、建设收费等给予诸多优惠。7月20日，区政府制定并下发《宝鸡市金台区人民政府城中村改造工作实施意见（试行）》，按照“政府组织协调、市场方式运作、城中村具体实施”的方式，推进城中村改造，实现集体经济组织改为股份制经济组织、集体土地改为国有土地、村民改居民、村委会改居委会的四项改革（简称“四改”）。在此期间，市政府下发《关于印发旧城改造建设项目涉及有关费用征收标准的通知》，对改造项目的有关行政事业性收费给予减免。2006 年 4 月，区政府相继出台“城中村”改造的资产股份制、土地处置、撤村（委会）转居（委会）、计划生育并轨、农转非办理等改革配套政策。2008 年 9 月 26 日，市政府下发《关于进一步规范旧城改造和城中村改造以及新建高层住宅建筑建设项目优惠政策的通知》，对城中村改造涉及的土地出让金返还及城市基础配套费、墙体改造费实行减免优惠。截至 2010 年 12 月，金台区“城中村”改造已筹建项目 17 个，实现投资额 8.05 亿元，改造拆迁面积 76.07 万平方米，安置村民 13794 人。全区形成东岭村“自我开发、自我改造”、联盟村“政府主导、市场运作”、代家湾村“政府参与型”等典型改造模式。

东岭村改造 2006 年 3 月 6 日，金台区“城中村”改造工作领导小组上报《关于对东岭村进行“城中村”改造的申请报告》，特提出：“为了顺应建设社会主义新农村的要求，为全市树立建设新农村的样板，特申请暂不进行农村户口和居委会的转制”。同年 6 月 8 日，市旧城改造领导小组办公室下发《关于对金台区东岭村实施城中村改造的批复》，将东岭村列为市区“城中村”改造村之一。根据东岭村“四个改变已做”的实际，市政府决定保留东岭村级建制、享受“城中村”改造的优惠政策。8 月 10 日，东岭村“城中村”改造建设领导小组成立。领导小组下设东岭村拆迁办公室，开展日常工作。9 月 17 日，陕西东岭房地产开发有限公司成立，公司注册资金 3 亿元。10 月 4 日，东岭地产公司首个开发项目——东岭新时代破土动工。

拆迁安置 2007 年 9 月 7 日，东岭村党员、村民代表大会通过村“城中村”改造建设领导小组制定的《东岭村“城中村”改造旧庄基拆迁安置方案》。方案共分 7 章 24 条，分别为总则、拆迁范围及时限、拆迁补偿标准及办法、新房安置补偿办法、拆迁奖罚办法、实施机构及附则。方案旨在“为了加快城市建设步伐，推进和规范‘城中村’改造工作，维护拆迁当事人的合法权益，保障‘城中村’改造拆迁工作合法有序进行”。9 月 13 日，东岭村对方案中的拆迁安置楼房的建筑安装成本价格、楼层系数、确定被拆迁户户主等进行补充、细化。拆迁安置楼房建筑安装成本价每平方米 1500 元，按套建筑面积加楼层系数综合计价。

从 2007 年 9 月 11 日起，东岭村委会 4 次发出公告，告知拆迁时间。9 月 25 日，村

1995 年的东岭村落

2007 年，东岭村旧庄基拆迁

委会发出第 4 次公告，决定被拆迁旧房拆迁丈量工作于 9 月 26 日下午从庄南开始，要求被拆迁户主或者户代表参加，希望各户留人，随时等候通知。为鼓励村民配合拆迁，村委会还制定拆迁奖罚办法。2007 年 10 月 1 日前签订协议且进行丈量同意拆迁者，新楼房室内装修费、天然气、暖气、有线电视初装费全免。2007 年 10 月 2—5 日前签订协议且进行丈量拆迁者，新楼房内装修费、天然气、暖气、有线电视初装费减免 50%。2007 年 10 月 6—10 日前签订协议且进行丈量拆迁者，新楼房室内装修费、天然气、暖气、有线电视初装费减免 30%。按拆迁协议书签订时间为序，可优先挑选楼层。2007 年 10 月 11 日以后签订拆迁的不再享受此优惠方法。9 月 26 日，东岭村“城中村”丈量拆迁工作自村南开始进行；10 月 16 日，丈量拆迁工作全部结束。在实施阶段，东岭村采取房产评估给予照顾、置换新楼房的面积不补差价等方式对贫困特殊家庭给予扶持。截至 2012 年 3 月，村内旧庄基完成分批次拆迁，开始建设宝鸡中央金融文化商务区。

安置补偿　东岭村对拆迁户旧宅院房屋财产及附着物进行安置补偿。2007 年 10 月 9—11 日，对纳入改造范围内的旧庄基住宅、集体建筑物及公益设施，由村拆迁办公室委托专业房产评估公司，对被拆迁户旧宅院内的建筑物、附着物面积丈量评估，经拆迁户核对无误后签字确认，依丈量数额与被拆迁户签订拆迁协议书，后由村拆迁办公室负责拆迁。

村民旧房，按照砖混（含框架）、砖木、土木的房屋结构，分别给予每平方米 500 元、400 元和 300 元的补偿，不分级、不折旧。简易房、门楼、家用水池、家用锅台、围墙、地下室等附着物，也给予补偿。拆迁户从签订拆迁协议书之日起，按正式房屋建筑面积的 80%，以每月每平方米 4 元标准，计算租赁拆迁损失补偿费，截至新房交付钥匙之日。自此以后，由东岭村委会管理现有房屋并拆迁。

新房安置实行货币安置或房屋产权调换，由被拆迁户自行选择。安置房以高层楼房为主，均不含楼层系数差价。被拆迁户按照安置楼房面积 134 平方米的标准调换新楼房一套。置换新楼房以砖混（含框架）、砖木结构为顺序。拆迁的旧房面积超出安置楼房面积，超出面积按砖混结构每平方米（含框架）500 元予以补偿；拆迁的旧房面积不足安置楼房面积，所差的面积按新楼房的建筑安装成本加楼层系数差价弥补差额；被拆迁户申请不安置新房，要求进行货币补偿的，按旧房产补偿标准一倍进行补偿。

入住高层楼房 2008 年 10 月，东岭村民 193 户入住新建的高层住宅楼房，为东岭新时代小区的 9 号楼、10 号楼、11 号楼。各楼均为一梯两户，户型为三室二厅二卫，每户建筑面积分别为 133.7 平方米、133.67 平方米、141.67 平方米。楼内安装多部高速电梯，室内统一安装水、电、天然气、暖气 、电话、电视、宽带网络。村委会对住宅进行统一装修，村民仅需置办室内家具、家电即可入住。

◉ 新东岭城市综合体建设

建设概况 新东岭城市综合体项目（后改称宝鸡中央金融文化商务区），其核心区主要建设有宝鸡市国际金融中心、东岭皇冠假日酒店、东岭银泰城、东岭新天地、东岭新周里、斗中金街、时代广场、金融广场、大数据产业园以及东岭天誉、海棠系列等高档精品住宅项目，计划建设投资 230 亿元。项目由英国阿特金斯设计顾问有限公司、香港欧华尔顾问有限公司、深圳市清华苑建筑与规划设计研究有限公司、上海中建设计院有限公司等 6 个单位规划设计。2011 年 11 月，新东岭综合体建设项目启动。市政府为此专门成立新东岭综合体开发建设领导小组，负责建设的组织协调工作。领导小组下设拆迁安置办公室，具体负责征地拆迁事宜。项目启动后，先后完成宝鸡机床厂、宝鸡国家粮食储备直属库、宝鸡市车辆管理所等 38 家企事业单位，名苑小区、佳和花园等 2100 户城市居民，工农村、进新村等 5 个村组 2061 户村民的测绘、丈量、调查、登记工作。东岭村老庄基的 92 个院落、2 万平方米建筑均完成拆除。2012 年 2 月 4 日，市政府召开推进新东岭综合体建设动员大会；3 月 15 日，召开相关企事业单位拆迁改造推进会；6 月 6—7 日，分别召开拆迁范围内的居民、村民拆迁改造动员大会。自 6 月 7 日起，居民拆迁改造进入集中签订安置协议阶段。随后拆迁改造工作大规模展开。

2012 年 12 月 30 日，新东岭城市综合体奠基仪式

核心区建设 2012 年 12 月 30 日，新东岭城市综合体举行开工典礼仪式。综合体分为核心区和外延区。核心区指斗中路以西，冠森路以东，渭河以北，东风路、大庆路沿线区域。2013 年 12 月 10 日，宝鸡中央国际金融中心（以下简称国金中心）开工建设，包括超高层建筑、东岭银泰城、海棠兰亭、金融广场等项目。2015 年 2 月 10 日，东岭银泰城封顶；5 月 23 日，SOHO 公寓主体封顶；11 月 3 日，宝鸡东岭银泰百货有限公司正式揭牌。2016 年 1 月 22 日，国金中心超高层主体落成、宝鸡中央金融文化商务区揭牌暨项目启动仪式在国金中心项目建设现场举行。10 月 18 日，宝鸡金融广场主体工程封顶。已封顶的金融广场 3 栋大楼，高度均接近百米，总建筑面积 11 万平方米。12 月 10 日，海棠兰庭项目 6 栋楼主体建筑封顶。截至 2017 年 6 月，国金中心 A 座的宝鸡东岭皇冠假日酒店、东岭银泰城正进行内部装修工程，其他项目正在加紧施工。

外延区建设 外延区域的第一部分为斗中路以东，陇海铁路以南，规划铁塔路以北，陈仓路东西两侧沿线工农村、进新村及其他未改造建设区域。2012 年后，先后开发建设进新花园、幸福家、幸福里、幸福悦、工农新苑等项目。截至 2016 年 12 月，除幸福悦项目外，均已交付使用。

◉ 村域道路建设

道路概貌 民国时期，村内道路自然形成。西有通往黄家村、晏家庄、上马营、店子街、宝鸡县城的道路，东有通往斗鸡街、卧龙寺、虢镇的道路，北有通往十里铺、韩家崖、张家村的道路。路面为土、砂、石铺就，宽窄不一，坑洼不平。1949 年后，开拓东风路、东岭路。1970 年以来，群众投资投劳，对通村道路进行整修。1976 年，修通往村西的三八路。1980 年，扩宽改造通村主干道路，进行路面硬化。1994 年，新修村内主干道 5 条，并以绿化树种分别命名樱花路、银杏路、玉兰花路、垂柳路、洒金柏路。1995 年 12 月，穿村而过的西宝高速公路延伸段通车。2000 年以来，村域道路进行多次改造拓宽，新建东岭南路、东岭西路、宏文南路，村境内外交通更为便捷。

东岭路 北起东风路，南至金台大道。1958 年开拓，1994 年改修。2000 年，进行拓宽改造。改造后，路长 460 米、宽 14 米，为沥青混凝土路面。2002 年，南展至滨河北路。路旁有宝鸡机床厂、宝鸡粮食储备库、超市、商店、发廊、小吃城、农贸市场等。2010 年，取缔路边马路市场。2012 年，农贸市场拆迁。

东岭南路 北起金台大道，南至滨河北路。2001 年开拓。路长 230 米，宽 25 米，混凝土路面。2006 年，对两侧人行道进行铺修。路东有东岭社区卫生服务中心、东岭国际社区，路西有交通家苑、东岭新时代等住宅区。

东岭西路 东起东岭南路，西至冠森路。2002 年开拓。路长 363 米，宽 7 米，混凝土路面，初名街坊路。2013 年，更名为冠森东路。2016 年 8 月，再次更名为东岭西路。路北有镇海寺、东岭和园、东岭村（社区）村委会，路南为东岭新时代小区、东岭幼儿园、商业门店。

如意路 位于机床厂安置区南、海棠兰庭小区北。东起斗中路，西至东岭路。2016 年开拓。路长 795.6 米、宽 30 米，沥青混凝土路面。

吉祥路 位于东岭银泰城西、海棠兰庭东。南起金台大道，北至东风路。2016 年开拓。路长 457.5 米，宽 20 米，沥青混凝土路面。

宏文南路 位于宝鸡中央国际金融中心东、东岭新天地商业街西。南起金台大道，连接石鼓隧道，北至东风路，直达宏文路。原为村级道路。2015 年，拓宽改建。路长

456.62 米、宽 46 米，沥青混凝土路面。

基础设施建设

供水 东岭村紧邻渭河，地下水位较高，村民多掘井取水饮用。20 世纪 50 年代中期，东岭村在李明家东侧有水井 1 口。1973 年，东岭村开挖大口井 1 口，口径 2 米，深 20 米。建有水塔。1977 年，复掘大口井 1 口，采用深井水泵抽水，解决人畜饮水及农业灌溉。1982 年，东岭村有机电井 2 口。2000 年 4 月 20 日，村机井工程竣工。9 月 9 日，500 立方米 ×30 米水塔工程竣工。2002 年，针对用水高峰期水压不足问题，东岭村购买 2 台水泵，配套 7.5 千瓦电机，对住宅楼实施增压供水。2009 年 2 月，关闭自备井，改由市自来水公司供水。2016 年，东岭村自来水用户增至 478 户，年用水量 68832 立方米。

供电 民国时期，村民仅在宝鸡县城、十里铺的秦宝工业区见得到电灯。1958 年，东岭村自毗邻的宝鸡炼焦厂架设杆引线，为办公室、饲养室、磨坊供电。1960 年，村民用电灯照明。1962 年，村设电工，并由公社发给电工证。1968 年，东岭村筹措资金栽杆架线办电，架设供电变压器。1993 年，村架设 315 千伏安变压器，并投资 40 多万元，整改低压供电线路 1.2 千米，将原木电杆、矮电杆更换成高 12 ～ 15 米的水泥电杆。同时，在村主干道旁安装自动控制路灯 34 盏。1995 年，东岭机械铆焊厂南厂新架设 630 千伏安变压器。1997 年、1998 年，分别设 200 千伏安变压器、250 千伏安变压器，并对低压供电线路进行改造，增架 3.5 毫米裸铝线，解决东岭集团生产用电。2000 年，安装 500 千伏安变压器 2 台，实行"供一备一"配变电制，主要向东岭新时代 1 ～ 6 号住宅

东岭村水塔

20 世纪 90 年代的东岭村配电室

楼住户供电。2008年，安装1000千伏安变压器2台，继续实行“供一备一”配变电制，主要向东岭新时代小区住户供电。2001—2007年，东岭村年均用电量53.28万千瓦时。2008—2016年，有电力用户478户，年均用电量114.72万千瓦时。东岭社区电力用户2872户，由村配变电室的供电电缆供电，分户安装IC卡式电表。

供暖 旧时，东岭村民家中冬季烧火炕取暖，个别富户烤木炭火。20世纪80年代初期，村民使用蜂窝煤炉取暖，做饭、取暖兼用。随后，村民逐渐使用电热褥取暖，减少烟熏火燎。家里土炕仍然保留，老年人习惯冬季睡热炕。进入20世纪90年代，家中取暖方式多样化，电热毯、土暖气等盛行，电热暖以清洁、卫生的特点受到青睐，电暖小家电走进家庭。2002年10月，村民入住新建多层楼房，使用燃气锅炉统一供暖。同年11月15日至2003年3月15日，村民采暖费42万元，由东岭集团承担。此后，由各住户按热流量计费。2007年，东岭村被纳入市政集中供暖范围。2011年，使用市热力公司上马营热源站热源，为东岭新时代9～11号住宅楼供暖气。后东岭地产开发建设的商品房均采用市政集中供暖的方式。供暖时间自11月15日起，至次年3月15日结束。住户以采暖面积计费，收费标准为每平方米22元。2016年，东岭村共有采暖户478户，采暖面积63599.26平方米。

供气 村民烧锅做饭，先后经过柴草、煤炭等阶段。20世纪90年代，村民部分使用液化石油气。2002年，村民入住新建住宅楼，开始使用电磁灶做饭。2009年，经与市中燃发展有限公司联系，为村新建的东岭新时代9～11号楼供气。随后，施工人员进入现场施工，铺设天然气管网。气源来自陕西长庆油田，通过咸阳—宝鸡天然气长输管道，经中压、低压管线进入用户家中。东岭村实行统一购买，分户装表计量核算的方式。2013年，为东岭

工人维修暖气管道

新时代 1 ~ 6 号楼安装天然气。2016 年，全村天然气用户 478 户，年用气量 86040 立方米，管理实行分户装表计量。

◉ 园林绿化建设

东岭和园 位于东岭西路中段北隅。东邻镇海寺，西壤冠森路，占地面积 3300 平方米。2009 年 4 月，村投资 1100 万元，由江苏省苏州苏园古建园林有限公司设计、建造。12 月，园林竣工建成，以“建设和谐社会”而得名“和园”。建园工匠来自苏州，石材、花木来自江南，园内有小桥流水、亭台楼榭、假山奇石、瀑布莲池、名木花草，颇具苏州园林风格。和园大门采用厅堂式建筑，两厢使用黑色水磨砖砌厅堂，中为白粉墙饰月亮门，灰色门楣镌刻行书“和园”。褐漆色木架上，筑灰瓦炫纹青脊，檐楣饰蝙蝠纹，寓意多福多寿。步入园门，便可观赏和园的“一山、一湖、二桥、四亭”。

假山位于和园北部，由太湖奇石叠砌而成。山高 9 米，东西延绵 8 米。假山奇峰突兀，怪石嶙峋，有孤峰、峭壁、幽洞、深谷、悬崖、瀑布。山北洞穴深邃，山南湖水碧绿，湖中红鲤嬉戏于莲荷之间。和园的湖泊弯弯曲曲，湖岸多用太湖叠石，由亭台楼榭、曲廊假山雕饰，相映成趣。

桥有石拱桥、曲径桥。石拱桥位于假山东侧，南连六角宝顶亭，北壤四角重檐亭。桥柱、桥面为大理石，栏杆为红棕色木质，拱桥拱形饱满。曲径石桥位于假山西侧，连接和园太湖池南北。桥墩、桥面及栏杆，均采用大理石。

和园亭有四，分别是四角重檐亭、四角卷棚亭、六角宝顶亭、两角惜福亭。四角重檐亭位于和园东北角，亭柱建在湖石临水间，前柱楹联文曰 :“百戏不厌百回听，佳园难保四时景”。亭檐雕双龙戏珠、双凤朝阳，柱顶雕金龙，富丽堂皇。亭悬宫灯，檐角突出欲飞，檐下四周及藻井天鹅斗拱，煞为华丽。顶部彩绘鹤衔仙桃，寓意延年益寿。亭中央置高 1.6 米雕花玻璃屏风，可供演员中场更衣。后壁中央白粉墙上悬行书“大道至善”匾额。亭顶四角雕龙刻凤，饰云雷祥纹，灰色炫纹脊两端饰鱼身龙头怪兽，更显典雅庄重。亭供村民休憩游玩，兼作戏台。

四角卷棚亭位于太湖石山南端，东西两侧用曲廊连接。亭柱巧妙利用两侧曲廊，将亭搭建在曲廊之上，形成“钩心斗角”景观。亭为万字檐垂楣，灰瓦覆盖，卷棚顶，檐角突出似羊角，更添欲飞之势。

东岭和园

和园太湖石山

和园一隅

和园长廊

休憩凉亭

和园一角

六角宝顶亭位于曲径石桥南端，亭高 5 米，周围有砖砌座椅，供人歇憩。亭上置青板椽，亭顶灰瓦仰卧覆顶，簇拥宝顶，六面翘角突出回首，寓意天圆地方。

两角惜福亭位于曲径石桥北，巧妙倚墙而建，中央白粉墙上刻行书“惜福”。亭檐两角突出抱厦，亭顶部灰瓦盖顶，弦纹脊，两端饰方胜怪兽图。和园巧用曲廊，连接园内的山、水、桥、亭等。和园东侧为重建的镇海寺，有僧人入住。和园西侧的苏式厅堂，为会客厅、办公楼，东岭村村民委员会、社区居民委员会在此办公。

渭河上马营生态园　位于东岭村南的渭河北岸。2003 年 12 月开工建设，2004 年 10 月建成竣工开放。园区西起宝鸡铁二中，东至团结村砂石厂，全长 2800 米，宽 160 ~ 200 米，总面积 56.3 万平方米。公园总体布局为“一带四园”。“一带”即紧邻北堤、宽达 30 米的渭河防护林带，由金丝柳、樱花、紫薇等树种组成绿色屏障。“四园”为秦风春花园、鸡峰夏荫园、石鼓秋色园、祈台冬翠园。秦风春花园寓意宝鸡为秦王朝发祥地，以规划建设园林为主。秦风广场位于公园中心，主要栽植春花植物，设有健身游乐场、足疗环岛，以满足市民健身需求。鸡峰夏荫区主要为文化广场，平时以休闲、健身、文化表演为主，也可开展大型文化集会。广场两侧对称布置树阵组景，建有钓鱼池、荷花池、望峰亭等，栽植夏季开花植物。石鼓秋色园区以石鼓广场为中心，广场入口处设石鼓文化墙，上雕中华石鼓造型。两侧低洼处设水面，广植芦苇，取景“在水一方”，东侧建有莲花池，秋来荷塘飘香。广场内栽植银杏、柿树、红栌、红叶李等植物，设有篮球场、门球场。东岭村直面的是祈台冬翠园。园区利用原渭河河道内旧河

和园四角重檐亭

堤台地，整修为祈台及生肖广场，生肖广场四周有十二生肖雕塑。绿化树种有雪松、柏松、千头柏、红瑞木、蜡梅、修竹等。渭河上马营生态园集园林、山水、健身、体育运动为一体，游人漫步其园中，鸡峰山、石鼓阁、东岭廊桥、渭河索桥，湖光山色、水鸟嬉戏等自然人文景观尽入眼底，西宝高速公路、高新区高楼大厦、宝鸡国金中心首映眼帘，成为东岭村民及周围市民休闲、健身、游览的最佳场所。村民沿生态园堆砌的渭河子堤，登上钢质旋梯，浏览东岭石鼓廊桥，走进中华石鼓园。

渭河上马营生态园

村域绿化

村域绿化 旧时多为房前屋后零星植树，品种有刺槐、柳树、杨树、桐树、椿树。1962年，栽植“四旁”树木2100株，以林果树为主。1968年，村民在渭河河堤栽植杨树、刺槐、柳树，营造护堤林带600米。1974年，组织社员在田埂、地畔、渠堤、房前、屋后植树绿化。1994年，东岭村投资14万元，购买樱花、银杏、玉兰、垂柳、月季、石榴花、棕榈、榆树梅、雪松、洒金柏等花木22个品种9600株，绿化村庄道路5条。1997年3月，东岭村被区政府命名为绿化先进单位。1999年8月，投资6万元，在主干道两侧栽植樱花、银杏、玉兰花、松柏。村民还在村内街巷、门前栽植女贞、月季石榴、白玉兰、月季、紫薇、牡丹、小叶黄杨等花卉进行绿化美化。东岭村制定绿化管理制度，设立专人管护、修剪、浇水、除草，达到四季绿化、绿树成荫、鸟语花香。2002年春，村建立绿化卫生管理队伍，在住宅楼前后建花坛7座，购买绿化苗木，新增绿地5660平方米。2003年，投资38万元，建成占地50亩的东岭花卉苗圃，内配温室，购买花木花卉10万株，用于东岭村及企业绿化；5月，在新建的东岭路、街坊路两旁，投资60万元，建草坪3处，栽植梧桐、松树、女贞、七叶树，绿化道路两侧。2016年，全村公共绿地除住宅小区外，主要为路旁花卉、绿篱、行道树。

东岭新时代小区绿化 小区绿化由上海中建建筑设计院有限公司设计，北京中外园林建设有限公司施工，东岭集团房地产公司建设。小区设计主题风格为ART-DECO（艺术装饰），建设雕塑喷泉广场、彩叶花园、连廊草坪花园、欧式台地花园、景亭花园、雕塑花园、景观休息亭区、儿童游乐场、阳光大草坡、老年活动场所，利用有机形

东岭新时代小区花卉——红芍药

东岭新时代小区花卉——樱花

东岭新时代小区花卉——紫玉兰

东岭新时代小区花卉——紫玉兰花苞

态铁艺、几何平面构图、铺地装饰、园林效果和艺术体验，使植被配备丰富，种植疏密有度，花期分配合理，每个季节都可带来勃勃生机。公司投资 545 万元，修建由浅水汀步、音乐广场、景观草坡及林荫步道组成的“时代韵律”广场，其中，景观铺地 13650 平方米，植草皮 1040 平方米，新建绿地 21690 平方米，栽植乔、灌木和草本植物。栽植树种有七叶树、樱花、大叶女贞、广玉兰、桂花、紫薇、五角枫、枇杷、紫玉兰、棕榈、银杏、木竹、皂荚、栾树、国槐、合欢、鹅掌楸、桃、杏、苹果、山楂、柿、火棘、法国冬青、铁梗海棠、马莲花、海桐、石楠等 90 多种，在楼宇之间修建景观庭院，家家有景、处处着绿，绿化率达 43%。

东岭国际社区绿化 小区绿化景观由上海中建建筑设计院有限公司设计，主题风格为 ART-DECO（艺术装饰）。其设计理念为“益海春色”，利用有机形态铁艺、几何平面构图、放射状太阳光与喷泉、摩天大楼退缩轮廓、速度与飞行的象征物、新女人的形态、爵士、短裙短发与舞蹈以及鲨鱼纹、斑马纹、曲折锯齿图形、阶梯图、曲线及放射状图等图案，展示住宅区植被配置及疏密度，花卉均衡。小区内形成“四季常青、三季有花、二季有果”，置身其中，绿树成荫，繁花似锦。小区绿化由北京中外园林建设

社区花卉——紫罗兰

社区花卉——海棠

社区花卉——红枫

社区花卉——红梅

社区花卉——紫荆花

社区花卉——棕榈

有限公司、陕西雪野园林景观工程有限公司和陕西金百合园林绿化有限公司承建施工。2013年11月，绿化工程竣工。小区绿地面积25810平方米，栽植花木花卉有银杏、红叶李、樱花、白玉兰、广玉兰、五角枫、七叶树、香椿、楸树、青槐、栾树、桦树、棕榈、竹子、蜡梅、枇杷、大叶女贞、木槿、花石榴、紫薇、冬青球、黄杨、红叶小柏、海桐、石楠、铁梗海棠、山楂、月季、牡丹、红叶小波、红枸木等。小区形成“楼在林中，人在绿中，一年四季，花绿相簇”，先后获“陕西省绿色社区”“省级园林式居住区”“西部最佳人居奖”等殊荣。

东岭新时代小区绿化

东岭国际社区绿树环绕

海棠公馆绿树成荫

海棠公馆绿化 项目位于东风路以南、宏文路以西，规划用地面积3.7万平方米，总建筑面积14.1万平方米，总投资3.95亿元，主要新建剪力墙结构住宅楼6栋。2016年，项目设有体验中心，内有苗木花卉。

◉ 通信网络建设

邮政电报 清宣统三年（1911），设立宝鸡邮政代办所，村民寄发信件须到宝鸡县城办理。1940年，设立十里铺邮政代办所，村民寄发信件稍有便捷。1951年12月，成立十里铺邮政支局。1962年9月1日，成立人民街邮政支局下属的上马营邮电所。东岭村民可就近办理邮寄信件、包裹、发电报等业务。邮递员一般将书报、信件投送到联盟生产大队队部，大队令人捎往村内。1999年8月，东岭村村民委员会成立后，邮递员将信件、报刊、包裹、汇款单投送到村委会，由村委会托人捎带，或用电话、广播通知村民、企业领取。2000年，邮政开办快递业务。2009年，快递公司骤增，村民邮寄信件、包裹更为便捷，快递员送达、收寄物品服务到村民家门口。电话未普及前，村民遇有紧急事项，须到邮局发电报，通知远方亲人。远方家人有急事，也发电报告知。20世纪90年代，随着电话进入家庭，电报逐渐消失。

固话手机 1953年，宝鸡市始开办农村电话业务。1970年，东岭村所在的联盟大队始安装第一部电话。1985年，东岭村安装程控电话20余部，每部电话初装费在3600元以上。1987年，村内移动电话出现。因价格昂贵、使用人少、体型大、体积重，俗称“大哥大”。1993年，上马营邮电所向村内架通电话通信光缆，村内安装电话60余部。1997年，寻呼机在村中出现。1999年，东岭村实现电话全覆盖，方便村民的国内外联系。2000年前后，计算机、互联网进入村内。2002年后，村民开始使用市话收费、可以移动通信的无线市话（小灵通、大灵通）。2005年，村移动电话持有量快速增长。2016年，随着手机、网络的普及，固定电话遭冷遇。

电视网络 20世纪80年代，电视进入东岭村，多为黑白电视机。1985年10月15日，村民韩玉山花费1044元购买“上海”牌彩色电视1台。此时，村内仅有彩电3台。村民自制电视天线，置于房顶高处，通过馈线连接室内电视机，收看电视信号，了解国内外大事，观赏文艺节目。1993年后，采用卫星接收站、闭路电视传输电视信号。1998年，宝鸡有线电视台成立，在城乡发展用户，东岭村进入市级有线电视系统。2006年11月，

东岭村广电服务中心

东岭村被列为市区的有线电视数字化整体转换小区，180 户村民的有线电视转换为数字电视。村数字电视节目增至110套，可随意互动点播各类付费节目，不再单独收取费用。自 11 月 19 日起，村内安装数字电视机顶盒 222 个。2007 年，为新建的商品房小区安装陕西广电网络传输公司的数字电视网络。2009 年，部分村民安装网络电视。2016 年 6 月，建设智慧小区，180 户村民家庭实现网络覆盖电视。

◉ 服务设施建设

东岭村村民（居民）委员会　1999 年 8 月，成立东岭村民委员会，驻地东岭路 67 号，村委会有砖木结构大房 4 间，建筑面积 100 平方米，主要办公设施有桌、凳、沙发等。2002 年 10 月，村委会迁驻新建小区的行政办公楼。2010 年 3 月，村委会再迁东岭西路的和园西侧。村委会建筑面积 670 平方米，内设有办公室、会议室、会客室等，主要办公设施有桌椅 18 套、电脑 22 台、电话 4 部、打印机 5 台及公文柜等。

东岭社区服务中心　2011 年，成立村（社区）服务中心，下设“一站式”公共服务

东岭村居委会

大厅。服务中心设物业服务中心、物业维修服务站、物业投诉调解站、劳动保障工作站、警务室、卫生保洁队等。

文化娱乐场所 2010年以来，在社区服务中心二楼先后设立党员活动室、社区图书室、健身室、乒乓球室、文体室、青少年心理咨询室。2016年，图书室建筑面积40平方米，有书柜12个、桌子5张、椅子20把。健身室建筑面积40平方米，内有跑步机、单车、仰卧起坐机、力量训练机等设施。乒乓球室建筑面积40平方米。文体室建筑面积40平方米，内有乐器、服装、电子琴等设施。

组织建设

中共东岭村（集团）委员会 1955年，村党员在南四村党分支过组织生活。1957年，村党员编入南五村高级社党支部。1958年，东岭村设党小组。1970年1月，村8名党员第一批恢复组织生活。1972年2月6日，联盟大队第六生产队党支部成立，隶属联盟村党总支部。1984年4月，改设联盟村六组党支部。1994年6月，东岭机械铆焊厂党支部成立。

1999年7月26日，成立中共陈仓镇东岭村总支委员会，下设村办企业、南厂、砂石厂、农业4个党支部；撤销联盟村六组党支部；8月3日，李黑记当选为中共东岭村总支委员会书记，罗卫军为副书记，方纪林、岳健、黄烈爱为总支部委员。靳宝凤任企业支部书记、岳健兼任南厂支部书记、方纪林兼任砂石厂支部书记、罗卫军兼任农业支部书记。

东岭社区舞蹈室

东岭社区青春驿站

中共东岭村委员会成立大会会场

2002 年 6 月 28 日，成立中共陈仓镇东岭村委员会（以下简称东岭村党委），任命李黑记为东岭村党委书记，罗卫军、赵卫平为副书记。6 月 30 日，经中共陈仓镇委员会批准，东岭村党委由 7 人组成，设书记 1 名、副书记 2 名；8 月 21 日，成立中共陕西东岭工贸股份有限责任公司委员会（以下简称集团党委），与东岭村党委“一套人员，两块牌子”。集团党委下设东岭锌业公司党总支部、东岭物资公司党总支部。2006 年 1 月 9 日，东岭集团（村）党委任命任高明为宝鸡八方山铅锌矿业公司党总支书记。2008 年 4 月 21 日，成立中共东岭冶炼公司委员会。2011 年 6 月 27 日，成立东岭社区党总支部。2014 年 9 月 15 日，成立东岭集团内贸公司党总支部。

2015 年 1 月 17 日，集团（村）党委第六次代表大会在集团一楼会议室召开，出席会议代表共 61 名。会议选举产生中共陕西东岭集团（村）六次委员会书记、副书记、委员，李黑记为书记，仝明科、方纪林、孙宏为副书记，梁宝平、常晓辉、赵淑兰、李海阔、白峰科、郑皂林、赵小强、翟书文、方堃、康银侠、靳宝凤为委员。

2016 年，集团（村）党委辖基层党委 8 个、党总支部 10 个、党支部 84 个，管理党员 2815 名。其中，中共略阳钢铁公司委员会下辖基层党委 6 个、党总支 5 个、党支部 47 个，管理党员 2030 名。

东岭村村民委员会 民国时期，村设保甲。1949 年后，村置村长，管理村务，另有民兵队长、农会主任。1958 年，成立人民公社，实行“政社合一”，东岭村成为陈仓人民公社联盟生产大队第六生产队。生产队设管理委员会，由队长、副队长、妇女队长、会计等组成。1984 年，撤销人民公社建制，联盟生产大队改设联盟村，东岭村改设联盟村第六村民组（以下简称联盟村六组）。

2003 年的东岭村委会办公地

东岭社区办公场所（一）

东岭社区办公场所（二）

1999 年 7 月 26 日，区政府批准撤销联盟村六组，设立陈仓镇东岭村。随即，东岭村在镇政府、区政府支持下，开始紧张筹备东岭村村民委员会及其他群众组织的选举事宜。8 月 12 日，选举大会选举在村娱乐厅举行，选举产生陈仓镇东岭村第四届村民委员会。2012 年 11 月至 2015 年 3 月，东岭村先后经第五届至第九届村民委员会选举。2015 年 3 月 22 日，选举第九届村委会组成人员，主任李黑记，副主任仝明科、方纪林、康银侠，委员梁宝平、赵淑兰、张璐。

东岭社区组织 2011 年 4 月 6 日，区政府下发文件，批准成立陈仓镇东岭社区居民委员会，方纪林为第四届居民委员会主任，康银侠任副主任，委员有张紫娟、王静、康云涛。并在社区设立环境卫生、治安保卫、民事调解、物业管理、社会事务等行政组织；6 月 27 日，经批准，成立中共陈仓镇东岭社区总支委员会，书记为方纪林。党总支下设东岭小区党支部、退休人员党支部、物业公司党支部；7 月 1 日，举行东岭社区党总支部、东岭社区居民委员会成立挂牌仪式。2012 年 4 月 30 日，康银侠申请辞去东岭社区居委会副主任，被任命为社区党总支副书记；5 月 9 日，召开东岭社区居民代表会议，选举张紫娟为社区居委会副主任，姚文涛、李鹏、张乐为居委会委员。2013 年 12 月 5 日，选举产生第五届社区党总支，书记方纪林、副书记康银侠，委员李鹏、张乐、姚文涛。2016 年 10 月 25 日，选举产生第六届社区党总支，书记方纪林，副书记康银侠，委员李鹏、梁春媚、张蕾、冀浩学、武晓红。2014 年 1 月 1—18 日、2016 年 11 月 10 日至 12 月 9 日，东岭社区先后举行第五届、第六届居民委员会选举，方纪林连续当选为居委会主任，张紫娟连续当选为居委会副主任，先后当选委员的有张乐、王静、范焱、康云涛、曹乐、时爱萍、杨雅、杜慧琳。

2016 年，东岭社区共有住户 4000 户 10080 人，流动人口 150 人。社区配备工作人员 15 名，其中，专职人员 6 名，公益性岗位 5 名。

东岭村共青团委员会　1950 年 7 月，团省委工作组在东岭村发展团员 7 人，随即成立东岭村新民主主义青年团小组，成为南四村的第一个团小组。1953 年 3 月，成立南四村团支部，东岭村团小组隶属该支部。1958 年，成立联盟大队团支部。1972 年 3 月，成立联盟生产大队第六生产队团支部，隶属于联盟村团总支部。方仓明任六队团支部书记，仝银翠任副书记。1984 年，改设联盟村六组团支部。

1998 年 12 月 3 日，经批准，成立共青团宝鸡东岭集团委员会。方纪林任团委书记，明田任副书记，李睿、梁亚莉、冯红梅、段文新、梁宝平任委员。团委下设 7 个支部，团员人数达 100 名。2002 年 9 月 24 日，经批准，成立共青团陕西东岭工贸集团股份有限公司委员会（以下简称东岭集团团委）。集团下属部门，根据团员人数多少，分别成立团委、团总支、团支部。

2004 年 2 月 20 日，选举李伟为东岭集团团委书记，赵海龙、赵海良、李晓会、申李军、申竟芳、刘巧能、黄成利、罗胜利为团委委员；4 月 20 日，成立东岭集团机关团支部、东岭工贸公司团支部、东岭锌业有限公司团总支、东岭物资有限公司团总支部。2009 年 3 月 19 日，成立东岭村团支部，团员 45 名，选举李伟任团支部书记，康银侠任副书记，张晓英、李文、王勇为团支部委员。2016 年，东岭集团团委下辖 4 个基层团委、10 个团总支、41 个团支部，管理团员 1023 名。

东岭村妇女代表委员会　东岭村在农业合作社、人民公社、改队设组时期，分别设妇女副主任、妇女副队长、妇女副组长，负责村组妇女工作。1999 年 12 月 6 日，东岭村召开第四届妇女代表会，选举黄烈爱为村第四届妇女代表委员会（以下简称妇代会）主任，方菊香为副主任，委员有李爱珠、张均秀、罗根莲。2002 年 12 月 9 日、2005 年 12 月 9 日、2008 年 11 月 7 日、2011 年 11 月 25 日，村妇代会先后进行第五、六、七、八届的换届选举，先后担任村妇代会主任的有黄烈爱、康银侠，副主任有李爱珠、黄烈爱。2015 年 3 月 25 日，村召开第九届妇女代表会，选举康银侠为妇代会主任，委员有刘红梅、张晓英、赵小会、葛彩霞。

东岭村农民组织 1951 年，东岭村成立农民协会（以下简称农会），李万喜任村农会主任。1956 年，村农会撤销。1963 年 3 月，联盟生产大队成立“贫下中农协会委员会”（以下简称贫协）。联盟六队设贫协组组长，同时是大队贫协委员。先后担任村贫协组长的有陆岐山、罗新成、韩祥。1981 年，联盟六队贫协组织撤销。

东岭村民兵组织 1950 年，东岭村设民兵组织，与治保会同设。1963 年，联盟六队设民兵排。1975 年，改设民兵连，岳天志任连长。1985 年，撤销联盟村民兵营、连建制，改编为基本排 1 个，东岭村内未设民兵组织。1997 年 9 月，建立宝鸡东岭集团民兵连，连长李黑记，指导员岳健，阎业胜、郭宝才为副连长，方纪林为民兵连副连长兼基干民兵排排长。2016 年，村民兵组织主要活跃在抢险救灾等应急处置。

东岭村老年协会 1999 年 10 月 17 日成立，协会设会长、副会长、委员。截至 2015 年 3 月，先后进行 4 次换届选举，先后担任会长的有岳健、仝凯、罗卫军、罗锁琴。

1965 年东岭村干部及第一次社会主义教育运动骨干代表合影

◉ 精神文明建设

建设活动 东岭村在精神文明建设中，经常性开展思想政治教育、道德法制教育，进行社会治安综合治理，做好计划生育工作，绿化美化村庄，组织丰富多彩的文化生活，评比“双文明户”“五好家庭”“十星级文明户”“好党员”“好婆婆”“好职工”“好媳妇”。村开展活动坚持量化考核打分，并且与村民经济利益挂钩。东岭村分管村委会工作的方纪林力排众议，把遵纪守法、诚实劳动、文明和谐、勤俭持家、移风易俗等道德规范，纳入村民年终分配考核制度。1999 年 8 月 7 日，村党总支委、村委会制定《东岭村创建文明村规划》。精神文明建设更是常抓不懈，先后开展思想政治教育、加快经济建设、改善生态环境、组织文化娱乐活动、开展移风易俗等活动，培养和造就讲文明、树新风的新型农民。2010 年，村倡导移风易俗，改变陈规陋习。2012 年，制定《东岭村深入开展创建幸福家庭活动实施方案》，开展创建“婚育文明好，勤劳致富好，关系和谐好，道德风尚好，卫生整洁好”的“五好”幸福家庭活动。创建活动以人口学校、文化书屋、文化体育活动、青少年活动等为载体，建设东岭幸福家庭。2016 年，开展农村移风易俗进村入户活动，营造向善向上社会风气。村委会邀请市传统文化促进会教师来村，辅导学习《弟子规》。村组织学习全国“孝老爱亲”模范陈斌强、“最美陈仓人”杨彩荣等感人事迹。

村规民约 1999 年，经村民代表大会讨论通过，制定《东岭村村规民约》，作为村民日常生活的行为准则。2008 年 11 月 11 日，修订 2005 年制定的《村规民约》。2016 年 1 月，再次修订《东岭村村规民约》并书写在东岭和园的墙壁上，给游园的群众以警示。修订后的村规民约分为建设和谐新东岭、福利及分配待遇、村风民俗、婚姻邻里、附则 5 章 26 条。其中的“村风民俗”章提倡社会主义精神文明，将“婚、丧、嫁、娶的大操大办”“封建迷信及其他不文明行为”“乱倒乱堆垃圾或杂物”“宗派和宗族活动”被列为反对禁止范围。“婚姻邻里”章提倡婚姻自主、男女平等、实行计划生育、夫妻双方共同承担家务、村民之间团结友爱、邻里间和睦相处、尊老爱幼等，禁止虐待、遗弃老人及未成年人。违反村规民约的村民将受到批评教育、写出书面保证，以至取消其集体分配待遇。

十星级文明户评定 20 世纪 80 年代，村开展评选“双文明户”活动。1999 年，村开展“十星级文明户”评定活动，提高村民道德素质和精神文明素质。“十星”以“热

和园墙上的村规民约

爱东岭，敬业奉献，教育子女，遵纪守法，计划生育，移风易俗，勤俭持家，家庭和睦，邻里团结，爱护环境”为标准，评定程序严格并与经济利益挂钩。村党委、村委会每年对评选的“十星级文明户”均给予表彰奖励，让村民学有榜样，达到自我教育、自我管理的目的。截至 2004 年，全村挂星级牌户已占总户数的 95%。2006 年，村党委、村委会重新修订《东岭村“十星级文明户”创“优”评“差”实施办法》和《东岭村“十星级文明户”创优评查活动评选标准》；2 月，对上年评选的杨义琴等 14 名“十星级文明户标兵”给予表彰奖励。截至 2010 年，全村先后有 400 户（次）入选村文明户，40 户（次）被评为村文明户标兵。2011 年，村委会对评选的 14 名“十星级文明户标兵”给予每人 1000 元的物质奖励。同时，对评差的 9 户给予星级扣分并进行经济处罚。2017 年 3 月，村党委、村委会授予李菊琴等 22 户“十星级文明户标兵”称号。

倡导文明新风 东岭村倡导文明新风，尤其在富裕后，更是坚持红白事从简，不搞铺张浪费。2008 年，村委会规定，婚丧事者，酒席菜品白天不得超过 12 盘，晚上不得超过 8 盘。丧事逢 3 年祭祀，只招待早饭、取消午餐。村民购置车辆，取消设宴、燃放爆竹。落实婚丧从简规定，倡简禁奢，移风易俗。

2010 年，成立东岭村红白理事会，制定《东岭村红白理事制度》，坚持婚丧操办从简、反对铺张浪费，废除陈规陋习，破除封建迷信，不讲排场摆阔气，不相互攀比，不举债办喜事，不借机敛财。修订《东岭村村规民约》，强化思想道德建设。全村（社区）党员干部遇到婚丧嫁娶，坚持做到“三严禁”（严禁唱戏、严禁歌舞、严禁叫管乐队）、“四个不”（不讲排场、不摆阔气、不互相攀比、不举债办婚事）。村民的婚丧嫁娶活动，一律实行“村民申请、户长审核、村委会审批、村党委监督”的程序。在村委会的倡导教育下 ，村精神文明蔚然成风。2012 年 10 月，村民罗根莲路遇一位突发疾病的老人，想方设法联系其家人，及时送老人到医院救治，《宝鸡日报》曾予采访报道。

关心下一代 东岭村重视关心下一代工作，依托村老年协会，组建以老干部、老党员、老教师、老模范等为主体的关心下一代工作委员会（以下简称村关工委）。村关工委每年制定工作计划，开展丰富多彩的活动，提高未成年人的思想道德素养。2005 年，由村委会副主任康银侠兼任村关工委主任。关工委主要抓家长学校、暑期教育等；6 月，成立东岭村家长学校和校务委员会，校长由有教育工作经验、曾任陈仓镇党委副书记的退休干部韩天明担任。韩天明义务为家长学校东奔西走，不辞劳苦。家长学校聘请 3 名教师，制定教学计划，开展校外教育。暑期结束前，组织展示、总结、表彰等，强化学生的参与意识。村委会每年召开 2 ~ 3 次家长会议，加强与学校、家长的联系，共同做好关心下一代工作。2008 年，东岭村获“陕西省关心下一代工作先进村”称号。2010 年，分管关心下一代工作的康银侠获“全省关心下一代工作带头人”称号。2012 年 7 月 5 日，组织 100 多名学生开展暑假活动。2015 年 7 月，举办暑期学习园地，组织学生读书学习、外出参观、参加劳动。2016 年 7 月 12 日，举办暑期兴趣班，组织儿童学习少儿舞蹈、绘画手工、葫芦丝演奏、二胡演奏等。

评选“好婆婆”“好媳妇” 村委会每年都在村民中评选“好婆婆”“好媳妇”等尊老敬亲人物，营造团结、和睦的家庭氛围。2011 年 3 月，蒲宝兰、黄烈爱被授予区级“好媳妇”“好婆婆”称号。2013—2014 年，全村评选“好婆婆”6 名，分别是张青兰、代宝过、罗彩琴、罗根莲、韩银娥、岳惠琴；评选“好媳妇”8 名，分别是王乖莲、晏春梅、关银霞、史宝英、芦春兰、党润巧、杜天凤、杨彩荣。

创建全国文明村镇 1999 年，东岭村被命名为区级文明村。2004 年，被命名为市级文明村和“村村文明一条街”示范村。2005 年，经领导班子、思想道德风尚、创建活动、社会服务、科教文卫体、社会治安秩序、环境面貌、基层民主、村镇经济、志愿服务等指标严格考核、评定，东岭村被中央精神文明建设指导委员会命名为第一批“全国文明村镇”。2008 年，再次名列第二批“全国文明村镇”行列。2015 年，通过全国文明村镇复查。截至 2016 年，东岭村继续保持荣誉称号。

◉ 所获荣誉

东岭村成立以来，得到社会各界的关心和支持，受到各级领导的关爱，曾获区、市、省、国家多次奖励，被授予各种荣誉称号。其中，仅1998—2016年，东岭村获省（部）级及其以上荣誉30项。

1998—2016年东岭村获省级以上荣誉统计表

表10

授予时间	荣誉称号	授予单位
1998年12月	社会治安综合治理先进单位	陕西省社会治安综合治理委员会
1999年11月	省级安全村	陕西省公安厅
2001年7月	陕西省“五个好”先进党支部	中共陕西省委
2001年10月	全国婚育新风进万家活动先进乡（镇街道）	中共中央宣传部、国家计划生育委员会
2002年3月	省计划生育合格村	陕西省计划生育委员会
2003年6月	省依法治理工作示范单位	陕西省委依法治理工作领导小组办公室
2004年1月	全省敬老模范村	陕西省老龄工作委员会
2004年1月	全国敬老模范村	全国老龄工作委员会
2004年6月	陕西省绿色文明示范工程绿色社区	陕西省人民政府
2004年7月	全国民主法制示范村	司法部、民政部
2005年7月	旗帜工程省级综合示范先进村党组织	中共陕西省委
2005年10月	全国文明村镇	中央精神文明建设指导委员会
2007年7月	全国美德在农家活动示范点	文化部、全国妇联
2007年12月	省级卫生村	陕西省爱国卫生运动委员会
2008年1月	中国十佳小康村	中国小康村推介活动组委会
2008年7月	省关心下一代工作先进村	陕西省关心下一代工作委员会
2008年12月	省级计划生育新农村建设示范村	陕西省人口和计划生育委员会
2008年	中国改革开放30年120个优秀集体	中国经济体制改革研究会、中国经济体制改革杂志社、中国改革开放30年论坛暨评选活动组委会
2009年1月	全国文明村镇	中央精神文明建设指导委员会
2009年5月	“5·12”周年，中华十大爱心村	中国城市竞争力研究会、四川社科院（中国西部）杂志社、亚太环境保护协会、中华口碑中心、中华绿色版图工程示范基地、中华和谐文化基金
2010年5月	全国百强村排名列第四	中国村社发展促进会、同济大学现代村镇发展研究中心、亚太农村社区发展促进会中国委员会、中华口碑中心
2010年6月	省“升级晋档、科学发展”活动一类示范村党组织	陕西省委组织部

续表 10

授予时间	荣誉称号	授予单位
2010 年 7 月	全国妇联基层组织建设示范村	中华全国妇女联合会
2010 年 12 月	人口和计划生育基层群众自治示范村	国家人口计划生育委员会、中国计划生育协会
2011 年 1 月	省级妇女之家示范点	陕西省妇女联合会
2011 年 6 月	全省物业管理示范住宅小区（东岭新时代）	陕西省住房城乡建设厅
2011 年 10 月	中国幸福村	中国村社发展促进会特色村工作委员会、亚太农村社区发展促进会、亚太环境保护协会 APEPA
2012 年 12 月	中国乡村文化遗产地标	中国村社发展促进会特色村工作委员会、亚太农村社区发展促进会、亚太环境保护协会 APEPA
2013 年 1 月	全省和谐社区建设示范区	陕西省人民政府
2013 年 6 月	全省“文明社区，和谐家园”活动四星社区党组织	陕西省委组织部
2014 年 2 月	2013年全国物业管理示范住宅小区(东岭新时代)	住房城乡建设部
2014 年 8 月	全省党的群众路线教育实践活动先进基层党组织	陕西省委组织部、全省党的群众路线教育实践活动领导小组
2014 年 11 月	全国和谐社区建设示范社区	民政部
2016 年 9 月	中国十大国际名村	中国村社发展促进会
2016 年 12 月	国家地震局安全示范区	国家地震局

村民生活

旧时东岭村民长期依靠农业收入维持生计。因地理条件所限，经常遭受洪灾肆虐，生活极为艰难，时有民谣“村东村西水汪汪，村前河滩白茫茫。半年糠菜半年粮，有女不嫁东岭郎”。1966年，东岭村转为蔬菜专业生产队，生活条件有所改善。改革开放后，东岭村依靠党的政策及区位优势，兴办村组企业，发展工贸经济，村民逐步走向富裕之路。随着东岭集团发展壮大，实行“村企合一、以企带村、共同发展”，村级经济快速发展，村民收入连年增长，生活质量大幅提高。

昔日缺吃少穿，如今富足小康。细思量、更难忘，多亏党的政策，还靠班子带领。富而思进不停步，东岭发展在路上。

◉ 村民收入

农业收入 建村早期，村民在渭河滩上围滩造田、种植庄稼，因地力贫瘠、易遭水淹，收入微薄，难以维持温饱。灾荒之年，更有外出乞食。1949年后，实行农业集体化，加之改良土壤、更新农具、使用良种，农业产量得到提高，农民收入增加。1958年，村民年人均分配115元，全部为农业收入。之后，村民虽有提供劳务的副业收入、养猪养羊的牧业收入，但在总收入中所占比重极低。1966年7月，东岭村转为蔬菜专业生产队，生产附加值高于粮食生产，村民收入较前有所提高。1968年，村集体分配收入为人均164元，每个男性壮劳力的劳动日值为1.40元。村民人均分配收入中，蔬菜收入占农业总分配收入的66.2%。1975年，村民劳动日值为1.69元，仅比7年前增加0.29元，每年增加仅4分钱。东岭村耕地因不断征用而逐年减少，人口却在日益增长。尽管村民在精耕细作、提高单产上狠下功夫，但农民人均纯收入增长缓慢。改革开放后，村民逐步摆脱旧体制束缚，发展多种经营，收入多元化。随着工业、商贸发展，村民收入快速增长。1986年12月，东岭村实行土地承包到户经营。1987年，村民最后一次按劳动工分等方式进行农业收益分配。村庄土地初步实行规模经营，发展村办企业。除从事工业、商贸的村民外，还有村民耕耘土地、种植蔬菜。2003 年，集体土地全部转为国有土地，村民不再有农业收入。

工贸收入 1979 年后，东岭村相继办起黑白铁加工、木材加工、车辆修理、商店、食堂等工商企业，村民逐步从农业生产转向企业生产经营，工资收入在全部收入中所占比重逐年增长。1989 年，东岭机械铆焊厂员工 57 人，均为东岭村村民。1996 年 8 月，东岭集团成立，90% 以上具有劳动能力的村民成为集团员工。随着集团规模扩大，吸纳了更多的农村劳动力。截至 2017 年 4 月，全村村民共计 776 人，其中 223 人在东岭集团工作。东岭集团建立完善的员工激励机制，优秀员工可获得更高薪酬，收入增长较快。每逢年终，东岭集团表彰优秀员工，奖金数额在数万元、数十万元不等，2016 年设百万元重奖，奖励集团优秀员工。

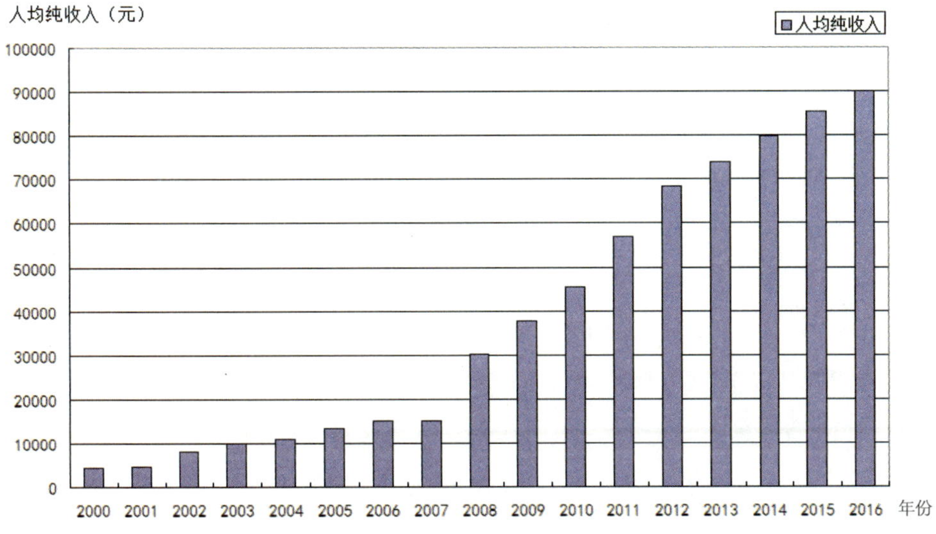

2000—2016 年东岭村村民人均纯收入示意图

其他收入 2000 年 6 月，组建陕西东岭工贸股份有限公司。东岭村村委会持股 1168 万股，占公司股本总额的 21.63%。村集体从公司股份获得收益，按年按人分配给全体村民。东岭村民均持有东岭集团数额不等的股票，可长期按年从公司获得 20% 的股息投资收入。少数村民在外办公司、开商店，从事个体私营工商业，获取经营收入。根据 2017 年 4 月统计，在其他企业、公司上班的村民共计 111 人，以提供劳务、打工的方式获取劳务收入。村中退休老人162人，依靠政府、东岭集团提供的养老金安度晚年。村集体对入园幼儿、中小学生、大学生等实行奖励扶持政策，为参加社会保险的村民代缴、补助费用等，为村民增加红利收入。村委会为村级公益事业投入大量资金，惠及更多村民。进入20世纪80年代，宝鸡城市发展加快，进城务工、经商人员增多。东岭村周边工商业发达，房屋租赁市场需求旺盛，村民建房出租，增加财产性收入。每户平均出租房屋4间100平方米以上，收入租金每年在1.5万元以上。2002年，村民入住新建小区后，将旧房出租获取租金。2005年，全村共有22户村民出租旧房，年收租金最高750元，最低150元。2016年，全村出租单元房75套，其中，高层20套、多层55套，年租金在1.3万～1.7万元，房租收入成为村民的又一项重要收入。

收入账单 村民李爱珠保存有家庭1968—2016年的集体分配结算清单，成为48年间东岭村村民收入变化的重要物证。1968年，村男性强壮村民劳动一天记工分10分，从生产队获得劳动报酬1.40元，低于大队平均劳动日值0.13元。1970年，李家全年劳动挣得工分1343.7分，每个劳动日值2.30元，全家应分得现金309.05元。但是，扣除夏季预分款、借支现金、购粮款、零星购菜、电费、合作医疗、购猪款及所分粮食折款等共计277.62元后，李家从集体实际分得现金31.43元。尽管不抵城市国营企业二级工的月工资（42.50元），但比起需要自掏腰包向生产队交款的超支户来讲，已经算是幸运的。1976年，村民平均劳动日值1.75元，降到1969—1978年的最低值。1982年，实行作业组联产承包责任制，实施物质激励措施，设置农业超产奖、副业超产奖、企业超产奖。李家除从劳动工分价值中得到550.74元外，还获得农业超产奖60.31元。1986年12月，实行土地承包到户经营，村民收入多元化，已不再单纯依靠工分。1987年，村民从村集体获得收入包括工分款、工资款、返还款、物资款。李家劳动工分收入47.40元，占村级分配家庭收入的11.03%。1988年，村民的分配清单收入项变为承包土地返还款（按承包土地面积计发）、工资款。李家被扣除管理费、提留款、税金、生产费、保险费、卫生费等257.06元，占从村级所得的65.62%。1995年，村集体按村民家庭全劳力人数进行收入分配。是年，每个全劳力可从村收益分得1000元。随着东岭企业发展壮大，村民从中获得的收入也稳步增长。2003年，东岭村民每人每年获得村集体分配收入1万元。2016年，东岭村村民每人年获得村级分配收入增至2万元。

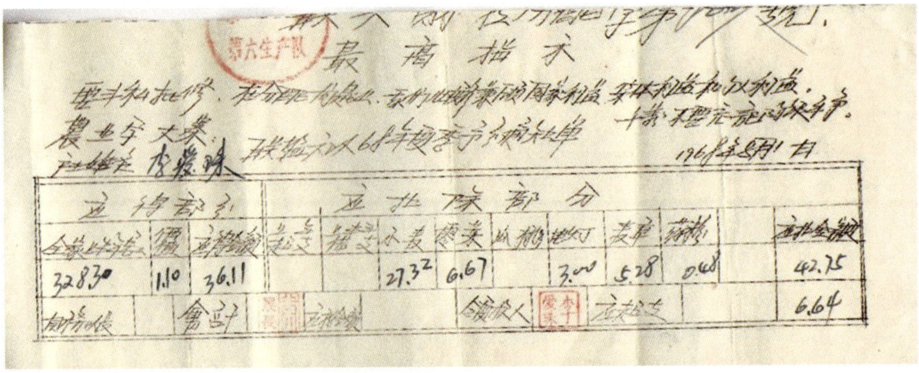

最高指示

户主姓名 李爱珠

328.30	1.10	361.1			27.32	6.67		3.00	5.28	0.48	42.75
											6.64

村民李爱珠家庭 1968 年村集体分配结算清单

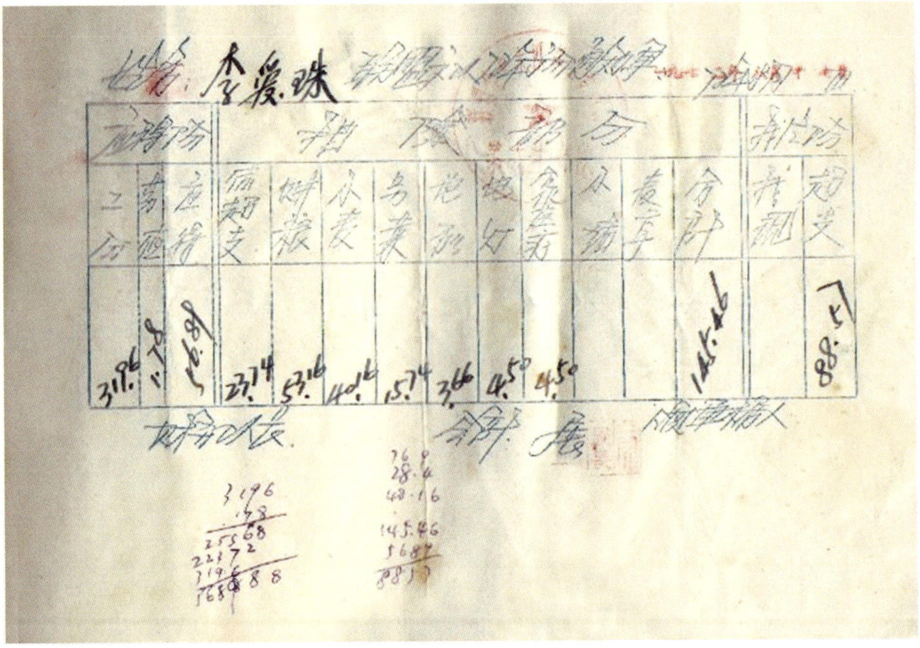

户名：李爱珠

村民李爱珠家庭 1972 年村集体分配结算清单

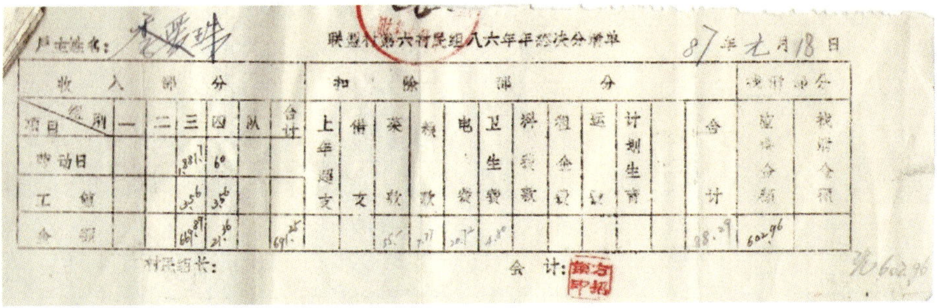

户主姓名：李爱珠　　联盟村第六村民组八六年年终决分清单　　87年九月18日

收入部分							扣除部分												[illegible]	
项目	一	二	三	四	队	合计	上年超支	借支	菜款	[illegible]款	电费	卫生费	[illegible]款	[illegible]	[illegible]	计划生育		合计	[illegible]	[illegible]
劳动日			1881.7	60																
工值			3.56	3.56																
金额			669.89	21.36		691.25			[illegible]	[illegible]	[illegible]	[illegible]						98.29	602.96	

村民组长：　　会计：

村民李爱珠家庭 1986 年村集体分配结算清单

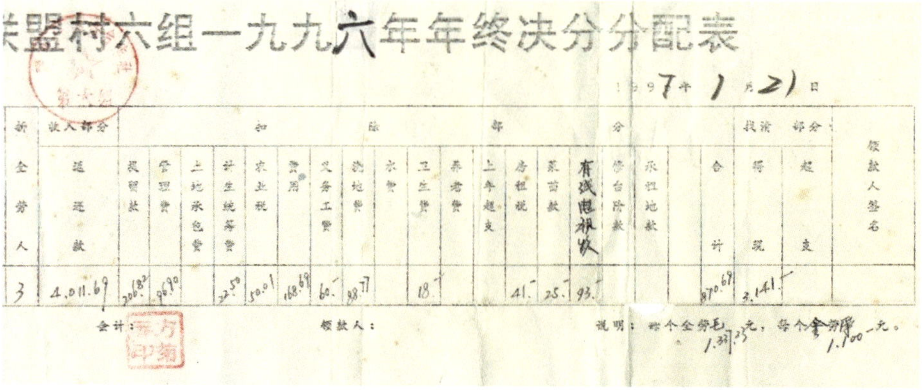

…盟村六组一九九六年年终决分分配表

1997年1月21日

折全劳人	收入部分：送还款	扣除部分：提留款	管理费	土地承包费	计生统筹费	农业税	费用	义务工费	渤地费	水费	卫生费	养老费	上年超支	房租税	菜苗款	有线电视收	修台阶款	承租地款		合计	找清部分：得现	超支	领款人签名
3	4,011.69	206.82	96.90		22.50	50.01	168.69	60.—	98.77		18.—			41.—	25.—	93.—				870.69	3,141.—		

会计：　　领款人：　　说明：每个全劳毛1,331.23元，每个全劳净1,100—元。

村民李爱珠家庭 1996 年村集体分配结算清单

1968—1987 年东岭村村民李爱珠家庭村集体分配收入统计表

表 11　　单位：元

年份	分配金额			扣除金额	领取现金
	劳动日值	工分数量（分）	合计		
1968	1.40	443.2	62.05	66.84	−4.79
1969	1.95	956.6	186.54	122.10	64.44
1970	2.30	1343.7	309.05	277.62	31.43
1971	2.45	1002.3	245.56	334.20	−88.64
1972	1.78	319.6	56.89	145.46	−88.57
1973	2.25	1530.5	344.36	221.83	122.53
1974	2.22	1560.8	346.50	167.31	179.19
1975	1.69	1632.4	275.88	174.64	101.24
1976	1.75	1462.3	255.90	135.66	120.24
1977	2.00	1850.9	370.18	129.27	240.91
1978	2.11	1952.4	411.96	101.44	310.52
1979	2.10	1632.1	342.74	117.60	225.14
1980	2.17	1571.4	340.99	151.37	189.62
1981	1.84	2021.3	371.92	165.43	206.49
1982	3.05	1805.7	550.74	117.10	493.95
1983	2.00	—	—	—	—
1984	3.39	1901.4	644.57	194.81	483.66
1985	3.10	1977.9	613.15	90.54	522.61
1986	3.56	1941.7	691.25	88.29	602.96

续表 11

年份	分配金额			扣除金额	领取现金
	劳动日值	工分数量（分）	合计		
1987	3.94	120.3	429.55	492.22	−62.27

说明：1. 本表根据李爱珠本人提供的年分配清单整理编制；2. 1982 年分配金额中含超产奖 60.31 元；3. 1984 年分配金额中含补助工 33.90 元；4. 1972 年为年中预分所得；5. 1987 年分配金额包括工分款 47.40 元、工资款 11.00 元、返还款 309.40 元、物资款 61.75 元；6. 劳动日值为 10 工分的金额

◉ 生活消费

消费理念 旧时，东岭村村民崇尚节俭，注重积累，抑制消费。“新三年，旧三年，缝缝补补又三年”是生活的真实写照，更是物质匮乏、收入微薄的无奈选择。改革开放以来，市场物质丰富，村民收入增加，消费理念发生变化。“精打细算、量入为出”被视为陈腐，“用明天的钱，办今天的事”的超前消费观被接纳，贷款被视为加快发展的捷径，投资、利率、炒股、理财，更成为东岭村村民谈论的话题。东岭村尽管已成为闻名遐迩的富裕村，村民人均纯收入多年位居全省首位，但在村里见不到骄奢淫逸、挥金如土的浪费现象。大多数村民坚持理性消费，正确处理收入与消费的关系，合理安排家庭生活。

食品消费 百年来，东岭村村民追求生活温饱，但却难以实现。改革开放以来，村民彻底摆脱贫困，生活水平得到提高，饮食由“温饱型”向“营养型”转变，普遍注重营养、健康，饮食选择多样，低脂肪、高蛋白、低热量食品成为首选，并且讲究营养、方便和科学搭配。村民食品消费在总支出中所占比例逐渐降低。消费结构进一步改善，人均高蛋白食品摄入量上升，肉、禽、蛋奶制品、水产品及蔬菜类的消费量增加。据有关方面抽样调查，1978—1998 年，村民食品支出总额占个人消费支出总额的比重（恩格尔系数）已由 64% 下降到 42.5%。2008 年，所占比重更降至 24%。根据 2016 年抽样调查结果，食品支出总额占个人消费支出总额的比重不足 20%。

服装消费 东岭村村民服装，多年来靠自家种棉、纺线、织布、裁剪、缝制，在生活消费中占比较少。进入 20 世纪 60 年代，村民服装以商店买布、自家缝制为主，个别家庭在缝纫店加工。1978 年后，服装消费逐渐增长，自家基本不再缝制服装，而是以购买成品时装为主，偶尔有定制服装。20 世纪 80 年代初，村民人均服装消费支出占个人消费支出总额的 10% 以上，1998 年占 8.11%。进入 21 世纪，村民消费层次分化加大。2010 年，服装消费支出占个人消费支出总额的 7.52%。2016 年，服装消费支出占一般村民个人消费支出总额的 5% 左右。

20 世纪 60 年代东岭村村民住房

2008 年东岭村高层住宅小区

住房消费 多年来，住房消费是东岭人生活消费的最大支出，进入 20 世纪 80 年代，东岭住宅质量有了明显改善，村内砖混结构楼房成为建房的主流，住房消费占村民生活消费的比重逐年提升。1993 年，部分村民旧房拆迁，利用国家下发的补偿款，加上自身的多年积蓄，建设新的家园。1997 年，东岭村被纳入农村城市化改革试验区，规划建设多层住宅小区。2002 年 10 月，村民迁入新建住宅小区，实现多年的夙愿。新房建造高档时尚，配套设施齐全，装修一次到位，市场售价在 20 余万元。然而，这一重要的住房消费并未成为村民的负担，正如新闻媒体报道的那样，“东岭人轻松住上新洋房”，其原因就在于东岭集团强大的经济实力支撑。2007 年，东岭村实施“城中村”改造。村民采取旧房产权置换的方式，自补少量差额购房款，住上高层楼房。新建楼房室内配套设施齐全，统一进行初步装修，村民仅需添置家具即可拎包入住，东岭人居住环境得到进一步改善。在村办企业东岭集团的支持下，东岭人普遍购房压力与他处相比较低。

家庭耐用品消费 旧时，东岭村村民家庭耐用消费品主要为箱、柜、桌、凳等日常生活用品。20 世纪 60 年代，自行车、收音机、手表等逐渐出现在个别富裕家庭，成为大宗生活消费。1964 年 10 月 12 日，东岭村所属的宝鸡市陈仓人民公社对全社基本情况进行统计，全公社 12880 人中，仅有自行车 241 辆、收音机 110 台、钟表 1530 个、手表 44 块。东岭村所属的联盟大队是全社较为富庶的大队，有自行车 95 辆、收音机 42 台、钟表 350 个、手表 7 块。1975 年，东岭村有自行车 53 辆、收音机 76 台、缝纫机 60 多台、手表 96 块。20 世纪 80 年代，家庭耐用品消费总量增加较快。“三转一响”（自行车、缝纫机、手表、收音机）迅速普及，高档消费品如电视机、录音机等进入家庭，沙发、大

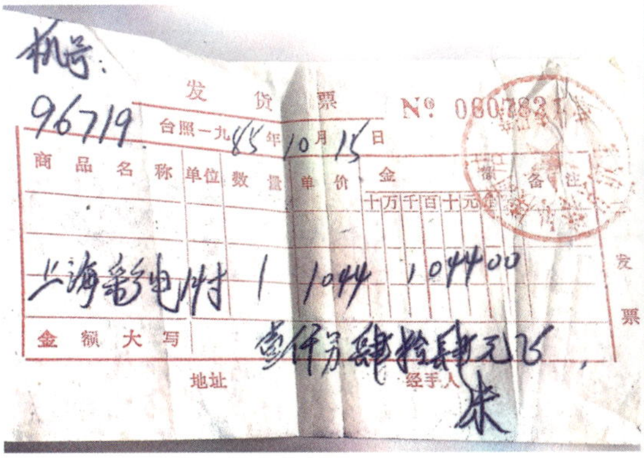

1985 年，村民韩玉山购买彩电的发货票

2016 年，东岭村村民家庭装饰

衣柜等家具由购料加工转向定制购买。1990—2000 年，村民家庭耐用品消费以购买家用电器、大型家具为主，家庭拥有量增加，品种更新换代速度加快。1991 年，据抽样调查，全区每百户农民家庭有自行车 148 辆、收音机 55 台、缝纫机 101 台、手表 287 块。1998 年，村民人均用于家庭设备、用品及服务的消费支出在 200 元以上，家庭耐用消费品有大型家具、彩色电视、黑白电视、收录机、洗衣机、电冰箱、照相机、录像机等。2008 年，据抽样调查，全区每百户农民拥有洗衣机 75 台、电冰箱 32 台、空调 8 台、微波炉 5 台、太阳能热水器 19 台、彩色电视机 120 台、影碟机 40 台、照相机 14 台、家用计算机 7 台。东岭村村民家庭耐用品数量远远大于抽样调查，其档次也更为高端。2016 年，东岭村村民家庭耐用消费品以家庭汽车、高档家具、通信工具、高档家电等为主，家庭耐用消费品消费金额增加，但在总支出所占比重降低。

出行消费 村民旧时出行，多为走亲访友，也有外出谋生、朝山赶会的。出行方式有步行、骑马、坐轿、挤公交、坐班车、乘火车。改革开放后，由于国家交通运输设施改善及村民收入增长，村民出行更加便捷，次数更多、范围更广，消费水平增加较快。

旧时村民出行

20 世纪 80 年代，村民主要交通工具

2016 年，小区内的家庭轿车

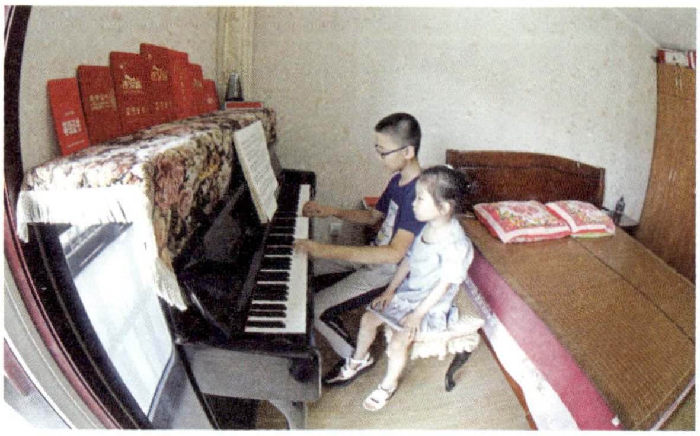
在家练习钢琴的孩子

由公共交通、公路交通、铁路交通、航空交通连接的交通网络，遍布村内外，为村民出行提供线路、工具等诸多选择。出行范围发展到市内、省内、国内，直至境外。出行目的由探亲访友、学习考察、经商务工，发展到观光旅游、体验探险。日常出行工具由自行车、摩托车、电动车发展到家用轿车，出行消费支出快速增长。1998 年，村民人均交通（包括通信）费用在 200 元以上。2008 年，村民的交通通信费用支出在 800 元以上。2016 年，增加到 2000 元以上。

文化教育消费 东岭村村民崇尚文化、重视教育之风由来已久。但是在长期的经济困境中，村民的文化教育消费微乎其微，有时家庭竟为子女的几元学杂费而发愁。改革开放后，村民的文化教育消费增加，家庭的收音机、电视机、影碟机、照相机、计算机等设备迅速普及，中小学生的学杂费、书本费、择校费、借读费等教育消费增长，家长们掏钱送孩子上辅导班、补习班、特长班、奥数班。少数村民还付出高昂学费，让孩子到国外接受更好的教育。1998 年，东岭村民的人均文化教育消费支出在 400 元以上，2000 年增至 1200 元以上。2006 年以后，村民文化教育支出有所减少。究其原因，与国家实行义务教育的“两免一补”（即针对农村义务教育阶段贫困家庭学生免杂费、免书本费、逐步补助寄宿生生活费）、中等职业教育补助、大学生助学贷款及奖学金等有关。更重要的是东岭村在经济快速发展的同时，为鼓励村民子女好学上进，推行从幼儿教育、中小学教育直到大学教育的系列补助与奖励措施，为村民减轻经济负担。

20 世纪 90 年代的高档通信工具——“大哥大”

通信消费 截至 20 世纪 80 年代，村民信息交流基本是捎话、书信、电报。1990 年，境内开通程控电话，电话才逐渐走入家庭。随后，出现大哥大、寻呼机、移动电话，村民的通信消费迅速增加。1998 年，据抽样调查，市区 100 户家庭拥有自费电话数为 47 部。2000 年，每百户家庭拥有固定电话 73 部、移动电话 6 部、寻呼机 41 部。2008 年，每百户家庭拥有固定电话 82 部、移动电话 171.33 部。村民用于购机、话费的消费支出大幅增加。

医疗保健消费 由于生活富庶，村民健康意识提高，看病买药、保健养生，进而医疗保健消费快速增长。据抽样调查，2005 年村民人均医疗保健消费在 200 元左右，较上年增长近 40%。2013 年，村民人均医疗保健消费在 1000 元左右，较上年增长 20% 以上。

◉ 衣食住行

衣着 民国时期，儿童一般穿花裤、褂或蓝黑色衣服，穿用各色布料拼缝的“百衲衣”马甲，取“百家保佑”之意。青年小伙穿黑、蓝、月白色土布的对襟褂子、大腰裤，年轻女性穿红、绿、紫色或带花纹的衣服。一般中老年男性着白布袜子、圆口布鞋，有的还系腰带。老年女性四季扎裤腿，头顶黑丝头巾或黑色包头。成年或老年男女穿右衽大襟上衣、大裆裤，扎裤腿。1949 年后，大裆裤逐步淘汰，中山装、列宁服增多，工作服、制式服、学生服盛行，面料从以棉布为主逐步发展到以化纤及混纺为主。进入 20 世纪 60 年代，服装面料增多，出现灯芯绒、双单面、哔叽、格子呢、毛呢等。“文化大革命”期间，草绿色军装更盛极一时。家织土布基本被淘汰，更多家

幸福的东岭孩子们

庭选择购买新面料。家境好点的家庭，开始编织毛衣。随后，棉织品渐被化纤、毛织品替代。20 世纪 80 年代以来，村民穿衣开始讲究，崇尚美观、华丽，城乡差异缩小。男性除解放帽、八角帽外，花色品种增多。女性头巾由棉线向纱、真丝转变，帽子更是千姿百态。穿运动鞋、旅游鞋、布底鞋、高跟鞋、皮鞋等人群增多，自制布鞋基本被淘汰。老年人喜欢穿轻、软的平底布鞋，青年人则喜欢穿各种高跟鞋，长靴在青年女性中广为流行。旅游鞋和运动鞋成为锻炼、休闲的足下新宠。自制布袜早已被淘汰，化纤袜花色、品种增多，女性流行裙装配长筒袜，男性穿袜数量增加。进入 21 世纪，服饰追时尚、赶潮流，讲高端、看品牌，融入五颜六色美的世界之中。东岭村委会为村老年人统一制作服装。东岭集团员工、村委会及社区干部在工作时间，统一着装，愈发显得精明干练，体现东岭风貌。

饮食 民国时期，村民滩地耕种，收成微薄，果腹尚且困难，其他无从谈起。根据 1950 年 5 月统计，东岭村 66 户村民中，尚有无粮户 11 户、缺粮人口 48 人，余粮户只有 7 户。20 世纪 50—70 年代，村民粗细粮搭配，辅以多种蔬菜，从饮食中获得基本营养。20 世纪 80 年代以来，村民饮食由“温饱型”向“营养型”转变，由“吃饱”向“吃好”转变，白米细面、时令鲜菜长年不断，肉禽蛋奶、糖酒烟茶数量增加。村民家庭的米、面、油用量减少，副食品比重提高，在外就餐机会增多。村民日常以面食为主，偶尔吃一顿大米饭。手擀面、机制面、扯面、臊子面、油泼面、麻食面等花色繁多，蒸馒头、蒸花卷、蒸包子、包饺子等花样翻新，口味以酸辣为主。最具地方特色的饮食，莫过于扯面、臊子面、面皮、搅团、锅盔。

村民饮食多样化

20 世纪 60 年代的砖土木结构住房

20 世纪 80 年代的砖木结构住房

进入 21 世纪，村民饮食品种多样化，膳食结构日趋合理，更加注重绿色、营养、方便，普遍注意食物多样化，粗细搭配合理，荤素数量适宜，讲究低油少盐，饮食更加健康科学。

住房　旧时，村民多是厦房，前开门窗，山墙高耸，一面淌水，也称小房。个别富户住大房，称作鞍间，两面淌水，类似马鞍。房屋多系土坯墙，木梁架结构。根据 1952 年统计，全村有住房 262.5 间，其中，大房 58.5 间、小房 204 间。村民李永华家有大房 10 间、小房 3 间，是全村房屋最多的家庭。少数家庭，仅有小房 1 间。个别家庭，住在茅草房。

20 世纪 60 年代，房屋结构以土木、砖土木为多，砖木结构较少。1979 年后，出现建房热，新式房屋以砖木、砖混结构的平房及楼房为主。1985 年，建设农居新村，以砖混二层楼房为主。1993 年，东岭村 48 户村民房屋拆迁，村庄规划预留道路、供电、供水、排水等设施。村民新建楼房采用钢筋、水泥、涂料、钢制门窗等建材，内设有卧室、客厅、厨房、卫生间。

2000 年，东岭村实施城市化改革试验，建设经济适用住房，实现住宅多层化。新建小区占地面积 40.87 亩，东岭村投资 4200 万元，建设楼房 6 栋，总建筑面积 3.50 万平方米。楼高 7 层，户型为三室二厅二卫和四室二厅二卫，套内建筑面积分别为 128 ~ 130 平方米和 166 ~ 169 平方米。小区配套附属设施有幼儿园、行政办公楼。2007 年，东岭村拆除金台大道北的旧庄基，为村民建设高层住宅楼房。安置楼房均为一梯两户，户型为三室二厅二卫，每户建筑面积分别为 133.70 平方米、133.67 平方米、141.67 平方米不等。楼内安装多部高速电梯，室内安装水、电、天然气、暖气 、电话、电视、宽带网络。村委会对住宅进行统一装修 ，村民仅需置办室内家具、家电即可入住。

村民在海南三亚游览合影

休闲旅游 民国时期，村民出行基本徒步，远行则骑马、骑驴、坐车。到渭河南，夏秋渡船，冬春过桥。1965 年，公交 1 路汽车在村北设站，村民到市区更为便捷。20 世纪 70 年代以后，村内自行车逐渐多起来。1986 年 4 月，出租车出现在宝鸡街头，随后有中巴、快捷客运。1991 年，区内每百户农民拥有自行车 146 辆，进口、合资品牌逐渐增多，山地自行车、越野自行车引领潮流。1995 年 12 月 25 日，村东的西宝高速公路开通，村民外出更方便。进入 21 世纪，家用轿车出现。2005 年后，村民新购买、更新汽车数量增多，宝马、奔驰、凯迪拉克、奥迪等高档车屡见不鲜。全家自驾出游、周末出行、节假日旅游成为生活常态。2017 年 4 月，村民拥有轿车家庭 116 户、轿车 128 辆，其中，3 辆车家庭 2 户、2 辆车家庭 8 户。轿车最高价位 60 万元，最低价位 6.5 万元。村民年车辆平均消费 3.8 万元，出行平均消费 5.3 万元。

村民乘“东岭号”专车外出旅游

村民在景区游览

村民在法门寺景区游览合影

随着村域经济发展，休闲旅游成为村民重要的文化生活。村建设文化娱乐场馆，建设园林绿地，组织文娱活动。东岭村组织老年人、学生、集团职工赴全国各地（包括港澳台地区）、国外观光旅游、参观学习、开阔眼界。周末假日，亲朋好友、职工同事相约到周边景区观光游览，或自驾汽车，或随团。2000 年 5 月，村委会组织 89 名退休人员外出旅游，费用由村委会承担。2009 年以来，村委会多次组织村民、老人、学生等外出游览。集团公司把组织优秀员工旅游作为一项重要的奖励措施。2006 年 1 月 29 日（大年初一），东岭集团的 31 名中层以上干部远赴日本考察学习。2008 年 10 月 5 日，村委会组织村里老人到凤县参观东岭锌业公司生产，游览灵官峡，观赏大型灯展"七彩凤县"。2008 年 1 月 16 日，东岭集团焦化销售处的 9 名员工赴美国旅游。2015 年 10 月 13—15 日，村委会组织退休村民到黄河壶口、延安南泥湾、枣园、杨家岭等处旅游。2016 年 4 月 23 日，东岭集团组织机关员工参观宝鸡抗战工业遗址申新纱厂窑洞工场；9 月 9—13 日，集团党委与区非公党委领导带领集团优秀共产党员一行 62 人，远赴井冈山，进行"参观革命圣地、学习先辈精神、永葆党员先进性"的红色教育。

家庭婚姻

家庭结构 东岭人旧时崇尚多子多福，讲究四世同堂，家庭以祖孙三代为主，更有四世同堂之家，家庭成员众多。村民家庭结构大体有：由夫妻和未婚子女组成的核心家庭；由夫妻、父母和子女（或间有未婚的兄弟姐妹）组成的主干家庭；由父母与两对或

20 世纪 50 年代的东岭村村民家庭合影

20 世纪 70 年代的东岭村村民家庭合影

两对以上已婚子女组成的联合家庭。从总体情况看，以父母子女组成的核心家庭居多，主干家庭较少。1950 年，全村共 61 户 263 人，家庭平均成员 4.31 人。根据 1952 年的统计资料，当年全村家庭户均为 4.52 人。全村 61 户中，一口之家 8 户、两口之家 8 户、三口之家 6 户、四口之家 9 户、五口之家 10 户、六口以上之家 20 户。全村家庭人口最多的为 13 口，六口以上家庭占全村总户数的 32.79%。1962 年，全村共 78 户 377 人，户均 4.83 人。1968 年，全村共 93 户 478 人，以祖孙三代家庭结构为主，户均 5.14 人。1978 年，全村共 110 户 545 人，户均 4.95 人。进入 20 世纪 80 年代，随着计划生育政策的实施，出生人口减少，家庭结构逐渐向父母子女的四口之家过渡。根据 1982 年人口普查资料，全村共 121 户 590 人，户均 4.88 人。1988 年，全村共 154 户 620 人，户均 4.03 人。1990 年，全国第四次人口普查时，全村共 280 户 979 人，户均 3.50 人。1998 年，全村共 188 户 720 人，户均 3.83 人。2000 年，全国第五次人口普查调查摸底时，全村户均 4.22 人。经对常住人口 136 户统计，其中，一口之家 6 户、两口之家 8 户、三口之家 27 户、四口之家 62 户、五口以上之家庭 33 户。统计表明，村中四口之家占总户数的 45.59%，五口及以上之家占总户数的 24.26%。全村人口最多家庭户，家庭成员达 7 人。2016 年，全村共有家庭户 207 户，其中，一口之家 12 户、两口之家 20 户、三口之家 58 户、四口之家 48 户、五口以上之家 69 户。家庭结构，仍以祖孙三代为主。

婚姻状况 民国时期，由于社会地位不同，家庭经济状况不一，婚姻形式多为一夫一妻，个别有一夫多妻，童养媳、换亲、终生未娶等现象均有之。民国时期，村有童养媳 9 人。促成婚姻的主要方式是“父母之命”“媒妁之言”，包办买卖婚姻盛行。初婚年龄，女性多在 16 ~ 18 岁，男性多在 18 ~ 20 岁。东岭村因四周低洼，地力贫瘠、易遭水淹，农业收入微薄，群众生活贫困，姑娘不愿下嫁东岭，故有“有女不嫁东岭郎，早晨晌午喝米汤”的民谣流传。1950 年 5 月，村内宣传、贯彻《中华人民共和国婚姻法》，废除封建婚姻制度，实行一夫一妻、婚姻自由制度。1975 年，国家提倡晚婚。1980 年 9 月，规定男性结婚年龄为 22 周岁、女性为 20 周岁。东岭村青年响应政府的晚婚、晚育号召，多在 23 ~ 25 岁始婚。20 世纪 70 年代以来，东岭村因地理位置优越、经济相对发达，出现东岭村姑娘不愿外嫁、外来媳妇再婚不离村等现象。20 世纪 90 年代以来，类似情况有增无减，形成村内结亲、邻村结亲的风气。外村看好东岭村优越条件，主动上门求亲的情况相当普遍。

随着东岭集团壮大、村域经济发展、人际交往范围扩大，青年人的恋爱婚姻观念发生极大改变，自由恋爱成婚增加，通婚区域扩大，“媒妁之言”失去市场，彩礼成为象征性的仪式。村委会出台奖励措施，吸引高学历的优秀女青年嫁入东岭村。年轻人结婚年龄普遍拖后，婚后与老人共同生活的逐渐减少。

◉ 生活福利

村级分配 1956 年，成立南五村高级农业合作社后，村民每年可从集体经济中分得若干钱粮，成为家庭的主要经济来源。1958 年，成立人民公社，生产队根据队里人口、日劳动价值、社员劳动工分数量，每年给社员分配口粮、现金。但也不乏有部分社员辛苦一年，还要给生产队倒找钱的现象出现。1966 年转为蔬菜专业队后，生产队主要分配

年底分红的村民

村民年终分红

现金，辅以少量粮食。1982 年，农业实行以作业组为单位的联产承包责任制，生产队从上缴的承包费、租赁费等费用中获得一定经济收入，社员每年从集体获得少量现金。1986 年，实行土地承包到户后，村民自主生产经营，从村集体获得的收入微薄。1987 年，村民从村集体获得的分配款包括工分款、工资款、返还款、物资款。1991 年，村民从集体获得的收入为承包土地返还款，每亩地 450.56 元。1995 年，村民从村集体获得的返还款，为全劳力每年 1000 元，不再按地亩计算。东岭村试行“组企合一”的管理体制，促进村民组、组办企业的共同发展。随着企业发展壮大、经济效益提高，为村民带来的利益更大。1996 年，村集体拿出 76.18 万元，分配给全村 117 户村民，每位村民分得 1100 元。自此开始，村委会每年都为村民分配现金，并且随着企业效益提高而增加。村委会制定精神文明建设考核指标，与村级分配直接挂钩。2008 年，新接收的东岭村 10 户荣誉村民参与村级分配。2016 年，村级分配每人 2 万元，全村共分配资金 1551.37 万元。

物质褒奖 村委会每年对评选出的村级先进模范人物，除精神鼓励外，还给予物质奖励，以弘扬社会正气。2006 年以来，村委会对评选的精神文明建设先进集体、先进个人、文明家庭、文明户标兵等均给予物质奖励。其中，村级文明户标兵的奖金，2006 年为 1000 元，2014 年增至 3000 元。截至 2014 年 1 月，全村共有 133 个先进个人（集体）获奖，共发放奖金 12.19 万元。对评选的村级“好婆婆”“好媳妇”，村委会也给予重奖。2013—2016 年，全村共评选“好婆婆”“好媳妇”25 人（次），每人（次）奖励 1000 元。2015 年，村委会组织评选出的“好婆婆”“好媳妇”赴四川峨眉山等地旅游。

村民福利 东岭村民除每年享受村里统一分配的钱款外，还有其他生活福利。村民两次入住楼房，房屋主要装修、配套设施由村里统一“买单”。1999 年 8 月至 2016 年 4 月，村里先后为全体村民发放电流灶、燃气灶，安装互动电视及智慧社区电视，安装节水液压水箱配件，购买制作老人服装，迁坟购墓及修路等，共支出 134.37 万元。

养老扶助 1996 年，东岭村试行养老扶助制度，为男性满 65 周岁、女性满 60 周岁及以上村民发放养老金，其中，男性每月 35 元、女性 30 元。1999 年增至每人每月 150 元，2013 年增至每人每月 300 元，2016 年增至每人每月 500 元。1996 年至 2017 年 3 月，村集体共发放养老金 515.32 万元。村委会还在每年春节为老年人发放慰问金。1996 年为每人 100 元，2013 年增至每人 200 元。截至 2017 年 3 月，据部分资料统计，村委会共为老年人发放春节慰问金 19.97 万元。1996 年以来，每逢重阳节，村里都向老人发放慰问金，开展庆祝活动，组织外出旅游。1996 年，村委会向村里每位老人发放节日慰问金 100 元。2013 年，老年节慰问金增至每人 200 元。截至 2017 年 3 月，据部分资料统计，村委会共为老年人发放重阳节慰问金 21.63 万元。2009 年以来，村委会先后组织老人赴陕西周至楼观台、海南三亚、陕西扶风法门寺、甘肃平凉崆峒山、陕西西安兵马俑、陕西延安、山西平遥等地观光旅游。2013 年以来，村委会为每位老人发放 100 元的生日礼金，作为寿诞祝贺。截至 2017 年 3 月，共为 252 人（次）老人发放生日礼金 2.52 万元。

教育资助 东岭村重视村民文化素质提高，在资助教育基础建设、建设村幼儿园的同时，建立学生的资助和奖励制度。1996 年，村建立学前班至高中阶段的学生的学杂费报销制度。同时，对于考入高中、大学的学生实施奖励制度。2004—2016 年，村委会共对 64 名考入高校的学生给予奖励。2004—2010 年，村委会对 25 名考入高校的学生给予每人 500 元的奖励。2011 年，给予 4 名学生每人 1000 元的奖励。2012—2016 年，对 31 名学生给予每人 1500 元的奖励。

1996—2016 年东岭村村级分配统计表

表 12　　　　单位：户、人

年份	总户数	每人分配数	合　计
1996	177	1100.00	761833.74
1997	188	1100.00	886057.19
1998	189	2000.00	1332820.00
1999	189	3000.00	2024610.00

续表 12

年份	总户数	每人分配数	合 计
2000	190	4000.00	2792000.00
2001	189	5000.00	3476667.50
2002	194	5000.00	3475837.00
2003	194	10000.00	6966505.00
2004	194	10000.00	7012501.00
2005	189	10000.00	7076098.00
2006	189	10000.00	7107011.00
2007	194	12000.00	8713270.00
2008	206	12000.00	9264150.00
2009	209	14000.00	10857133.10
2010	210	14000.00	10792832.90
2011	210	14000.00	10838833.20
2012	207	14000.00	10911000.20
2013	207	17000.00	13484750.00
2014	207	17000.00	13586166.80
2015	208	17000.00	13602083.50
2016	207	20000.00	15513666.80

说明：1. 2009—2011 年，东岭村民每人分配金额中含老庄基补助 2000 元，未含荣誉村民户数；2. 2008 年及以后总户数包含荣誉村民

1996—2016 年东岭村中小学生学费报销统计表

表 13　　单位：元

年份	报销金额	年份	报销金额
1996	19980	2003	133821
1997	35314	2004	148784
1998	40672	2005	159330
1999	51050	2006	153820
2000	63556	2007	104910
2001	89295	2008	103820
2002	106613	2009	121300

续表 13

年份	报销金额	年份	报销金额
2010	106450	2014	159150
2011	111900	2015	140900
2012	136600	2016	108500
2013	153250	合计	2249015

2004—2016 年东岭村考取高校学生奖励统计表

表 14　　单位：人、元

年份	人数	奖励金额	年份	人数	奖励金额
2004	5	6200	2011	5	10500
2005	2	2600	2012	8	17500
2006	2	2200	2013	4	10000
2007	6	5000	2014	8	21000
2008	4	5200	2015	10	20500
2009	3	5200	2016	4	17000
2010	3	5000	合计	64	127900

◉ 社会保障

社会保障发展　长期以来，东岭村村民没有社会保障，养儿防老，看病自费。每年春荒冬寒，政府民政部门对无粮户、困难户给予一定粮款救济。1968 年，大队建立合作医疗制度。村民在医疗站看病，可享受优惠或免费。村中的个别困难户，则由队集体实行五保户制度。东岭集团发展后，每年拿出一定资金，帮助村中老年人养老。2006 年 11 月至 2007 年 6 月，组织村民先后参加新型农村合作医疗保险（以下简称新农合）、新型农村社会养老保险（以下简称新农保）。参加新农合、新农保的农民，需由个人缴纳一定费用。村集体为参加社会保险的村民，补贴相应费用。2013 年，东岭村还为村民办理意外伤害保险，构建完备的社会保障体系。

养老保险　1992 年，试办社会养老保险。1993 年，制定村老干部退养补贴办法并进行兑现，罗兴、仝凯、方德华等多名老干部享受补贴。1996 年，试行村级养老。1999 年，对年满60周岁以上老人，实行村级退休制度。每人每年可从村集体领取退休养老金1800元，平均每月150元。2009年，东岭村村民被纳入全区新型农村社会养老保险范畴。参保对象是东岭行政区域内的农村户籍，年满18周岁且未参加被征收地农民社会养老保险的农村居民。暂不具备条件参加其他社会养老保险的乡镇企业职工、进城务工经商的农民，也可参加新型农村社会养老保险。2010年，参保对象为凡具有东岭行政区域内农村户籍，年满16周岁（不含在校学生）、未参加城镇职工基本养老保险的农村居民。

2009年，东岭村为村民办理新型农村社会养老保险。人员参保计算时间为2009年7月1日。年满60周岁的村民，办理相关手续后直接享受待遇。参保人员是未在东岭集团或正式单位参加职工养老保险的人员。农村养老保险基金由个人缴费、集体补助、财政补贴组成。参保农民根据经济承受能力，选择不同的缴费标准、不同的缴费年限，缴费参加养老保险。集体补助部分为2009年210元/人、2010年200元/人。2009—2010年，东岭村委会为参保缴费人员集体缴纳集体补助部分。2011年，新参保的45岁以上人员，由集体统一缴纳、统一标准；45岁以下参保人员全部由个人承担。2017年，养老保险集体不再进行补助，全部由个人承担。户籍在村上的出嫁姑娘，缴费金额由个人承担。截至2017年上半年，全村有1131人（次）参加新型农村社会养老保险，村委会共为参保人员补助费用19.15万元。

2009—2017年东岭村新型农村社会养老保险统计表

表15　　　　单位：人、元

年份	参保人数	个人缴费	集体补助	缴费总额
2009	141	1510	29610	30910
2010	142	6463	28400	34663
2011	137	6080	26800	32880
2012	128	14170	24600	38770
2013	125	19230	23200	42430
2014	124	20200	21400	41600
2015	117	26700	19600	46300
2016	111	28040	18400	46440
2017	106	46300	—	46300
合　计	1131	168693	192010	360293

医疗保险 1968年，东岭所在的联盟生产大队建合作医疗站。医疗站资金由社员、生产队、大队共同筹集，社员看病实行减、免费。“赤脚医生”由队上记工计酬，付给少量补助。1982年，合作医疗站由乡村医生个人承包。随后，合作医疗站改称村卫生所。区卫生局考核、考试后，发给医疗机构执业许可证、乡村医生证书。1991年8月，东岭村所在的联盟村卫生所为区级示范村卫生室（所）。1995年，联盟村卫生所按照《金台区农村合作医疗管理办法》和《金台区农村合作医疗章程》，开展医疗保健工作，区卫生部门给予一定补助。在此期间，东岭村内有个体诊所开业。1998年5月，东岭村建立村卫生室。2006年11月始，建立新农合医疗制度，东岭村民纳入全区新型农村合作医疗范围。村民以家庭人口为基础，申请参加合作医疗并缴费，由经办机构发放“新型农村合作医疗证”。村民患病住院后，按规定、按比例从合作医疗基金中报销费用。2007年，全村共710人缴费参保。2007—2017年，缴费标准数次提高，由每人每年10元提高到每人每年150元。截至2017年6月，全村参保缴费人数为5123人（次），缴费27.94万元，其中，村委会代缴18.59元、村民缴纳9.35万元。

2010年，村委会实行全额福利代缴。2009—2017年，区计生部门为参加农村合作医疗的计生家庭户参保人员每人每年补助20元，补助金额直接划入政府合疗账户。2016年，东岭村18岁以下人员参加少儿社区医保，每人缴费20元。2017年，少儿社区医保每人应缴费90元，全部由村集体代缴。

意外伤害保险 2013年，村委会为男性满60周年、女性满55周岁的退休村民集体统一办理意外伤害保险，缴费标准为每人每年20元（2015年为30元/人）。截至2017年3月，共为784人次缴纳保费17250元。村民如发生意外伤害，由保险公司直接负责理赔。

示范社区
宝鸡市金台区陈仓镇
东岭社区居
宝鸡市金台区陈仓镇
东岭村民
中国共产党宝鸡市金台区陈仓镇
东岭村
中国共产党宝鸡市金台区陈仓镇
东岭社区

东岭村孩子手工作品展

风土民情

东岭村地处陕西西部，位于宝鸡市区，长期接受传统农耕文化熏陶，较早受到城市文明影响。建村时间不长，村民来自各方，历史积淀浅薄。但是，东岭村秉承周秦传统，吸纳外来文化，既有勤劳、坚韧的秦人风范，又有创新超越的时代精神。渭河滩引渭造田，南四村创建互助组，兴办村办企业，组建企业集团，成为全国经济强村，看似是个别偶然事件，实则为改革开放的引领，是东岭民风的延续。东岭村的风味饮食、生活习俗、传统庙会、岁时节俗、人生礼俗、方言土语等，无不体现着传统与创新的融合、历史与现实的传承。东岭村成为“陕西第一村”，村委会考虑的是把人带富、把人带好，村民们想的是富而思源、富而思进，整个村庄充满正气、朝气。

秦人扩土开疆，性情刚烈豪爽。传承创业精神，东岭早进小康。习俗、方言、饮食、庙会，虽自古流传，却也渐入时尚。

◉ 风味饮食

扯面 “陕西十大怪”之一的“面条像裤带”所指就是扯面，是最能体现西部人豪爽的面食。制作时，将小麦面粉和成硬面团，放在面盆回饧。放置一段时间后，取出面团在案板上擀成薄片。稍加回饧，将面片切成长条。然后，用双手抓住长条两端，在案板上摔打、拉扯。扯成细条后，放入锅内煮熟。然后将面捞入大碗，舀上臊子、配菜，加入盐、醋、油泼辣子等调料后食用。因扯面时在案板上摔打时发出的声响，所以也称为“𰻞𰻞［biáng biáng］面”。东岭村有和一般扯面不同的懒扯面。村民因时间仓促，来不及长时间回饧，和成较软的面团，便于制作。除口感不及前者筋道外，其他均相同。

臊子面 因面配肉臊子而得名，具有“煎、稀、汪、薄、筋、光、酸、辣、香”的特点。过去，村民逢年过节、招待亲朋时才做臊子面。制作原料有小麦面粉、大肉、豆腐、胡萝卜、木耳、黄花、青菜等食材以及辣椒、食盐、醋等调料，制作技艺大致分为做臊子、制底菜、擀面、调汤、煮面、捞面等。面为手擀面（今也用机制面、手工挂面），以面擀得薄、切得细且匀为佳。制作臊子要取带皮鲜猪肉，肥瘦肉分开，切成小片。油锅烧热，投入切好的肥肉，用文火加热20分钟左右，再倒入瘦肉，加热至肉皮能掐动。待油变清后，依次投入适量姜片、调料，加入食醋。文火烧沸5分钟后加入适量食盐，待肥肉片达到透明状后，放入辣椒面。沸煮3分钟左右，炼掉辣椒面的辛辣口味，方可搅匀出锅。臊子做好后，就开始做汤。锅内放入少量菜籽油烧熟，加入姜末、食盐、醋，烧沸后加适量白开水再烧沸，然后把臊子、底菜、黄花、木耳、碎鸡蛋饼、蒜苗（或韭菜）投入汤中，锅内汤始终保持微沸状态。面条煮熟后，捞入预备好的温开水中。待面稍凉后捞入碗中，浇上调好的汤，便可食用。在经济困难时期，人们难得吃肉，做好的面里不放臊子，称之为“清汤面”。如今，在生活节奏加快的东岭村，村民已很少精心制作臊子面。手擀面也成为机制面，品尝正宗的臊子面一般选择饭馆、酒店。

臊子面

搅团 极具西部特色的面食。一般用玉米面粉制作，近年也有用玉米面粉加小麦面粉，或纯粹用小麦面粉制作。水烧开时，一手握叉叉（丫状长棍，后改为擀面杖、饭勺）搅动，另一手均匀将面粉撒入锅中，直搅到没有干面粉为止，其名称由此而来。搅好后，注入一定量的开水，待烧开冒泡时，再次用力搅拌，直至均匀无小颗粒。第二次注入开水加热，再一次搅匀就做成了。食用时，一般备辣椒、醋、盐及炒好的蔬菜。吃法分为汤吃和干吃、热吃和凉吃。汤吃是先在碗里放上盐、油泼辣子、醋（或称为水水），再舀上一勺搅团倒入碗中，俗称“水围城”“黏窝”。吃时，用筷子顺着碗沿一层层地拨着吃，不可在碗里乱搅。干吃是把搅团盛到案板摊开，待放凉凝结后切成小块放入碗内，加入盐、醋、油泼辣子等拌匀吃。将热搅团摊置案板放凉，切块烩于汤中，称为“烩搅团”。将热搅团用专门的小竹筛漏滴于凉开水中，然后可凉拌或烩制吃。因形似头细、腹粗的蝌蚪，又称为“漏鱼”“河马咕嘟”（当地方言，指蝌蚪）。

搅团

面皮

面皮 制作历史悠久，制法有擀、烙、蒸。一般先将小麦面粉加水揉成面团，再放置盆中加水揉搓，洗出面水、面筋，将面水放在案板上沉淀，把面筋放在清水中浸泡。放置一段时间后，滤去面水上层的清水，留下较稠的面水待用。擀面皮因擀制面团而得名，烙面皮因用平底锅烙制而得名。东岭村流行蒸面皮，将稀稠适中的面水，舀入铁制面皮箩上，放在开水锅上蒸熟，分别码放于案板上晾凉，切成细条，放入盐、醋、油泼辣子等调料后食用。因时间紧张，村民有时也省去洗面筋的工序，直接将搅好的面水上箩蒸制，做出的面皮较厚，不如洗面筋的筋道，人称“懒面皮”。

锅盔 “陕西十大怪”之一的“烙馍像锅盖”，所指就是烙制的锅盔。其整体呈圆形，直径尺许，厚1寸①、重5斤②。制作时，取小麦面粉加水揉搓，和成硬面团，用擀面杖擀成圆形面胚，用铁锅慢火烘烤。烘烤成熟后，其外表斑黄，切口砂白，酥活适口，能久放、便携带。旧时农村有外婆送锅盔的习俗。东岭村过去因粮食紧张、燃料缺乏，家庭一般很少制作锅盔。如今，因制作需要长时间慢火烤制，人们不愿耗费大把时间，家庭制作也较少。宴席上常有锅盔，成为地方风味小吃。

玉米糁子 旧时村民最多食用的早饭、晚饭。将玉米脱粒后，研磨粉碎成小颗粒状，当地称为玉米糁（方言读［zhèng］）子。待水烧开后，将糁子均匀撒入锅中，改用小火继续熬煮。熬煮过程中，要不停用饭勺搅动，以免糁子粘底糊锅。根据饮食喜好，糁子可稀、可稠。吃时，配以馍、菜。有时，也在糁子锅中下面条，称为“糁子面”，有人雅称为“鱼钻沙”。

玉米糁子

① 1寸≈3.33厘米。
② 1斤=0.5千克。

拌汤 将小麦面粉放入盆中，加少量水反复搅拌，直至拌成细小颗粒状。待锅中水烧开后，将拌好的面粉颗粒均匀撒入锅中，煮沸后即可食用。有时人们将蔬菜、盐、醋加入拌汤，成为咸拌汤。

拌汤

◉ 生活习俗

服饰 民国时期，村民自种棉花，妇女纺线织布，手工缝制衣服。上衣多称之为褂褂，且有对襟和大襟、长和短、单和夹之分。大襟者男女通用，对襟专属男子。长有长袍、长衫，短有短衫。质地有棉、绸、缎，棉布多为家纺粗布，机制市布称为洋布。棉衣内衬棉花，富户则穿皮袄。妇女穿红着绿，男装多为黑、白。男性多束布腰带，俗语有“三单不如一棉，三棉不如一缠”。下衣则为棉布大裆裤，男性和中青年妇女裤色为黑蓝，小孩多着花色或红绿紫等色。下衣配有裤带和腿带，分别系下衣、扎裤腿。特色衣服有套裤、甲甲、肚兜、百衲衣等。套裤为一仅有两条裤腿的棉裤，用带子系于腰间，具有节省布料、活动便利的优点，早已绝迹。无袖上衣称为甲甲，也称领甲、马甲、坎甲。肚兜亦称裹肚、绷绷，是青年儿童贴身的内衣，兼有美观、御寒的功效。幼儿则穿由各种颜色碎布拼接缝制的百衲衣，称为“花袄袄”。

民国时期，男性一般不戴帽子，女性用自制布巾包头，小孩着虎头帽，老妇戴老婆帽（撮口软帽，质地为黑平绒或黑缎）。陕西西府地区将自制布巾称为“帕帕”，所以有“帕帕头上戴”的“陕西十大怪”现象。随着社会发展，布巾变成毛巾、手绢，现在已很少有人佩戴。1949 年后，男性有戴解放帽，冬季则有棉帽、栽绒帽（火车头帽）等。女性围线织头巾、纱巾。少数老者戴毛线圆顶帽。20 世纪 80 年代后，男性帽子品种增多，女性头巾由棉线向纱、真丝转变，帽子更是千姿百态。

旧时鞋分为单鞋和棉鞋，多用棉布自制。布制单鞋有圆口、方口之分，女鞋带有鞋袢。棉鞋又叫“窝窝”，鞋帮较单鞋深，内衬有棉花，冬季穿着可保暖、防冻。女子多着绣花鞋，小孩也穿虎头鞋、猪头鞋。布鞋鞋底制作，需先打袼褙，再依样裁割，层层叠加后，用线绳、麻绳纳制，木制夹板可提高工效。20 世纪 70 年代后，有买塑料鞋底自家做鞋。2000 年以后，自家做鞋绝迹。

20 世纪 60 年代的东岭村村民住房

20 世纪 90 年代的东岭村村民住房

住房 东岭村旧时，村民多是厦房。厦房也称“小房”，山墙高耸，前墙低矮，以利淌水，被誉为“陕西十大怪”之一的“房子一面盖”。厦房的山墙上部用瓦砌为屋脊，前墙开设门、窗。房墙底部砌砖、屋脊用砖构筑者，称为“穿靴戴帽”，富家用砖雕图案包砌墙头。大房也称鞍间，两面淌水。富裕之户，住房多为四合式的布局，即“前厅房，后楼房，对面厦子加厨房”。20 世纪 60 年代，出现“三合院”布局，为“前平房，后楼房（或大房），中间半面盖厨房”，与“四合院”相比，显得院子宽敞，屋内明亮。房屋结构为土木、砖土木或砖木结构。土木结构的房屋，其墙为胡基墙、椽踏墙、板踏墙。为结实起见，或砌砖柱，或安柱础。房门开在中间，两边开窗。“一明两暗”是农村最常见的房屋建筑形式，中间为客厅，两厢为卧室。卧室内置火炕，烧炕的炕眼开在室外。大房房脊造型有花脊、平脊等，厦房多为平脊。旧时房屋窗子近似正方形，窗格多为正方形的网状，在窗子里边有窗门两扇，窗格多用纸糊，个别也有安装玻璃的。大门一般采用与房屋一体的穿堂门，门楣上有门额书画，门扇呈两扇对开。

20 世纪 70 年代，出现砖混结构的新式农房。1985 年，建设农居新村，由村里统一规划布局，房屋连片，道路平整，水泥硬化，路旁有行道树。

饮食 东岭村民日常饮食以面食为主，有面条、馍、稀饭。一日三餐，早饭称“点”，午饭称“饭”，晚饭称“喝汤”。早饭吃馍、喝汤、就菜，中午饭主要吃面。晚饭一般吃馍、喝汤，过去粮食紧张、燃料困难，有些人家就吃些馍、喝点水对付。村民经常食用的面食有扯面、臊子面、削筋面、菠菜面、糁子面、连锅面、饺子、麻食等。馍类有蒸烙之分，蒸制的有蒸馍、花卷、粑粑馍、金裹银馍等，烙制的有锅盔、干粮、油饼、锅塌塌等。稀饭类有米汤、玉米糁子、糊汤、拌汤等。节日或来客，早饭或待客，以臊子面为主。午饭配以凉盘、炒菜下酒，主食有饺子或米饭。旧时乡间宴席用碗盛菜，且以煮菜为主。炒菜少，只供宴前下酒菜食用，煮菜则为正餐。宴席上，一桌为8人、10碗菜。20世纪80年代，随着人民生活水平提高，宴席质量、花样也随之提高，菜以炒为主，鱼、鸡、海鲜等成为宴席之首。

◉ 传统庙会

清明节庙会 清明节是农历二十四节气之一，又是民间重要的祭日。清明节前一日，称为寒食节，源于纪念春秋时晋国名臣义士介子推。后世将寒食节与清明节合而为一，统称为清明节。

东岭村的清明节庙会形成于何时已不可考。明、清、民国时期，由镇海寺及附近寺庙所在村轮流举办。除东岭村的镇海寺外，还有张家村（今工农村）的太白庙、金陵堡（今金星村）的娘娘庙、十里铺（今李家崖村）的朝峰寺、上马营（今联盟村二组）的关帝庙。因由五庙所在村轮流主持，也叫五庙会。举办地点在各村轮流，方便村民赶会购物。若轮到该村主持，便在正月十六将孤魂爷（介子推）像用轿子接去。清明正会那天，指派村中青壮年将轿子抬上，在会场及其村内巡游。每到一处，都有群众围观，有挂红放炮的，有捐香表贡品的。会后将孤魂爷轿子送归镇海寺存放，下年继续轮换。除特殊情况外，逢会村必唱大戏，否则不准往下村轮换。村民利用夏收前难得的空闲放松心情，在会上品尝小吃、观赏戏剧、购置农具。国家实行粮食统购统销政策后，庙会上不再有面皮、凉粉、豆花、粽子等小吃摊点，仅有农具等日常用品交易。

进入20世纪60年代，庙会地点逐渐东移，相对固定在东风路东段、大庆路西段及陈仓路、宏文路。1964年后，清明节庙会停办。1986年清明节，金台区在宏文路举办全区首届物资交流大会，入会交易商品总成交额达232.1万元。此后，由区政府每年会期举办物资交流大会。会场设在宏文路，会期十余天。众多客商纷纷赶来，在西起解放军三医院、东到新风巷数公里的道路两侧，摆设摊点。摊点有风味小吃、衣帽鞋袜、布匹棉花、家用电器、影碟图书、生活器具、耕田农具、游乐杂耍等。城乡群众扶老携幼，纷至沓来，逛庙会、尝小吃、购物品、看大戏。会场内摩肩接踵，人头攒动，交易活跃。各种车辆为此改道绕行，时有交通拥堵。工商、税务、公安、城管等人员，在会

庙会上的摊位

庙会上的舍饭

场巡回检查。1995 年，因清明节庙会的安全隐患而中止。2000 年，清明节庙会再次恢复后，举办地点选择在宏文路、陈仓路、大庆路、宝十路等周边空闲地，庙会规模、赶会人数、商品交易量都不如以前。清明节庙会由商家承包经办。一般为节前一天起会，会期 7 ~ 10 天。商品交易以低档服装、日用百货占据主导地位，农家小吃吸引各方顾客。2017 年 4 月，清明节庙会在新建的宝鸡东岭皇冠假日酒店北举办。

镇海寺庙会 镇海寺庙会开始于每年的农历七月三十，会期 3 ~ 4 天。每年庙会由东岭村、黄家村、晏家庄、上马营四村商定，轮流做东举办。会上的请戏费用、戏班食宿等开支，由各自然村轮流承担。20 世纪 60 年代后，由大队包吃包住，统一开支。20 世纪 70 年代后，由庙会主持者操办，生产队自愿赞助。过会时的接、送、抬、游孤魂爷仪式，与清明节庙会基本相同。2004 年后，镇海寺庙会由东岭村承办。庙会期间，镇海寺外有商家摆摊设点，寺内僧众举行佛事法会。村内外客人云集，看戏逛会，热闹非凡。

◉ 岁时节俗

春节 农历正月初三开始，携带礼品，走亲访友，谓之“拜年”。待客之日，主人家早作准备，清扫庭院，烧好热炕。客人一到，端出瓜子、糖果、核桃、花生等，倒上热茶，递上香烟，热情款待。客人陆续到齐后，先过一次汤（吃一碗臊子面），然后围在炕上，叙说家常。中午时分，开席设宴，招待来客。正月初五中午，旧时家家吃玉米面搅团。因搅团需用筷子扒着吃，意谓“糊穷窟窿”或“补烂洞”，期望来年日子红火。另外，还要“扫穷土”，把房舍里外的垃圾扫出门外堆放一起，土堆中间插上鞭炮，点

元宵节舞狮子

端午节

燃放后将土炸散，意为将“穷气”打掉。

元宵节 农历正月十五。一般有耍社火、燃焰火，锣鼓队、秧歌队巡演等活动。农历正月十六日，结伴出游一日，俗称“游百病”，据说出游后能将百病“游”走了，以后全年都不得病，现以郊游者甚多。旧时，有用面粉蒸制灯盏的习俗。将面捏成鸡、犬、牛、马形状的灯盏，插上灯芯，倒上食油，点燃后置于神堂和鸡舍、猪圈、狗舍、牛棚等处。

端午节 农历五月初。节前晚辈给长辈、亲友送绿豆糕、粽子、油糕。长辈给晚辈送绣有“五毒”图案的红裹肚（俗称“绷肚”），给未过门的媳妇送衣物。端午节黎明，户户门插艾蒿、菖蒲，大人、小孩胸前佩戴红布菱角，并互赠各色香包。大人给小孩脖项、手腕、脚腕系五色线（称“花花手镯”，农历六月六剪除）。早饭食粽子、油糕、鸡蛋，饮雄黄酒（小孩多在鼻孔、耳内涂抹），借以防蚊、蝇、蛇、蝎叮咬。

乞巧节 农历七月初七，也称掐巧。因循牛郎、织女七月七相会神话传说而起。姑娘们于农历六月初六，将豌豆置于碗中浸泡催生成芽，称为巧芽。农历七月初七夜，村摆巧娘娘神堂，选少女充作巧姑入座。数名中老年妇女围巧姑，边做动作边念祷词后，扶巧姑离座，因瞌睡在神志模糊中作纺线、织布等女红动作，称为“巧娘娘附身”。待巧姑“清醒”后，将巧芽掐下，丢入水盆，以灯光视芽影形象，预测姑娘巧拙。同时，也有让少男掐巧，预测其是否善耕田或读书。今乞巧活动旧习无存。

腊八节 农历十二月初八。凌晨，各家食用由大米、小米、黄豆、小豆等杂粮熬制的腊八粥，同时将萝卜、豆腐、黄花、木耳肉等菜丁炒熟，混在饭里食用。清晨吃饭前，先敬家神，再在场面、石磨、石碾、辘轳等处贴黄表纸、涂腊八粥，寓示春节开始，祈盼来年五谷丰登。

腊八节镇海寺施粥

祭灶 农历十二月二十三。民间打扫庭院、粉饰居室、张贴窗花，准备年事。每到此日，村民都要彻底打扫卫生，谓之“扫舍”。村民做灶干粮、买灶糖。现灶王爷为人遗忘，食麦芽糖、打扫卫生等习俗尚存。

除夕 大年三十。农历除夕，下午各家张贴天神、土地神、门神、灶神等诸神像。诸神就位后，再张贴对联、年画、窗花，燃放花炮。傍晚还要到先人坟上烧纸以示怀念。除夕夜，全家吃团圆饭、喝辞岁酒。家中长辈给晚辈分发压岁钱。青年人嬉戏通宵，谓之“守岁夜”。子夜，燃放爆竹除岁，庆贺新的一年来临。黎明，在门前烧柏枝、燃放鞭炮。

◉ 人生礼俗

满月 小孩出生后，要带话给舅家。3天后，舅家贺以大锅盔（意为“锅盔扣娃”，可保富贵长命），并携带鸡蛋、小米、红糖和挂面之类营养品看望小孩及母亲。满月那天，小孩舅家要送布老虎和童衣帽，其他亲朋贺以衣物、曲连、喜糕等，还要给孩子“挂百索”（红纸包钱并用红头绳串起），主人设宴招待。所送礼品最不可或缺的是“满月面花”。满月面花又称“曲连”或“囫联”。制作时，先将上好的小麦粉，加入酵头和成面团。饧发后，将大块面制成圆圈状或莲花状，再用小块面做一些生肖及花果形态的小面花。待上笼蒸熟后，涂以各种色素，然后将小面花插在大面花上。前往亲戚家庆

曲连

贺小孩满月时，将曲连面花放置在大茶盘里，用包袱兜起。为孩子庆贺满月时还要赠送长命锁、银牌、银项圈、银手镯、婴儿装、玩具等礼品。旧时，主人备饭款待宾客，如今多在酒店置办酒席，款待亲友。若老来得子，旁人还要将黑锅灰抹到主人脸上。旧时，还有个别家庭把婴儿抱到门外，遇见的第一个人即拜为婴儿的干大（干爹）。

婚嫁　东岭旧时男女婚姻，讲究门当户对，唯父母之命是从，赖媒妁月老撮合。媒人提亲时，先把男女双方的住址，出生年、月、日以及属相记下，向双方父母讲清楚（大户人家发送“庚帖”）。双方父母根据对方生辰八字，邀请本家族的长者合婚。在此期间，诸事和顺，就算亲事确定。选择良辰吉日，举行订婚仪式。女方家随之察看男方家庭情况。订婚一般选在农历每月的初六、十六、二十六，地点基本选在女方家。男方家拿蒸馍、肉、酒、点心、水果、布料、鞋袜、化妆品以及彩礼钱。女方家提前通知亲戚，准备招待酒席。订婚后，每逢年头节尾，男方家都要给女方家送节礼。准备结婚当年，男方给女方送灯笼、五色礼、麻花、衣服、鞋袜，暗示年内完婚，敦促女方做好准备。

男方家选定良辰吉日后，请媒人通知女方家征询意见，以免在婚前节外生枝。随后，男女双方筹备婚礼。婚前一天，女方家设宴待客（称“上马筵席”）。亲朋上午陆续前来登门贺喜上礼。女方姑姑除送其他礼品外，灯盏是必不可少的，舅舅除送其他礼品外，洗脸盆是必送的。媒人于当天中午开酒席以前，必须把“一身红”（即第二天新娘从头到脚，里里外外穿戴的衣物）、手表、金耳环、金项链、金戒指等，用包袱包好从男方家拿来。这时，家族中嫂嫂们、亲朋中的妇女们争相观看。随后女方家筹划“送路”事项。晚上，出嫁姑娘根据男方生辰八字，选好坐的方向。其女性长辈用碎碗片或细线为其刮脸，俗称“开脸”，刮掉脸上的“黄毛”，表示已为成人。第二天早上，新娘在吃送路面的时候，男方家要把迎接新娘的人和交通工具备好，根据路途的远近，确定接新娘的时间。接新娘的人到女方家后，吃面条、酒菜。新娘上马、上轿或上车时，必须换上男方家送来的鞋。民国时，娶媳妇多用花轿，由四个精壮小伙抬轿。傧相提盒跟随轿后，称“捉盅”。家境富裕的还有吹鼓手相伴，以示迎亲之隆重。

新娘到男方家村口时，男方家热情迎接，燃放鞭炮，举行仪式。村里的男女老少蜂拥而至，争看热闹。新娘下轿后，由送女客与娶女客（俗称“花大姐”）搀扶新娘，走过红毡或红布，在经过婆家大门时，将五色粮食撒在新娘身上，意味着打掉旧俗气，焕然一新，这一过程被称为“走布”。新郎领着新娘进门入洞房，其他人紧随其后进席棚。由男方家陪客挂门帘，为新娘倒水洗脸，女方家向来宾及男方家亲朋发放红包，并将陪嫁箱子的钥匙交给新郎。此后，由儿女双全的男方嫂嫂或能开玩笑的人开始“摇核桃”，即将女方家带来的核桃装入铁盒或木匣子内，然后在新娘、新郎的周围，一边摇一边向新人表示祝福。

“摇、摇、摇核桃，早抓娃娃遍地跑，双双核桃双双枣，儿子多来姐姐少。刷了核桃刷鼻子，第一个生下是儿子。刷了核桃刷了才，生下娃娃会叫爷。女婿戴个瓜皮帽，娃刚生下就会笑。媳妇系了个红裤带，养下娃娃进秀才。门口放一双泥蹄子（方言，即木屐），抓下娃娃像驴驹子……”

随后，抱一男孩在新娘的炕上滚一滚，称“占炕”，以企盼来年早生贵子。举行婚礼时，司仪由主婚人委托家族同辈中口才流利的人来承担。

婚礼仪式完毕便开宴席。媒人随娘家人进餐，第二轮酒席男方家继续邀请媒人上座，故有“媒婆婆，嘴角擦得油落落”之说。每轮酒席，新郎、新娘均到席间敬酒，介绍双方亲友。酒席举行完毕后，双方亲家相互敬酒。男方家赠送礼品，送女方家亲友返回。新婚当晚，婆婆或嫂嫂煮女方家送来的挂面，端给新娘、新郎吃，名曰“下汤”。同时，把女方家带来的酵面与男方家的酵面，混合在一起和面做饼，让新郎、新娘吃，寓意新娘到男方家后使男方家家业发达。夜深人静后，新娘把从自家带来的核桃拿出，与新郎边吃边窃窃私语，企盼生活和美、早生贵子。嫂嫂们有的听房，有的在炕眼塞入点燃的辣椒串，直闹到新婚夫妇回话为止。结婚 3 天回门，新婚夫妇一同前往。所带五色礼必须是双份，同时，也要为女方家的叔、伯备礼。新娘在婆家住 10 天后，娘家人就把新娘接回住 10 天，即“住十”。第 11 天不到天明即要送回婆家，回去的越早，表示媳妇越会过日子。回婆家时，要蒸 48 个白馍、备 2 斤糕点。娘家返回时，婆家回赠 24 个馍。新娘在婆家住满一个月后，再回娘家住一个月，即“住对月”。三夏完毕，新娘还要准备水果、礼品，看望一次娘家人。

1949 年后，提倡移风易俗，旧婚俗逐渐淡化。“文化大革命”时期，某些习俗被视为“四旧”遭破除。改革开放后，随着人民生活水平提高，精神、物质生活丰富，旧的婚俗受到更大冲击。东岭青年，婚前多有订婚。男方家奉首饰、衣物、聘金，邀媒人一同前往女方家。女方家置酒纳彩。聘礼数额不一，有时纯为形式。男儿成婚，亲朋备礼祝贺。女子出嫁，亲朋备礼送嫁，俗称“添箱”。视关系疏密，礼分轻重。婚礼邀请婚庆公司主持，饭店设宴款待宾客。男方家提前联系饭店，确定婚宴标准、数量，届时邀请亲朋前往。婚前，拍摄婚纱照、商定婚期、预订酒店、组织车队、选定婚庆公司。迎亲车队发展为清一色小轿车。头车用鲜花装饰，载新郎、新娘。货车压阵，承载陪嫁物品。摄影车拍摄迎亲场面。婚礼聘请婚庆公司操办，从会场布置、仪程进展，到礼成就餐，气氛热烈、宾主喜悦。

祝寿　老人 60 岁左右逢整数生日，俗称“庆寿”。旧时，为老人庆寿多为大家富户。祝寿活动由其儿女操办，或由故交晚辈办理。届时，挑选一名主持、六名礼宾和若干名执事，组织鼓、乐队。乐队分为大乐器队（唢呐、大号等）、小乐器队（箫、笛、胡琴等），在祝寿时演奏。亲人将寿星的生平经历书写于宣纸上，裱糊成祝寿表，祝寿时悬挂于大庭之中。

祝寿仪式开始后，先燃放鞭炮，接着祭奠祖先。祭祖时，乐队、主持、礼宾、亲朋好友列队到祖案前，分两行队列班而站，向祖先牌位鞠躬或作揖。接着，击鼓、奏乐，举行祭祖仪式。主持人就位。就位后，众人依次分别行鞠躬拜、跪拜、叩首拜礼。由执事取香点燃，交给礼宾，礼宾按序传递，最后递至主持人，将香插入香炉。由执事者敬献供果，送与礼宾，由礼宾传递。执事者斟酒敬献，交给礼宾，礼宾接后传递。祭祖完毕后，由礼宾带领寿星、贺寿者和其他人等到福寿堂，举行拜寿礼。主持人就位，乐队、礼宾列班后，先请陪寿寿星或年长的陪寿人入座，后请寿星入座。然后依次进行拜寿活动：故旧宾朋行三鞠躬礼，以示祝贺；外甥、女婿等，逐一叩首拜寿（现在行三鞠躬）；子、媳、孙、侄等分别祝寿，并口颂“健康长寿”“寿比南山”“福如东海”等祝福语。拜寿结束后，宣诵贺寿表。祝寿仪式完毕，共进寿宴，敬寿酒，吃长寿面。近年，人们生活水平提高，儿女愈加重视为老人祝寿，通过送生日蛋糕并设寿宴等形式，以向家中老人表示祝贺。

丧葬 旧时讲究厚葬，礼仪繁杂。老人临终前，一般备好寿衣、寿材。弥留之际，儿女轮换守侍。咽气后，为老人清洗、理发、整容、穿衣，然后把逝者抬到灵床上（或棺盖、门板上）。灵前放方桌，上置3碗汤面片，点长明灯，烧化纸钱。全家老少换上孝服举哀。请阴阳先生开具门牌讣告，以告知邻里村民。报丧后亲朋好友须在三日内吊丧，吊丧时拿入殓用品，逝者家为亲友散发孝布。入殓时，在棺材内先装入草木灰或细土，再撒入五色粮食，然后铺上一层白纸，放上褥子。逝者被抬入棺材后，用柏树枝或麦秸、谷草扎捆，用白纸包卷，把遗体四面卡紧。将逝者移入棺材时，由4个人抬上布料或塑料布遮盖，不让逝者见天。儿子用剪刀在逝者衣服的边缘剪上一小角带在身上。继而，由平辈人揭开逝者苫脸纸，让孝子、亲友最后瞻仰遗容。接着，逝者的平辈在棺材边缘涂抹江米和鸡蛋清捣成的黏合物，钉好棺盖。全家人哭声骤起，入殓即告完毕。

入殓后，逝者亲属商定安葬期间的立纸杆、出讣告诸事宜。旧时，纸杆是死者家门前竖的木杆，上挂用白纸钱状糊成的圆筒纸塔，以传递噩耗。其圈数以死者的年龄而定，年龄越大，圈数越多。讣告（俗称“门牌”）以孝子名义向亲友讣报亡人病情、寿终、享年、家奠、安葬日期。

旧时，墓穴由阴阳先生选定。一般方位是头北脚南。开挖时先修一明厅（竖直向下深挖七尺许、略大于棺的长方形坑），再在坑壁上横挖一黑堂（停放灵柩的洞穴），内以青砖衬砌。下葬时，将灵柩置于黑堂内，用石块、砖块或土坯封口，填土掩埋。第5天，在村其他家族中聘请劳客（帮忙的）分工执事，搭建灵棚，将棺移入灵棚，灵前摆供桌。

第6天早饭后，开始迎接吊唁亲友。近亲身着孝衣，男人手拿献祭（也称献食、面花）和纸货，妇女大哭相随。劳客接亲，上完礼簿后，将献祭、纸货放进灵棚内，守灵孝子随亲朋烧纸焚钱陪哭不已。下午3时左右开始迎祭。迎祭前，劳客按礼簿登记，将每家吊丧的供品进献展示。在十字路口摆一大方桌，上置蜡烛、三牲供品开始迎祭。先由亲朋在灵柩前点燃香火，作揖插入炉台，然后前往灵堂，劳客带上祭品跟随其后，吹鼓手紧随。在灵堂前，亲朋烧香、叩头，将钱压入盘内。孝子须向他们叩头、作揖致谢。晚饭，就开始祭奠、烧纸，称之为“烧邀祭”。先由吹鼓手演唱、吹奏以行孝为内容的三折戏，后由长子、长孙敬献十碗饭。烧纸时行9头18拜礼，第5个头叩完开始奠酒，然后再磕 4 个头。灵旁坐一位德高望重的村上老者，点燃几张纸钱，众孝子皆放声哀泣。然后，老者倒一盅酒，递给烧纸者，围绕纸圈泼洒。9 头 18 拜礼毕，由老者给亲朋点燃 1 炷香，插入香炉，亲朋给老者作揖，以表感谢。接着，由祭奠者点戏 3 折。子夜时分，吃暖丧饭，饭后继续烧化纸钱。

出殡一般在第七天或另选的出殡日。早上吃面条，不许空腹上坟地。帮忙的群众手持铁锨聚集在院落附近等候。早饭后，长子媳妇先由一同辈妇女陪伴到墓地“撩土”。孝子们在灵前烧完纸，帮忙的群众备好绳索，将棺材抬放在龙杠或丧架上捆好。前来帮忙的村民或抬棺材，或拿纸札等物品。孝子扶柳木丧棍随后，吹鼓手吹打不停，奔向墓地。起丧时，由一位老者把跪丧草提前倒在送葬队伍必经的十字路口并点燃，捧孝盆的人走在跪丧草前，用力摔碎孝盆。孝子一路哭声不断，鼓乐相伴。下葬时，孝子们解下孝麻，由长子下到墓中，用孝麻擦棺材。女婿、外甥的铭旌放在棺盖上，“童男”“童女”放在明厅两侧，再把孝麻放入墓中，然后由掘墓人封堂口。这时，女婿、外甥将数额不等的硬币向坟内抛撒，以表对掘墓人的谢意。封完口，众孝子和亲朋好友放声哭泣，帮忙的劳客就开始填土。填完土后，长者将馒头掰碎，扔在墓周围。纸货除留一件放在墓外，其余点燃，柳棍插入坟顶。长子手捧逝者遗像或灵单，由原路返回家中，吹鼓手奏哀乐紧跟，送葬者及帮忙劳客相继而归。回家后，留守的人已把灵堂摆好，逝者遗像由长子安放在亭子内，众孝子一律跪地叩头。仪程结束后，宴席开始，主人家要招待亲朋好友。

安葬后的第 3 天，儿女齐奔坟茔哀悼，叫作“哭三”。“二七”“四七”“六七”由死者儿子到坟茔哀悼，出嫁的女子不参加。“三七”“五七”“尽七”“百日”，所有的子女齐奔坟茔哀悼，烧化纸钱。三年内，每逢春分、清明，子女都要上坟哀悼。头周年、二周年，均要祭奠，三周年则要举行较隆重的纪念活动。每年腊月三十下午，儿子要上坟烧纸，压纸钱。正月十五须上坟挂灯，十月一寒衣节应上坟烧纸。居丧期间，不得参加娱乐活动，不行喜事，不得穿红挂绿。第一年的春节，大门不贴对联，第二年贴蓝对联，第三年贴黄对联，以示哀悼。

随着社会进步，丧葬习俗也在变化。1990 年后，包括东岭村在内的市区农村推行火葬。人去世后，遗体送市殡仪馆存放，家中设灵堂，孝子守灵。殡期常为三日，其间亲朋送挽幛、花圈，以示祭奠。三日后，亲人来宾前往殡仪馆，举行悼念仪式，向死者遗体告别。然后，遗体火化，骨灰装盒。亲人迎回骨灰盒，仍入土安葬。2006 年后，村民死亡后葬于北坡的刘家崖公墓。每逢年三十、清明节、农历十月一，亲人前往陵园祭扫、悼念。

方言土语

东岭村方言属于北方方言中原官话的关中方言西府话。村地处宝鸡市区，村民来自多地，接受普通话和外籍语言影响较大，形成以陕西关中西府方言为主、其他方言共存的独特语言状况。

天文、地理、物象

普通话	方言
（一）天文	
太阳下山了	日头爷
星星	宿宿
雷	呼噜爷
冰雹	冷子
晴天	晴光光
阴天	阴下了
旱天	天旱
涝天	淹了
天亮	明了
（二）地貌	
田埂	盖塄、塄坎
池塘	涝池、涝灞
水坑儿、地面上有积水的小洼儿	水潭
被水淹了	漫
缝儿统称	缝缝
（三）物象	
桌面上的灰尘	塘土
失火	着火
凉水	冰水
喝的开水	煎水

时间、方位

普通话	方言
（一）时间	
时候	时辰
什么时候	啥会
明年	过年
去年	年时个
往年、过去的年份	外二年
年初	年头上
年底	年跟下
今天	今儿
明天	明儿
后天	后儿
大后天	外后儿
昨天	夜来个（过）
前天	前儿个
大前天	上前天
早晨	早起
上午	早上
中午	晌午
下午	后晌
傍晚	黑得下
半夜	半晚上
端午	五月单
腊月农历十二月	年跟里
历书	历头
阴历	农历
（二）方位	
左边	左首
右边	右首
排队排在中间	当当
对面	盯面子 当面
面前	跟前
旁边	一面子

植物

普通话	方言
（一）一般植物	
叶子	叶叶
花	花花
草	草草
藤	蔓蔓
水果	果木
野生的蘑菇	伞菇
（二）农作物	
脱粒后的麦秸	麦草
高粱	稻秫
成株的玉米	番麦、玉麦
油菜、油料作物	菜子
黄豆	白豆
包心菜、卷心菜、圆白菜	包包菜
西红柿	洋柿柿
胡萝卜	红萝卜
南瓜扁圆形或梨形，成熟时呈赤褐色	北瓜
红薯	红芋
马铃薯	洋芋

动物

普通话	方言
（一）野生动物	
蛇	长虫
蝙蝠	夜蝙蝠
飞鸟	雀儿
麻雀	鹕鹕
喜鹊	夜雀儿
乌鸦	黑老鸹
鸽子	鹁鸽
鸟的爪子	爪爪
知了	支蟧
蚂蚁	蚍蜂蚂
蚯蚓	赤蟮

普通话	方言
甲鱼	鳖
癞蛤蟆	疥蚆蜍
（二）家畜家禽	
公牛统称	犍牛
母牛统称	乳牛
猪	唠唠
猪崽	猪娃子
猫	咪咪
公狗	牙狗
母狗	草狗

房舍、器具

普通话	方言
（一）房舍	
村庄	庄子
胡同	巷巷
厨房	灶房
灶	锅台
厕所	后院
大门	街门
（二）家具	
被子	被儿
棉絮	套子
床单	单子
桌子的抽屉	抽掀
凳子	板凳
有盖的马桶	尿盆
（三）用具	
舀水的瓢	马勺
缸	瓮
柴火	硬柴
暖水瓶	电壶
手绢	帕帕
蜡烛	蜡蜡
手电筒	手电

服饰、饮食

普通话	方言
（一）服饰	
两条杠的背心，内衣	汗衫
衣服上的口袋	兜兜
裤子	裤儿
外穿的短裤	半截裤儿
围巾	围脖
围裙	遮腰
尿布	片片
扣子	纽子
（二）饮食	
无馅的馒头	馍馍
豆腐脑	豆花
猪蹄	猪蹄蹄
猪舌头	口条
松花蛋	变蛋
猪油	大油
香烟	纸烟
白酒	烧酒

身体、医疗、疾病

普通话	方言
（一）身体	
头	頞（顸）脑
头发	髦盖
辫子	髦辫儿
额头	额颅
相貌	模样
眼珠	眼仁
下巴	牙叉骨
脖子	脖郎骨
喉咙	喉咙眼
膝盖	磕膝盖
背名词	脊背

普通话	方言
肚脐	脯脐眼窝
屁股	尻子
（二）疾病医疗	
病了	不嵌合
发抖	打战
化脓	熟脓
凸起的痣	瘊子
病轻了	轻省了

婚丧

普通话	方言
（一）婚育	
相亲	遇面
嫁妆	陪纺
孕妇	怀娃婆娘
怀孕	有啥了
断奶	摘奶
（二）丧葬	
指老人去世	殁
咽气	断气
棺材	材
出殡	出丧
单个的坟墓	墓古堆

称谓

普通话	方言
成年的男性	掌柜口外
三四十岁已婚的女人	屋里人
婴儿	胎娃
三四岁的小孩	碎娃
亲戚	亲亲
邻居	隔壁子
手艺人	匠人
乞丐，非贬称	要吃的

普通话	方言
流氓	瞎松
贼	贼娃子
脚部有残疾的人	拐子
智障的人	冷货
爷爷	爷
奶奶	婆
外祖父	舅家爷
外祖母	舅家婆
岳父	丈人大
岳母	丈母娘
伯父	伯
伯母	大大
叔父	爸爸
排行最小的叔父呼称，如“幺叔”	蕞爸
叔母	娘娘
妯娌弟兄妻子	先后
连襟姊妹	挑担
丈夫	男人
妻子	婆娘

农工商文

普通话	方言
（一）农业	
劳作	做活
筛子	筛筛
簸箕农具，有梁的	抄箕
独轮车	推车
旧式的轮子	轮轮
年成	年份
（二）工商业	
打工	做活
路费	盘缠
花钱	花销
用秆秤称	志

普通话	方言
赶集	跟集
（三）文化娱乐	
学校	书坊
连环画	娃娃书
捉迷藏	藏毛毛猴
舞狮	耍狮子
锣鼓	锣鼓铷鋏
变魔术	耍把戏
游玩	—
串门儿	串门子
走亲戚	游亲亲

动作行为

普通话	方言
（一）具体动作	
含在嘴里	噙
亲嘴	唠嘴
吮吸，用嘴唇聚拢吸取液体，如吃奶时	咂
打	揲
打架	打捶
休息	歇下
打哈欠	打喝先
打瞌睡	丢盹
打呼噜	扯鼾声
做梦	做睡梦
（二）抽象动作	
思索	思量
打算	了乱
讨厌	丧眼
舒服	嵌合
高兴	兴的
生气	着气
责怪	怪妨
忌妒	眼热

普通话	方言
欺负	糟蹋
认识	认得
不行	没向
（三）言语	
聊天儿	谝闲传
骂	日诀
吵架	骂仗
撒谎	撇白
拍马屁	添尻子
开玩笑	说笑

特色文化

东岭秦曲是区级非物质文化遗产项目，秦腔、眉户几乎人人都能哼唱，柳木腿（高跷社火）兴盛一时。自20世纪30年代，就有乱弹、清曲班社组建，演唱延绵至今。剪纸、面塑、刺绣等，不乏能人巧妇。改革开放以来，村民生活富裕、精神愉快，群众文化活动如火如荼，东岭曲子、秦腔、眉户、合唱舞蹈、管乐丝弦，时常活动。假日节庆，组织文艺演出，更是热闹异常。时有省市剧团，送戏下乡，让村民过足戏瘾。更有闹中取静之人，在村图书室读书、看报，更新知识。东岭企业创建之初，就重视文化建设，逐渐形成“以人为本”的企业文化，成为企业发展壮大的制胜法宝。东岭村有镇海寺、基督教堂，形成一定的宗教文化。诸多文化元素，汇成催发东岭村前进的正能量。

◉ 东岭曲子

曲子源流　东岭曲子是陕西西府曲子的一支。曲子也叫清曲（因清雅而得名）、秦曲（以处古秦地而得名），是由宝鸡民间小调及小曲等综合而成的一种曲艺形式。民间有“起源于先秦宫廷音乐，后有艺人流落民间而逐步传播”的说法。明清时期，曲子这一表演形式在宝鸡境内较为流行，更有文人参与编写曲词，组织演唱活动。

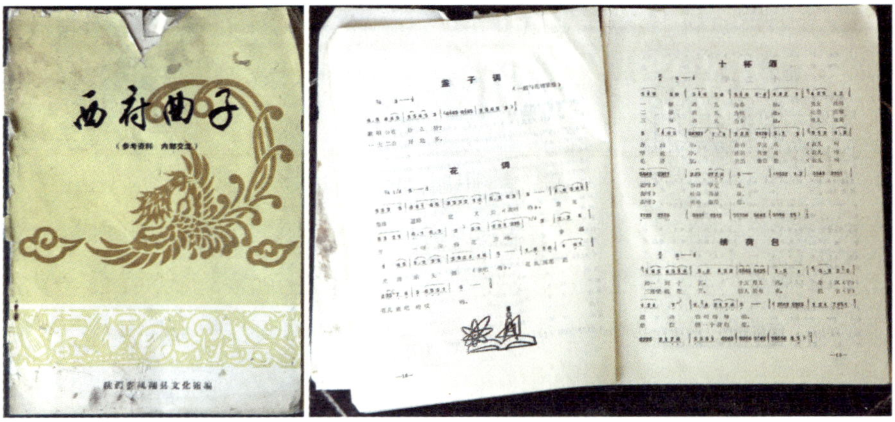

西府曲子

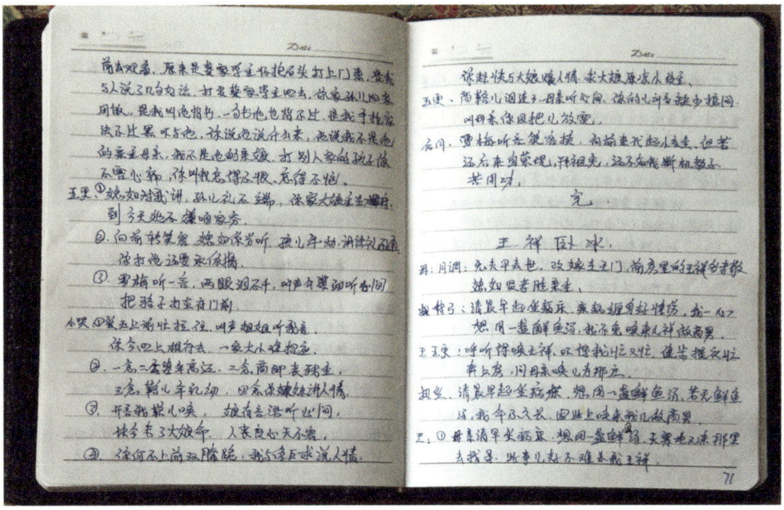

“秦曲”手稿

清末民国初期，在旧宝鸡县城内（今中山西路地区），先后有三官殿、东大街、西南城巷等清曲班出现。后由三官殿清曲班领班李才倡导，三班合一，成立西大街民众清曲班。又因三官殿地处兴儒巷（今新维巷），班子后改称兴儒巷清曲班。其中，影响力较大的艺人有李才、房子谦、赵志勤、李生德、杨森、贾志杰等。1946年，该艺术形式被称之为“清曲”，并介绍所用乐器有胡琴、三弦、八角鼓、箫、笛。1949年后，清曲得以发扬光大，班社增加、艺人增多。1959年，金台区赵志勤、杨森、杨玉花等演出的《王妈看病》曾在省里获奖。“文化大革命”后，清曲再次复苏。劫后余生的原三官殿清曲班李生德、贾志杰、杨森、刘继武等人，成立长寿乡清曲组。三官殿清曲班及其后的长寿清曲组演出的剧目达140余个。1994年3月，艺人李生德以82岁高龄，在马营镇古会登台演出。市辖各县区曲子班社增多，活动频繁。

鉴于秦曲在宝鸡周边县区均有流传，宝鸡市遂以“西府曲子”命名并申报省、市级非物质文化遗产。2007年5月，宝鸡市的西府曲子被列入第一批省级非物质文化遗产名录。2008年3月，西府曲子被列入宝鸡市第一批非物质文化遗产名录。2010年12月，秦曲被列为金台区第一批非物质文化遗产，并确定东岭村罗卫军为代表性项目传承人。

曲调曲目　曲子以坐唱为主，文武乐器演奏者与唱曲艺人围聚而坐，进行伴奏唱曲。其曲调分为平弦、越弦和曲牌。平弦清雅欢快、婉转抒情，善于表现家庭生活及爱情故事。越弦行腔音域宽厚，曲调激昂慷慨、朴实流畅，主要表现人生跌宕、官场起伏、生死离别等重大事件。曲牌即弦乐曲牌，用于前奏或间奏。西府曲子的曲目有800

多个，曲牌 300 多首。其曲目分为民情风俗、历史故事、神话传说、传统戏曲等，曲词不卑不亢、不野不文、刚柔合宜、雅俗共赏。在神社庙会、婚丧嫁娶、祝寿满月、驱邪还愿以及社火表演等民俗活动中，都有西府曲子登台演唱。

曲子班社 20 世纪 30 代初，晏家东庄（今联盟社区四组）梁学忠、李金和上马营杨宽弟、杨选等人师从清曲艺人房子谦、唐益斋等学艺。1935 年秋，成立包括东岭村在内的南四村清曲组，张家村的王喜和张云等闻讯参与活动。1940 年，南四村清曲组活动非常频繁。上马营村的杨三娃、杨万西、赵生玉、唐宗文、杨起和、冯海春，晏家庄的邓生云、高太、高才、朱生岐，东岭村的梁滋等人也先后加入清曲组，人员增至 17 人。1949 年后，清曲得到重视，文化部门搜集整理传统曲目，演出伴奏辅以打击乐器，坐唱形式改为化妆舞台形式的演出。1964年，联盟村清曲组停止活动，其他演出班社亦先后停止演出。

“文化大革命”后，清曲再次复苏。原南四村清曲组发展成为上马营、晏家庄、黄家村、东岭清曲组，人员50余人。演出剧目有《八仙庆寿》《黑访》《白访》《贾氏告状》《春景》《夏景》《秋景》《状元游街》《二姐娃问病》《张连卖布》等 60 余本，影响较大者有《黑访》《香山寺还愿》《二姐娃问病》《张连卖布》等。东岭村李明为清曲传承不遗余力，除参与演出外，还整理、改编《张连卖布》等剧目。20 世纪 90 年代，东岭村所在的联盟行政村有四个清曲组：即上马营清曲组，负责人朱锦华、唐治中；晏家庄清曲组，负责人石有志、朱天志；联盟六组清曲组，负责人梁滋、罗卫军；东岭清曲组，负责人李承华、张贵（工农村人）。截至 2016 年，因演唱艺人年事已高，境内其他班社早已停止活动，唯有东岭村的清曲班社依然活跃，坚持常年演唱活动。

1987 年 3 月东岭曲子艺人参加省曲艺普查会议凤翔留念

前排左起：仝发、李承华、杨森、梁滋等；后排左起：李明、方富华、罗卫军、梁义学、仝聚祥、李启宝

因地理位置不同，形成不同的唱腔特征、演唱风格，可分为扶风、凤翔、金台等流派。其中的金台派以东岭曲子班社为代表，演唱内容以戏剧故事、刀马曲和新编曲目为主，演唱风格激越高亢、粗犷俗丽。

东岭班组　20 世纪 40 年代，东岭村的梁滋、李文华等到晏家庄学习演唱清曲。后自发成立清曲组，参加的人先后有李承华、仝发、梁文学、梁义学、罗卫军、李明、方甲锁、李启宝、仝聚祥等 10 多人，由李承华、梁滋负责排练。班社主要演唱曲目有《香山寺还愿》《王妈问病》《状元游街》等 60 余本。1964 年，演唱活动基本停止。1978 年后，清曲演唱又活跃起来。同时，还增加黄烈爱、黄宝玲、梁友学等新人。1981 年 3 月，东岭村多名清曲艺人到凤翔参加省曲艺普查会议，留下演出录音资料。后因人多、便于活动，村分为联盟六组清曲组和东岭清曲组。排练时间主要在农闲和雨天。除在村内和镇海寺等庙会上演出外，还应邀在蟠龙原的七月十五、七月十八的古庙会上演出。特别是在虢镇农历四月八古会上的几次演出，博得广大群众的赞赏。2006 年 6 月，清曲自乐班在炎帝园举办演出专场，李明表演的《张连卖布》《王妈问病》赢得阵阵掌声，周边观众达二三百人。2010 年，金台区政府正式将“清曲”命名为“秦曲”。随着时间的推移，秦曲自乐班大都加入东岭演唱团，演唱时间互有交叉。秦曲自乐班的演唱人员主要有黄金彩、黄宝玲、仝发、仝聚祥，演奏人员有罗卫军、梁文学等。自乐班除在东岭村演出外，还到联盟村、陈仓园、锦苑等社区演出。2016 年，自乐班演出的《孟浩然踏雪寻梅》在宝鸡电视台《音韵宝鸡》栏目播出，其中的板胡伴奏为梁文学。

◉ 秦腔、眉户

剧种源流　秦腔，因陕西简称秦而得名。它是梆子戏（乱弹）的代表剧种，又名“秦声”“乱弹”“梆子腔”。因方言、语音差异，秦腔在演变过程中形成东路、中路、西路、南路的不同风格。宝鸡秦腔属于西路（西府）秦腔，其演唱始于明代中晚期。自明代开始，逐步发展为宝鸡地区的主要剧种，清末民国初期达到鼎盛时期。1936 年后，中路秦腔逐渐流行于宝鸡，西路秦腔倒很少演唱。眉户原名“迷胡”，因其曲调主要由小曲、小调组成，俗称“曲子”或“曲子戏”。眉户兴起于清乾隆以前，声腔曲调吸收关中民间俗曲而形成。20 世纪 40 年代，因盛行于眉县、户县，故更名为“眉户”。清光绪年间，东岭村西的上马营组织乱弹班子，演唱秦腔。20 世纪 40 年代，包括东岭村的南四村邀名家指导传艺指导，组建“同乐社”秦腔班社，常年不定期排练、演唱。东岭村民参与演唱活动。

文艺团队 1950 年，东岭村秦腔爱好群众萌发组建文艺团体、活跃文化生活的念头。随后，在李万喜、梁滋、岳珍、李文华等人的倡导下，组建东岭自乐班。群众捐献钱款，购买乐器、道具。班社推选农会干部李万喜为班长，邀请高家村秦腔老艺人赵安锁指导排练。20 世纪 60 年代，秦腔自乐班基本停止活动，爱好者偶尔哼唱秦腔。1978 年改革开放后，在原自乐班基础上组建东岭演唱团。团内演唱人员有杨义琴、李明、黄烈爱、黄金彩、黄宝玲、罗惠萍、刘娟、罗玉凤、仝发、韩金凤、李天宝、罗宏志等 10 多人，乐队有罗卫军、梁文学、仝聚祥、梁义学、李宝林、梁友学等人，外村的高天峰、梁明、赵自来、韩秋霞、祁连山、邹彦勤等人也参加演出，演唱团总人数达 30 多人。群众推选黄金彩为团长，罗卫军、李明为副团长。东岭村委会、东岭集团出资为演唱团增添部分乐器和道具。

排练演出 1950 年组建东岭自乐班后，村民利用晚间、雨天、农闲，组织排练节目，参加村民有仝发、仝选、梁文学、方焕、方义、岳华、罗义、方荣、李万有等 20 多人。自乐班先后排练《小姑贤》《华亭相会》《踏雪寻梅》等 10 多个折子戏和本戏《串龙珠》，在春节、传统庙会及农闲时间演出，还曾和黄家村业余剧团应邀上蟠龙原演出，受到观众好评。1964 年以后，演出活动基本停止。1972 年后，村民有时自行组织，演唱由革命样板戏改编的秦腔《红灯记》《沙家浜》《智取威虎山》等。1978 年，组建演唱团后，坚持每周 2 次的排练活动，先后排演了《三娘教子》《二进宫》《华亭相会》《沙家浜》等秦腔选段和《大家喜欢》《苦情》《屠夫状元》等

秦腔自乐班

眉户选段。同时，结合东岭发展变化，自编自演《敢教东岭换新天》《走亲戚》和《老两口赞东岭》等节目。演唱团除坚持常年不定期演出外，还曾参加各级政府组织的文艺会演和秦腔大赛。1995 年，罗惠萍获省业余秦腔大赛二等奖。2008 年 3 月 14 日，陕西电视台《秦之声》栏目组在渭河上马营生态园十二生肖广场举办“我为奥运吼秦腔”活动。东岭村演唱团演出《老两口赞东岭》《戏歌联唱》等节目，获得现场观众好评；3 月 27 日，宝鸡电视台《西秦戏苑》在东岭小区内举办东岭自乐班演唱会，演唱《洪湖人民得解放》《祝福》《藏舟》《二进宫》等戏剧选段；11 月 3 日，东岭村秦腔自乐班获市首届“财富广场杯”优秀民间自乐班大赛一等奖。2014 年 8 月 18 日，东岭演唱团一行 28 人，在总负责人祁录林的带领下，前往八方山矿业公司，为矿区干部职工及家属演出大型眉户现代剧《酷情》，博得观众热烈的掌声。2016 年 2 月 23 日 ，组队参加“祥瑞金台 · 幸福城区”秦声秦韵自乐班大赛。吴宝平、李红菊演唱的《杨门女将》《打镇台》精彩唱段，受到现场评委和观众朋友的好评，获得大赛二等奖。2017 年 2 月 10 日，东岭秦腔自乐班代表陈仓镇参加金台区“幸福城区 · 秦韵迎春”自乐班大赛，以《红灯记》选段为参赛曲目，夺得大赛三等奖。

◉ 群众文化

文化团队 1996 年以来，村委会先后组织成立多个文艺团队，开展群众文化活动。2005—2008 年，东岭村先后投资 20 多万元，为各演出队购置管乐器材 20 多套、服装 180 套。2012 年 4 月，区文化广电局为社区文化活动室配送文化活动器材。截至 2016 年年底，村委会累计投入资金上百万元，提供活动费用年均 15 万元。村文艺团队除节假日演出、参加比赛、应邀演出外，还坚持晚上、周三下午开展活动。

1996 年，成立村舞蹈队。排练节目有《开门红》《健身球》《太极扇》《健身舞》《南泥湾》《希望的田野》《逛东岭》《感恩的心》等，曾多次参加陈仓镇、金台区等举办的会演、比赛，参加集团、村委会等重大活动演出。2014 年 11 月 21 日，舞蹈队获市第四届社区运动会广场健身舞比赛三等奖。

1999 年，成立村秧歌队。排练节目有《旱船花伞》《猪八戒背媳妇》《舞狮子》《红绸子》《花棍》《红灯笼》等，曾参加春节游演、助兴演出等多种活动。

2000 年 5 月，成立村管乐队，队员 40 多人，有单簧管、长号、萨克斯、长笛等乐器 10 余种。乐队聘请冯乃沧老师任教，每周五、六晚上七时至九时授课，课程安排有理论知识、试奏等。在他的带领下，东岭管乐队参加社会商业庆典、集团总结表彰大会等多项演出，曾获市级“五一”节管乐表演金奖。2014 年，东岭管乐队又添加 4 把圆号、5 把中音萨克斯、3 把高音萨克斯等乐器。2016 年初夏，管乐队以全新的形象出现在社区纳凉晚会上，表演赢得在场观众的阵阵掌声。

2006 年，成立以退休妇女为主的东岭合唱队。东岭演唱团退休演员罗玉凤担任教唱，村老年协会罗锁琴担任指挥。合唱队员由开始的四五十人发展到七八十人，队员坚持每周晚上有 1 ~ 2 次练唱活动。学唱歌曲包括传统歌曲、流行歌曲及地方歌曲《幸福金台》《寻梦六川河》《宝鸡美》《八百里秦川我的家》等。合唱队在村内、外正式登台演唱达 20 多场，曾多次获奖。

2011 年，成立东岭社区锣鼓队，开展锣鼓人才培训、锣鼓表演、比赛等。

2016 年 8 月，成立东岭太极拳队。社区为队员统一制作服装。成立初期，有队员 40 人，学习杨氏 24 式太极拳。2017 年，又有 38 人加入太极拳队，长期坚持参加晨练等活动的队员达 40 多人。太极拳教练解永宁，为队员讲解动作、指导练习。全体队员坚持学习、训练，多次参加大型展演、比赛活动。

东岭太极拳队

文化场所 旧时，东岭村秦腔自乐班排练多在住房宽敞的村民家中，演出大多在村内人群集中的场院等地。农村集体化以后，群众活动多在队委会、村委会。1999年以来，村委会先后建立图书室、电子阅览室、娱乐室、和园舞台等，为文化活动提供演出、展示、利用的场所。2016年，村主要文化场所有村图书室、娱乐室、档案室。

村图书室位于东岭社区服务中心2楼。2012年始，设立村图书室。室内面积40平方米，配备书柜（架）12个、标准化书桌5张、椅子20把。有政治、历史、科普、法律、文学、教育、医学等方面藏书3342册，其中市图书馆配有图书318册，供居民流动借阅。杂志期刊近300册，订阅各类报刊14种，音像光盘近40种，配备有文化共享电脑9台（电子阅览系统）。图书室有专职管理员，每周一到周六全天开放，暑假期间全日开放。2013年11月，图书室被市总工会确定为“职工书屋”示范点并赠送近400本价值1万多元的书籍。读者中的老年人以阅读报纸、期刊居多，青年人以阅读散文、小说等文学类作品居多，少年儿童以阅读童话、科普图书居多。2014年8月至2017年5月，村民在图书室登记借阅图书247人次。

村档案室位于东岭集团总部大楼一楼，与集团档案室合设。村档案室始建于2001年6月，保存东岭村（集团）的文字、图标和声像等档案资料。档案室内库房总面积263平方米，保存1982年以来的档案17595盒（卷），其中，文书档案4710卷、会计档案10266卷、人事档案1836卷、合同档案456卷、科技档案305卷、声像实物档案22盒。档案室设兼职管理人员一名，负责档案的征集归档、查阅利用等业务。档案室被省档案局评为省AA级档案室。2015年6月26日，市档案局为东岭村捐赠《宝鸡市档案馆指南》《历史的回忆》《走进档案》《中国的世界记忆遗产》等图书及50个档案盒。

东岭村图书室

东岭村（集团）档案室

村委会还在社区服务中心三楼设有健身室、乒乓球室、文体室、青少年心理咨询室等。各室设兼职管理人员，负责组织管理，按时开放，为村民提供服务等。其他内容参见本志“村级建设”。

文艺活动 “正月唱大戏”是陕西西府的传统文化活动。每逢春节，东岭村委会都组织举办文艺演出，成为具有“东岭特色”的常态文化活动。每年节前成立组织、制定计划，聘请市、区文艺专业老师指导排练节目。大年三十，村委会、东岭集团、村民门前张灯结彩，锣鼓喧天。正月初一，组织锣鼓队、自乐班，表演秦腔、秦曲、舞蹈、歌咏等节目。正月十二到十五，除自乐班演出外，还举办有奖猜谜、社火、秧歌游演等。晚上，游花灯、放烟花，热闹非凡。每年“三八”妇女节、“五一”国际劳动节、“七一”建党节、“十一”国庆节等节日期间，也会组织文化活动，以示庆祝。每年暑期均举办 3 ~ 5 场纳凉晚会。2010 年，东岭村举办文艺晚会，演出主要节目有大合唱、拉丁舞、舞蹈、戏歌清唱、恰恰舞、合唱、表演唱、戏歌串唱、健身球、独唱、歌伴舞、表演唱、钢琴独奏、朗诵等。2011 年国庆节，东岭村自乐班精心编排戏曲晚会，在和园为戏迷观众演出。

美术工艺 东岭村妇女旧有刺绣、剪纸、面花等传统制作。村民在色彩鲜艳的布料上用丝线绣制，内容有花鸟鱼虫、戏曲人物、龙凤狮虎、福禄寿喜等，作品有嫁妆、服饰、鞋袜、裹肚等，以门帘、枕头、童鞋（虎头、猪头）为多。剪纸有窗花、门楣花、顶棚花、炕花等，美化家庭环境，营造节庆气氛。面花是以面粉制作的五彩造型艺术品，因旧时主要作为祭品献于灵前，故称之为“献祭”“献食”。由于现代生活节奏加快，现在很少制作。村民梁文学受祖上影响，精于木工技艺，曾用木料、柚壳等材料制作宫灯、板胡、月琴、大提琴等。村民李天宝在央视《一鸣惊人》节目现场，展示了其制作的 18 件微缩工艺作品，包括织布机、纺车、独轮车、铡刀、拐子（缠线用具）、拨调（合线用具）、银锭等务农工具及戏曲道具。

剧团演出 东岭村经常邀请省、市文艺团体到村演出，活跃村民文化生活。2006 年 8 月 3 日，省“梅花奖”艺术团“走进社会主义新农村——宝鸡东岭行”大型文艺演出在东岭村盛大举行。李东桥等“梅花奖”获得者分别登台献艺，张克瑶等艺术家也加盟演出，节目有歌舞、小品、戏剧、口技等。2012 年 1 月 1 日，邀请市祥云艺术团在东岭和园举办文艺晚会，表演节目有歌曲、舞蹈、器乐合奏、服装表演等形式。2013 年 6 月 22 日，“西秦戏苑百戏下基层走进东岭社区”活动在东岭和园举行，艺术

陕西省“梅花奖”艺术团走进东岭

家的精彩演出让戏迷们过足戏瘾；9 月 3 日，东岭村邀请市戏曲剧院在东岭南路举办连续 4 天的秦腔演出活动；9 月 25 日，市总工会职工艺术团走进东岭社区举行慰问演出，整场晚会突出“中国梦 · 劳动美”的主旋律。2014 年 5 月 7 日，市戏曲剧院秦腔演唱团走进东岭，开展“戏曲”志愿服务活动，戏曲名家为村民奉献了一场秦腔戏曲盛宴；7 月 31 日，金台区“文化进社区共建文明城——走进东岭”文艺演出在东岭南路举行。来自市周礼艺术团的 30 余名演员用舞蹈、音乐、器乐等艺术形式，为观众演绎诠释周风、周韵、周礼。2015 年 4 月 30 日，区文化广电局在东岭举办“走进东岭秦声秦韵演唱会”；6 月 26 日，东岭社区举办“庆祝建党 94 周年暨践行核心价值观文艺晚会”，市艺术剧院演员为晚会呈现精彩节目；11 月 16 日，宝鸡市开展惠民文化活动。市青年艺术团走进社区，在东岭和园演出，东岭社区特赠送艺术团“艺德高尚艺术精湛”牌匾。2016 年 2 月 29 日，东岭社区联合市艺术剧团在东岭和园举办“践行社会主义价值观”庆三八文艺会演；4 月 29 日，东岭社区举办“践行社会主义核心价值观庆五一文艺会演”，市艺术剧院艺术家演出舞蹈、独唱、合唱、小品等节目；8 月 11 日，东岭社区举办第七次全国肢残人活动日文艺演出，市阳光艺术团演出大合唱、群口快板、歌伴舞、秦腔等节目；9 月 1 日，东岭社区邀请市戏曲剧院在东岭南路举办秦腔演唱活动。

企业文化

文化理念 东岭集团创建之初，就倡导企业文化。经多年潜移默化，已形成极具特色的企业文化。东岭企业文化以弘扬“艰苦创业、追求卓越”的东岭精神为主线，其核心是“以人为本”。东岭的企业文化理念概括为“一能”（能容天下人，才能干天下事）、“两带”（既要把人带富，又要把人带好）、“五做”（先做人，后做事，做好人，做好事，做强事）。

东岭企业文化首先是“容人干事”。集团随着产业的发展，聚集来自四面八方的人才。参与国企改革，大批国企职工进入东岭集团，企业员工从数百人发展到18000多人。企业规模、产业结构、企业性质发生新的变化，从企业性质上讲，有国有企业、合资企业、民营企业；从产业结构上讲，有贸易公司、生产工厂。企业员工构成包括东岭村的村民、企业聘请的有色冶炼专家以及全国各地的人才。在企业倡导的“容天下人，干天下事”文化理念影响下，集团以“海纳百川”的博大胸怀，平等对待进入东岭旗下的员工，减少各方矛盾内耗，形成共同干事业的合力。

东岭企业文化倡导“先做人，后做事”，“诚实守信、公平待人 ”是做人的基本要求。企业要求员工谦和待人，任何时候都不说过头话，做伤害他人自尊心的事。企业经营要讲“诚实、公平、信用”。东岭钢材贸易迅速发展，在宝鸡、西安、汉中、咸阳相继建立分公司。东岭集团从事钢材采购、销售的实践中，总结出销售人员做人做事的文化理念。正是这种文化理念，促使东岭钢材贸易事业越做越大。在集团以后的发展中，还是靠诚信，赢得客户、赢得市场，使企业在风浪中拼搏壮大。

文化载体 东岭集团有“一报（《新东岭报》）、一号（微信公众号）、二网（企业网站、OA 办公系统网）、三刊（《形势与任务》《东岭前沿》《人力资源简报》）”及电视摄制中心，传播先进文化，弘扬主旋律，活跃职工文化生活，展现东岭集团的实力和形象。集团通过自动化办公系统、视频会议系统、企业网站、业余文体活动等，组织“生产破纪录功勋员工”“巾帼文明示范岗”“最美产业工人”“青年创新发展大奖赛”等评选，开展“知恩图报、感恩奉献、热爱本职、满怀激情，走向成功”等主题活动，学习集团发展史、开展形势政策教育、组织演讲比赛、撰写心得体会，大力弘扬在平凡工作中做出突出贡献的员工，学习先进人物的思想情怀，鼓励员工增强成功的信念，克服自身不足和直面困难的勇气，加深公司员工爱岗爱国、知恩感恩、忠诚企业、服务社会的情感。同时，组织文艺演出、征文比赛、外出参观、体育竞赛、军训演练等活动，弘扬正气、陶冶情操，传递正能量。

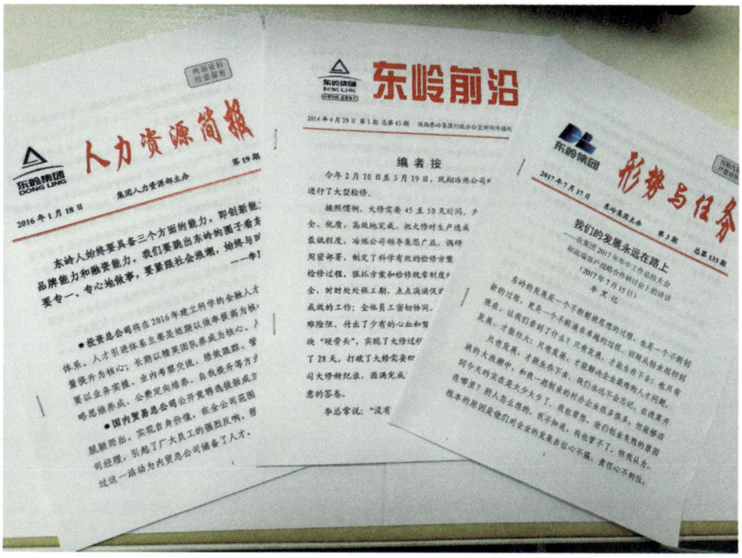

东岭集团刊物

《新东岭》 2003 年 11 月 1 日，《新东岭》试刊号出版，供集团内部学习交流。试刊号为四开四版，新闻纸、胶版印刷，单色套红、月报。试刊号印数 1000 份，由宝鸡日报社印刷厂承印。11 月 15 日、12 月 1 日，分别出版试刊号第二期、第三期。2004 年 1 月 1 日，《新东岭》正式创刊。创刊号分别为东岭要闻、综合新闻、理性前沿 · 综合、东岭文艺 4 个板块。2005 年 5 月 24 日，《新东岭》首次出版彩色版报纸。2007 年 7 月 2 日，经省新闻出版局批准，《新东岭》获“陕新出内印字第 0238 号”刊号。2008 年 1 月 1 日，双面彩色印刷《新东岭》出版，报头首次出现“无限风光在险峰”字样。2013 年 5 月 1 日起，报纸改为全彩印刷。2014 年 1 月 8 日，《新东岭》报数字版诞生。2005 年 1 月至 2016 年 4 月 30 日，《新东岭》共出版发行 235 期。《新东岭》每期出版发行时间不定，基本固定为每月 1 期，特殊时期、特殊事件增发专刊、特刊。2012 年，全年出版 24 期，实现半月刊目标。2016 年 5 月 16 日，《新东岭》更名为《陕西东岭》，基本沿袭《新东岭》的各版栏目。截至 2016 年 11 月 30 日，《陕西东岭》共出版发行 7 期。

2003 年，《新东岭》划归集团办公室管理。2007 年 3 月 28 日，划归集团党群部管理。2013 年 4 月 1 日，划归集团新闻传播处。《新东岭》创刊初期，仅有 1 名编辑，后设 3 名编辑。特邀记者、通讯员为集团员工。2016 年，《新东岭》每期印刷 4000 份。除内部

新东岭

第十二届全国村长论坛在湖北武当山召开

我集团第九次蝉联中国企业500强

向先进学习 以实际行动应对新的挑战

集团煤炭招标工作取得新进展

我集团在贵州省成立贵阳东岭物资有限公司

共青团凤县第十五次代表大会胜利召开

领导要善于发现和解决问题

《新东岭》

陕西东岭

东岭村荣获中国十大国际名村荣誉称号

刘奇葆在陕调研期间莅临东岭

陕西省委常委、常务副省长姚引良莅临东岭考察指导工作

两个文明建设受关注 东岭村登上央视《新闻联播》

《陕西东岭》

发行外，还用于对外交流赠阅。

媒体报道 东岭集团早在创办初期就注重对外宣传，扩大企业在社会上的知名度。集团成立专门办公室，内设宣传干部，组织专兼职通讯员，向各大媒体投稿。同时，定期邀请新闻媒体到东岭集团参观采访。1994 年以来，先后有 70 余篇宣传东岭集团的主要稿件见于各大报刊。其中，《人民日报》2 篇，分别是《让村民过上富裕的日子》《容天下之人干天下大事》；《人民政协报》1 篇，为《打造陕西第一村的人》；《经济日报》3 篇，分别为《东岭集团的“幸运之旅”》《陕西“第一村”的新跨越》《东岭集团项目合建细算节能账》；《中国企业报》1 篇，为《信用建设是企业立身之本》；《中国经济周刊》3 篇，为《东岭集团：从万元资产到千亿企业嬗变的秘诀》《东岭集团逆势扩张 230 亿元投资宝鸡中央金融文化商务区》等；《民声报》3 篇，分别是《东岭文化告诉了我们什么》《东岭集团带头人——李黑记》《李黑记与东岭集团》。《陕西日报》发稿 29 篇，主要有《共产党员队伍中的一面旗帜》《李黑记：一心一意谋发展致富回报众乡亲》《陕西“第一村”、新年喜盈门》《“陕西第一村”调查》等；《陕西工人报》4 篇，分别是《黑马是这样奔出的》《成功总在风雨后》《奋力飞腾逐大波》《“陕西第一村”的当家人》；《华商报》12 篇，主要有《宝鸡东岭 · 西部首富村》《任何时候都要看到天外有人》《千亿企业

实干报国》等；《宝鸡日报》多篇，主要有《李黑记：书写西部村庄传奇》《西府的名片宝鸡的浦东》。此外，部分行业报纸也刊登了多篇有关东岭村（集团）的稿件。

◉ 宗教文化

宗教发展 村民信奉的宗教主要有佛教、基督教。建村以来，时有善男信女到寺庙祈福纳祥。村内的镇海寺，自明清以来为村民佛教活动场所，虽无僧人主持，但有僧人居士进香传经。1936 年，基督教传入宝鸡县城（今金台区），在龙泉巷（今市区群众路）创办宝鸡中华基督教会。随后，基督教在村北的十里铺、老菜市设教堂。1951 年，东岭村方桂等人到十里铺教堂活动。1952 年，在镇海寺开办店子街小学分班。1958 年，镇海寺的铁旗杆、铁钟、铁磬等铁器被砸碎，进了大炼钢铁的熔炉。1964 年，宗教活动停止，十里铺教堂被占。"文化大革命"期间，镇海寺房屋拆除，寺院遂成废墟。1978 年后，村民宗教信仰得到保护，宗教场所重建，宗教活动渐次恢复。1993 年 11 月，区政府批准十里铺教堂开放。2009 年，镇海寺有僧人入住。2010 年，十里铺教堂有牧师 1 人、执事 12 人，在册受洗 1700 人。

宗教场所

镇海寺 位于东岭村西。据传初建于元末，重修于明代。清乾隆二十九年版（1764）、乾隆五十年版（1785）、1922 年版《宝鸡县志》均载其位置在"县东二十里，渭水侧"，并赞曰"门临渭水，响彻潮音"。据传，寺原名铁牛寺，因铸铁牛、镇海眼（涌泉）而得名。明代，寺扩建更名为镇海寺。明清时期，镇海寺南傍渭水，占地 40 余亩。寺院呈长方形，坐北朝南，排水渠紧依寺西，由北向南绕庙门东流而去。寺南有 8 亩寺田。寺院建筑错落有致。两尊石狮置于大门两侧，高八尺有余，铁牛迎河而卧。其外侧竖铸铁旗杆一对，斗旗、风铃、游龙等饰件盘绕其上。寺内建筑分东、西、中 3 部分，进寺门正中为一石香炉，向前依次为观音殿（前殿）、三清宫、孤魂爷殿（正殿）、大佛殿（后殿），各为 3 间大房。正中最北端为书房 4 间。寺内东侧为捐殿 3 间、戏楼 1 座。戏楼北分别有铁拐李爷殿、钟楼、住持住房及抓魂殿各 1 间。寺西侧有马王爷庙 3 间、膳房 3 间。整个寺院规模宏大，气势壮观。镇海寺绿树成荫，流水环绕，花草郁郁葱葱，环境优雅。民国年间，屡遭破坏。

20 世纪 80 年代后，周边群众常到镇海寺原址烧香许愿，祈盼神灵降福纳祥。2003

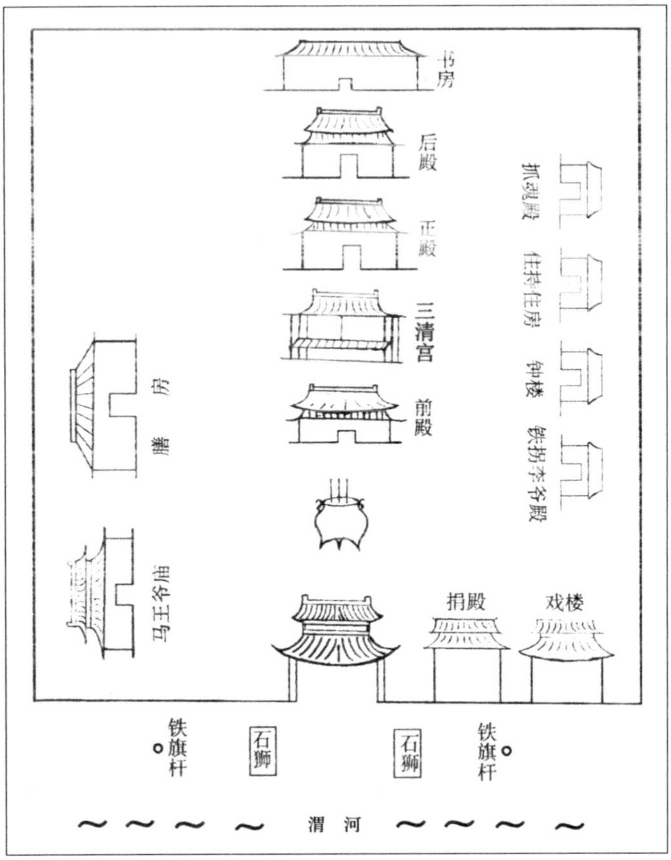

镇海寺布局示意图

年7月，东岭村投资百万元，重建镇海寺，重建由江苏苏州苏园古建园林有限公司施工。整个建筑风格为苏州园林式，占地600平方米；10月25日，重建工程基本完工。经区民族宗教局批准，镇海寺成为开放的宗教活动场所。2004年1月1日，重塑的释迦牟尼佛塑像运抵镇海寺；2月4日，陈仓镇政府下发《关于同意恢复镇海寺的批复》。2009年9月，东岭村礼请释胜莲法师到寺主持教务活动。释胜莲俗名潘彩莲，甘肃省天水市人。1998年在接引寺出家，曾在广东尼众佛学院、南京大学就读。同年10月，修复大殿东西房屋，置办法器。2013年1月9日，自福建省厦门市请回的大钟落成。镇海寺重建基本完成。新建寺院位于东岭西路，与东岭和园连为一体。寺门为圆月亮门，两侧置抱鼓石。寺门楣题曰“镇海寺”，楹联上为“镇留灵气常自在”、下为“海传禅声悟无生”。进入寺门，中为大雄宝殿，左、右有回廊。过左回廊可进入和园，直通社区办公地。登上石拱桥，进入大雄宝殿。大殿门楣，为赵朴初题写的“大雄宝殿”鎏金匾额。

镇海寺

大殿内供奉释迦牟尼、观世音菩萨、地藏王菩萨，诸神塑像前置功德箱。大殿左侧为法物流通会，右侧是僧人歇息的房舍，僧舍前置大钟一口。

镇海寺

十里铺教堂

十里铺教堂 民国时期，基督教在十里铺、老菜市设教堂。1964 年，十里铺教堂被占。1989 年，将原十里铺、老菜市教产合为一处，在东岭村东北建成十里铺教堂。教堂占地 0.8 亩，办公楼 5 间 2 层，建筑面积 165 平方米。2006 年 7 月，在原址重建的教堂竣工。新建教堂为古罗马哥特式建筑风格的五层楼房，总建筑总面积 1360 平方米，可容纳 2000 余人。2014 年，十里铺教堂因位于新东岭综合体规划范围内而面临拆迁。2015 年 4 月 28 日，经多次协商沟通，新东岭综合体建设领导小组办公室与十里铺教堂签订拆迁安置协议；5 月，十里铺教堂被拆除，进入迁建施工阶段。同时，在东风路东段路南设临时过渡教堂，进行宗教活动。2015 年 12 月 18 日，新建的十里铺教堂举行封顶仪式。新建教堂位于宝鸡国金中心西北侧，仿照曾获全国鲁班奖的苏州独墅湖建筑式样建造，具有浓郁的欧洲建筑风格。教堂总建筑面积 2550 平方米，楼高 23.77 米，内可容纳千人聚会。

宗教活动 镇海寺举办的佛教活动主要为各种祈福法会。2004 年 1 月 20 日（农历十二月二十九）上午 10 时，重建的镇海寺内举行释迦牟尼佛开光大典。2010 年 8 月 8 日，正值镇海寺七月三十传统庙会，镇海寺特举办庆祝地藏王菩萨圣诞祈福法会。2011 年 8 月 27 日，举行佛像开光暨祈福庆典法会。省佛教协会副会长、市佛教协会会长、扶风大明寺方丈澈性法师等 30 余座寺院的法师前来祝贺。2009—2015 年，镇海寺先后举办佛事法会 50 余场。2016 年，镇海寺举办佛事法会 12 场。

基督教节日主要有圣诞节、受难节、复活节等，节日中举行隆重的聚会、礼拜等庆祝活动，吸收信徒及旁听者参加。主要活动为主日大礼拜、祷告会、孩童主日学及看望教友等。

东岭村民晨练

艺文杂记

传统戏曲秦腔在东岭广为流传，该村更有区级非物质文化遗产项目秦曲。在东岭村（集团）的扶持下，现代文艺创作丰富，民间说唱艺术多彩，形成独特而丰富的村域文艺。杂记录入有关东岭的诗赋歌词、民间传说、碑石典籍、秦曲资料、快板词选等，虽非阳春白雪，却是东岭印迹。

村无高人雅士，庄少鸿篇巨制。但有诗言志、歌抒情，碑石典籍留印痕。民间传说、演唱词曲，录入杂记，留存文化信息。

◉ 诗赋歌词

东岭大歌

白麟[1]

渭水月，秦岭霜，
古道雄风射天狼；
大风起，炉火旺，
东岭昂首山河壮。
开秦关，铁流滚滚掀巨浪，
放眼望，东风一枝迎朝阳，
古有西岭千秋雪，
今看东岭万木刚，
秦韵悠，苍龙翔，
春风暗度古陈仓

---

① 白麟，中国作家协会会员、中国音乐家协会会员，宝鸡著名诗人、词作家。

风激荡，云飞扬，
鲲鹏展翅再开疆。
大开放，战鼓阵阵动天地，
出国门，东岭浩歌谱华章。
啊！东岭就是一座山。
啊！东岭就是一道岭——
山山岭岭和万方，
为我华夏奏乐章。

我们是新时代的东岭员工

余光 [①]

秦岭山下，渭水河畔，
一个现代企业如日中天。
艰苦创业，几经磨难，
这就是我们东岭集团。
我们是新时代的东岭员工，
抢抓机遇，敢为人先。
星星之火，可以燎原，
一个现代企业如日中天。
由小变大，由弱变强，
这就是我们东岭集团。
我们是新时代的东岭员工，
乘风破浪，勇往直前。
机制创新，理念超前，
一个现代化企业如日中天。
力挽狂澜，攻克难关，
这就是我们新时代的东岭员工，
敬业报国，多做贡献。

---

① 余光，本名强万祥，东岭集团员工。

廊桥赋

陈同钢[①]

宝鸡新建石鼓文化廊桥，北起东岭新区，南接石鼓山麓，连接秦岭“龙脉”，遥对山巅鸡峰。横跨渭河，长龙卧波，似彩练当空，气贯苍穹；大坝拦湖，喷泉连珠，如水帘瀑布，雾绕轰鸣。渭河沿畔万绿园，花团锦簇，烟树葱茏，长桥兀立其中；石鼓山高石鼓阁，金鸡雕塑，耸立桥旁，“太阳市”啼鸣。河底隧道桥下过，立体交通，车水马龙；新型小区建两岸，间阎相望，四方邻里。晚间华灯齐放，异彩纷呈。呜呼！美哉廊桥，美哉宝鸡！

人从桥上过，水在桥下流，历史的风帆，流动的生命。廊亭窗棂，推开四面盛景；雕梁画栋，展演周秦风情。承载人生之途，感悟情感之路，促成“鹊桥相会”，演绎“廊桥遗梦”。过往行旅、伉俪亲朋、登亭观景、畅叙友情。游客熙熙攘攘，人声沸沸鼎鼎，任其行、任其留、任其唱、任其吼，又添风光诗韵，憧憬美好佳境。

美哉！宝鸡，美哉！廊桥。

东岭赋

张乐乐[②]

九州方圆，四野苍茫。始祖炎帝，涉彼洪荒。教兴农桑，嘉禾葱绿。赫赫伟绩，惠泽八方。汤汤渭水，清波荡漾。郁郁青铜，秦韵流光。斗转星移，岁月迁流。陕西东岭集团，于斯拔地而立。秉炎黄遗风，汲天地灵气。艰苦创业，追求卓越。西部名企，才俊辈出。重发展，讲诚信，而今蔚为大观。

改革开放，国运大昌。东风拂来政策优，春潮涌动万象新。西部大开发，生机满天霞。渭河春色来天地，秦岭浮云变古今。近水楼台先得月，向阳花木早逢春。小平理论，“三个代表”，开东岭集团之新篇；以人为本，和谐发展，创西部企业之福祉。整合资源，优势互补。人才强企，稳步发展。服务地方，报国利民。惠及陕西，泽育他乡。

东岭母舰产业聚，六大公司竞风流。内贸市场遍各地，销售链条点线面。投资公司融资强，运筹帷幄财生财。炉火红星映天地，紫烟沸腾冶炼热。西藏麟游八方山，矿业

---

① 陈同钢，曾任宝鸡日报社总编辑，中共宝鸡市委常委、宣传部部长。

② 张乐乐，东岭集团员工。

开发点金忙。国际贸易开新篇，金克秦岭英亦达。地产公司倾巨资，打造城市综合体。

理念新则人才聚，人才聚则东岭兴。观夫今日之东岭集团，栉风沐雨，化蛹为蝶。秦风汉韵，咸聚于此；八方才俊，俱会于斯。

江河行地，日月经天。石鼓山下，关天经济副中心；渭水之滨，腾地而起新东岭。嗟我东岭集团，艰苦创业求卓越。三十年岁月如歌，三十载春华秋实。应天时，享地利。得人和，求卓越。谋利益，图发展。觞而浩歌，操觚为赋。惟祝惟颂；东岭征程，辈出百业英才，前程无量；东岭基业，叶茂根深永固，世代流芳。

◉ 民间传说

镇海寺的传说

相传距离镇海寺“海眼”不远的地方，住着几户人家，家里都有年轻美丽的姑娘，她们以采蘑菇为生。其中，就属张大妈家小梅长得出众，而且还有一副好嗓子，喜爱唱歌。姑娘们每天从山上采蘑菇下来，路过海眼时，都在此梳妆打扮，然后掐一朵山花冲着海眼（把水当作镜子）观赏一边戴花一边唱歌。谁知这个海眼是跟东海相通的，小梅她们每天在这里梳洗、唱歌，都被东海龙宫里的九太子看得一清二楚。九太子看上了俊俏的小梅，决定抢小梅为妻。这一天，小梅她们和往常一样又来此梳洗，突然从海底里冒出两个夜叉，把小梅拖进海眼里，吓得其他姑娘目瞪口呆，惊慌失措。张大妈听到这个消息，立刻赶到海眼，望着清澈见底的泉水，焦急地等待女儿平安回来。

小梅被带到华丽无比的水晶宫。小梅正在诧异，从宫门外走进一个丫鬟，指着梳妆匣说：“小姐，早给您准备好了，赶快梳妆打扮吧，一会儿九太子就来了。”小梅亲热地叫声“大姐”，说：“快告诉我，九太子是谁？这是什么地方？我是怎么来到这里的？”丫鬟一五一十地告诉了小梅。接着，善良的丫鬟又说：“你要不从，就得想个脱身之计，不然他们会把你弄死的，他们可狠毒啦。”小梅一听，急得就要哭出声来：“好大姐，快救救我吧，我家里还有一个老母亲。”丫鬟刚想说什么，九太子就闯了进来了。九太子身材瘦小，贼眉鼠眼。他走近小梅，傲慢地说：“我是龙王的九太子。你赶快梳妆打扮，别误了良辰吉日”。小梅是个绝顶聪明的姑娘，又得到丫鬟的启发，她眉头一皱，计上心来，就对九太子说：“我是佛门弟子，要想娶我，就得按照佛规。我要回家斋戒三天，你们再用八抬大轿吹着喇叭来迎娶。若不这样，我是宁死不从。”九太子见她意志坚决，又怕她真的宁死不从，也就同意了，并言明三日后迎娶。最后，三太子又恶狠狠地说："若有差错，我这东海之水会把你们全村淹没。"说完，命两个夜叉把小梅送出海眼。张大妈看见小梅上来了，真是喜出望外，念了声："阿弥陀佛"，赶紧领着小梅就往家走，生怕女儿再被海怪拉进海眼。小梅走边诉说她的遭遇。张大妈听后，又怕、又气、又恨，但又想不出个办法。母女俩便一起来到文殊寺，向文殊菩萨进香，拜求菩萨保佑。当天晚上，母女俩做了一个同样的梦。梦中，有一位慈眉善目的老和尚，对她们说："三天头上，让小梅和全村人上黛螺顶烧香，张大妈在家坐在蒲团上念经，就可免去灾难。"母女俩在梦中谢过老和尚就醒了，感到异常的惊奇和兴奋。

转眼到了三天头上，九太子带领鱼、鳖、虾、蟹，抬着花轿吹吹打打来到了张家门口。九太子进屋一看，不见小梅，只有她母亲一个人在念经，大声问道："你家小梅到哪里去了？"张大妈头也不抬，说："你休要到此胡来！"这一下可把九太子气坏了。他立即呼风唤雨，片刻之间，从海眼里冒出来的洪水，淹没了整个村庄。可是，张大妈坐在蒲团上就好像坐在船上一样，水涨蒲团高，怎么也淹不着。但是，水势越来越大，蒲团在澎湃的波涛中上下颠簸。眼看张大妈就有倾翻落水的危险。正在这危急关头，不知从什么地方飞来一个火球，"轰隆"一声，不偏不倚地落在海眼上，洪水立即退下。张大妈坐的蒲团随着水势降落在火球上，她仔细一瞧，那里是什么火球，不过是文殊寺的大铜锅。小梅同全村人从黛螺顶上跑下来，看见张大妈安然无恙地坐在铜锅上，高兴得说不出话来。铜锅堵住了海眼，鱼鳖虾蟹回不了龙宫，在地上乱蹦乱跳。老百姓捉住鱼鳖虾蟹，享用了一顿海鲜美餐。九太子也现出了原形，被村民打死，再也不能祸害百姓了。小梅她们还是每天到山上采蘑菇，在海眼附近梳洗打扮。

樊举人状告龙王

东岭村过去和上马营、晏家庄、黄家村合称为南四村。从前，村内常因渭河暴涨，洪水冲毁土地、房屋，百姓苦不堪言。明朝年间，渭河连发洪水，大片农田被水冲击崩塌。东岭村西樊家滩（后称黄家村，今联盟社区第五居民组）的樊举人，看到大片农田被洪水冲淹，心中愤恨不平，信手写下一份状纸，控告龙王祸害南四村的黎民百姓。他写好状纸后，放在家里的灶王爷堂内，请灶王上天时带到天庭。农历腊月二十三，家里祭灶，将灶王爷像和状纸一并祭化，纸灰倒入渭河。从这天起，樊举人在家连睡好几天。他不吃不喝，神志不清，昏迷不醒。几天后，樊举人苏醒了。面对家人的询问，他说："我到天上去了，和龙王在玉皇大帝那里打了一场官司。玉皇大帝听了我的控告及龙王的辩解，下了'许漫不许崩，许上不许进'的判词。"后人由此传说，自从樊举人告状以后，渭河虽然时不时淹没庄稼，但不再冲毁崩塌耕地。但村里的孩子虽然读书上学，却再也无人能考取功名。

◉ 碑石典籍

重修三官大帝庙记（摘录）①

设庙奉神，各随方土，沿事增饰，胥率人情，旷览寰区，俯视今昔，往往然也。治东南野黄家河滩，为邑人往来渡渭之处。村有三官庙一楹，创建不知月日，由来未详考稽。大抵因时起事，必有取尔。……夫是举也，经始于癸巳之春，落成于甲午之夏。功竣之日，索序余。余即因其颠末以志之，敢为能文哉。庶以俾后之人知其也，董事其也，输赀缘感嗣菁，而斯庙永赖以不朽云。

邑弟子郡庠癝膳生员 强验庶 徵甫 熏沐撰文

清乾隆三十九年岁在甲午桂月谷旦

清赐农政司天衢公齐老先生懿行序碑②

间尝呼船只渡渭河，登石鼓之山，眺渭水之滨，见夫渭北沿岸开渠引水，（修）固河堤，防维冲崩，水利大兴，稻田数顷，嘉禾青葱而□蔚，秋稼葱茏而可悦，白鹭孤飞，黄云遍野，正所谓今岁秋田大稔、稻苗高过行人者是也。而发轫之、提倡之，曾不知果属谁何也。问之土人，迨有水工班头梁有财、齐富荣等来告：此盖农家者流，服田力穑，善于谋生。世居治东张家村，姓乔名升号天衢。前清宣统元年，恩赐农政司职衔龙章赐名蟒补荣身而光宗耀祖者也。迨至民国十七、十八年，天气亢旱，岁遭大饥，村民饿死道路，操壶瓢为沟中，瘠者比比皆是。天衢公有志养济，无力措资。因见沿河退滩荒芜可惜，遂思劝导村人，以工代赈。于是开长渠、凿石岗。兴工时，大声疾呼，聚深海、灌小畦，催办时，唇焦舌敝，洎呼苗而秀而实，而父之族足衣食，妻之族无冻

① 摘录自金台区档案馆15-2-01卷。

② 抄录自金台区档案馆藏碑文。

馁，村中举火着百余家，不可谓非天衢公之赐也。至于事其祖乔曽，公娱目分甘，不失为慈孙。事其父腾荣公暨母苏氏，傭工葬祭，不愧为孝子。其自奉俭约也，如晏平中之，孤裘布被。其息人争讼也，如鲁仲连之排难解纷，比皆卓卓，在人耳目，啧啧称道之不衰。今旧历三月十日，适逢天衢公寿辰，戚友等心谋恭贺六十之喜，就其振兴水利、救济人民、劳怨不辞、出人意表者，乞为文，树碑道右，以志感绩。余曰：闻君等言，知可为天衢公之实录，不敢赘文以溢美也。是为记。

清敕授登侍郎由丙生考取已酉科一等职员□分甘肃试用巡检　乡愚弟韩树德 撰文

清凤翔府中学堂甲等毕业 历充高等教员 教育会长 第二区区长 乡愚弟张鹏扬　书丹

清凤翔师范学堂毕业 历充财务局局员 省立二中会计 粮赋处书记　乡愚弟韩温 订字

东岭记（摘录）[①]

东岭人致富不忘回报社会，投巨资八千万援建石鼓廊桥。为彰显其事，特勒石以记之。

……

七、善举

东岭人以德修身，依法治企、治村。稍有积累，及重修镇海寺、建和园、换村容、树新风，年供两百万，资助员工互助基金。积善成德，遂有村院和谐安康，企业快速扩张。

大孝行于天下，东岭于社会亦善举不断，陆续投巨资援建滨河大道、渭河公园、北坡公园、石鼓廊桥、嘉陵江大桥等数十项重大民生工程，近五年，为扶贫、帮困、修路、架桥、助学等各项事业捐资逾两亿。省委、省政府隆重表彰，市民亦有口皆碑。

八、文化

东岭发展，亦赖其文化建设。党政工团二十余年持之以恒，日渐形成以诚信、创新、敢为人先、善待环境等为核心之东岭文化。“村企合一，以企带村，共同发展”即东岭创新之路；全面推广循环经济、焦化与炼锌互补、取世界最先进之冶炼技术，皆属敢为人先，善待环境之例证；“容天下人，干天下事”之理念使天下英才云集东岭；“既要把人带富，更要把人带好”乃东岭村变为“全国文明村”之文化根源；诚信东岭，服务社会，已传遍天下！

道德乃立身之本，文化为城市之魂。石鼓廊桥之建成，东岭人负起了先富者的社会责任，亦彰显了中华文明之光。

刘鉴撰文于壬辰孟秋

---

① 东岭廊桥南端西侧竖《东岭记》碑八方，兹录其七、其八。

善举

文化

《宝鸡大观》（摘录）[①]

荣军临教院

……宝鸡南部的渭河滩地甚广，无人种植，荒芜的可怜。二十七年，荣军同志们利用了一个荒废沙滩，种瓜种菜，并在水旁挖沟引水，使沙地变成稻田。参加此项垦种的官兵，共有数百人之多，以“残人用废地”朝夕辛苦地工作着。每年可收稻米百十石，是多么使人钦羡的事。第四项工作是租地生产。自废地利用，引起人们羡慕以后，便有更多荣军官兵继续参加了此项生产工作。从此，除种稻种菜种杂粮外，又增种了西瓜、落花生、萝卜等，使渭河两岸沙滩荒地，大都变成菜圃良田，他们在石坝河、毗卢寺一带，所种的红绿萝卜，又甜又脆，在宝鸡市上，最为有名……

◉ 秦曲资料

源流简介[②]

20 世纪 30 年代初期，晏家东庄（现联盟社区四组）焊匠梁学忠，为了养家糊口，走村串巷为群众焊烟锅、焊酒壶。每当走在宝鸡县西南城巷（今宝鸡市中山西路）一带，就被房子谦、唐益斋等人演唱的清曲所吸引，一听就是半天。他回家后，就和本庄的李金、上马营的好友杨宽弟、杨选等人商议，一块投师学唱。白天他们各自干各自

① 杨老达著:《宝鸡大观》,陕西正气画报社出版,1947 年。荣军临教院即驻宝鸡县城(今宝鸡市区）的军政部第三荣誉军人临时教养院。1938 年，该院由上海迁驻宝鸡县城，收治战场负伤的抗日官兵。

② 原标题为《联盟村清曲组简介》，见《金台文史资料》第十一辑（1995 年 12 月）。作者李明，为东岭村人，已去世。本次录入个别词语略有改动。

的活路，晚上聚集前往西南城巷参加演唱活动，风雨无阻，历时三四个春秋。经过精心自学、常灌耳音、师傅指点、空闲琢磨，基本掌握了演唱技巧和各种乐器的演奏技能。1935 年秋，成立了南四村（即上马营、晏家庄、黄家村、东岭村 4 个自然村）清曲组（2010 年正式命名为秦曲），张家村的王喜和张云闻讯也参加了活动。

1940 年，曲子组活动非常频繁。上马营村的杨三娃、杨万西、赵生玉、唐宗文，晏家庄的邓生云、高太、高才、朱生岐，东岭村的梁滋等人也先后加入了清曲组，人员增至 17 人。每逢宝鸡地区的古会（农历清明古会、七月十五、七月十八、七月三十等），经常前往与邻乡的班子斗台。根据社会的推移，由于联盟村四个自然村居住拉的距离较长，加上班子的人员逐年增多，以后便分散活动。

联盟村共有四个清曲组：即上马营清曲组，负责人朱锦华、唐冶中；晏家庄秦曲组，负责人石有志、朱天志；联六清曲组，负责人梁滋、罗卫军；东岭清曲组，负责人李承华、张贵。全村 4 个清曲组人员已发展到 50 余人。

秦曲演唱的内容比较广泛，有民间传说、神话故事、古典演义、历史剧目、婚姻爱情、二十四孝、忠臣英雄、武侠豪杰等内容，有时借题发挥，随唱随编。秦曲只要五六个人即可活动，队伍精小，不受场地限制，加之内容使听众感到清晰悦耳，朴实雅趣，乡土气息浓厚，深受群众的欢迎。演唱的部分剧目有《八仙庆寿》《黑访》《贾氏告状》《春景》《夏景》《秋景》《状元游街》等六十折。

1964 年，受“左”的思潮冲击，联盟秦曲组停止了活动。1978 年年底中共十一届三中全会以后，杨选、梁滋、高才、李承华、朱生岐等秦曲老艺人，为了使这一古老的民间剧种不至失传，他们互相走访，经常利用天阴下雨、工余时间坐在一起，叙谈旧情，吹拉弹唱，又使这一群众喜闻乐见的剧种重放光芒，活跃在宝鸡城乡群众之中。特别值得一提的是，个别班组彻底改变了从古到今男演员清一色的局面，黄金彩、黄烈爱、赵小梅等一批青年女坤角脱颖而出。

曲词选录

孟浩然踏雪寻梅 ①

【越调】冬九寒天，学足三余间，瑞雪纷纷飞满川，余爱的梅花开遍雪山。

---

① 见《金台文史资料》第十一辑，1995 年，作者杨春亭。

【背弓调】孟浩然抬头用目观，天然风景在眼前，回头来我将书童一声唤，雪满溪山地，梅开一岭鲜，你随我踏雪寻梅把景观。

【五更调】将咱黑驴牵，鞍缰备齐全，背上书囊七星剑，将一张七弦琴肩上扛。

【岗调】书童闻言莫怠慢，后槽上忙把黑驴牵。孟浩然我将行路衣换，书童也将风衣穿。老爷乘驴我步赶，一老一少登阳关。

【大洞调】浩然仔细四下观，奇石怪树水连山，云混（横，方言）秦岭雪堆南（蓝，方言）关，苍松翠柏耐岁寒，山鸟停鸣行未见，樵夫翁唤酌酒茅庵。

【金钱调】观绿水长天一色，落霞与鹄共飞，梅花鹿恨无草地，真是青山不琢一片玉。

【银纽丝调】忙离新城到柳村，寒风吹动满天云。前路不知径，行人欲断魂，借一个牧童把酒家问。远望寒山石径斜，白云深处有人家。风吹梨花荡，摆动酒烟霞，在此地饮几杯把寒气压。葡萄美酒杯上添，饮一个醺醺醉梦间。主人不相识，囊中自有钱，酒醉后再好将梅花玩。

【花调】饮酒一毕入深山，大雪飘飘飞空间，沟沟渠渠水不断，坡坡涧涧举步难。行到水近路深洼，前进必有吉人家。梅花清香雪花压，雪里红梅变白花。不与桃李争春艳，但与松柏耐岁寒，留一首诗句将他赞，折一枝古梅插鬓间。

【后背弓调】一片风景如画图，满山中翠柏苍松动人心。白日依山尽，寒鸟都归林，唤书童及早牵驴转回程。

【后月调】兴尽而返回家转，万里河山一眼穿，雪花六出兆丰年乐安然，直冻得百般鸟儿都把爪爪蜷。

张连卖布（选录）①

张接唱：有有、有有有，四姐娃你嘴甭犟，再听我张连算你的账。曾不记几年，咱两个把恋爱谈，我问你啥条件，你言说没意见，少吃缺穿你情愿，保证以后没麻烦。定

① 见《金台文史资料》第十一辑（1995 年 12 月），改编者李明。《张连卖布》是民国年间的戒赌丑角小戏，流传甚广。张连嗜赌成性，将家产赌空，靠其妻纺花织布度日。张连上集卖布后忍不住又参赌，将钱输干净。回到家，其妻四姐娃责问，张连百般抵赖。在邻居王妈劝解下，张连决心戒赌，夫妻重归于好。《张连卖布》主要调式有：前月、五更、岗调、紧书、大洞、西凉、叮嘴、小苦调、鞭子一串铃。所选两段均为叮嘴调，是张连应对妻子责问的唱段，反映了 20 世纪 80 年代的农村彩礼、市场小吃。

了个亲，吃了个饭，照了个像上街转。我把你引上逛商店，大小公司都跑遍。你挑东西我掏钱，看完电影逛公园。晚上咱俩把戏看，从此来往很频繁，感情好得比胶黏，一天不见心里烦，拉拉扯扯好几年，零碎花我几百元。到了结婚那一年，又要手表又要钱。人大啦、心变啦，铺张浪费看惯啦。延安作风不见啦，订下那保证不算啦，要下的东西上万啦。的确良、三合一，涤纶、涤卡、毛哔叽，制服呢、毛花呢，涤纶花呢、海军呢，尼龙衫、凡立丁，锦纶毛毯、麦尔登，钢丝床、鸭绒被，新式枕头要一对，狐皮大衣水獭领，还要一对金首饰。尼龙袜子、高跟鞋，藤椅、沙发、写字台。收录机、照相机，熊猫牌的收音机。缝纫机、洗衣机，日本造的彩电机。进口车子、进口表，各种成衣不可少。这些东西不上算，还要一台电风扇。你妈说你你不听，你爹骂你顶得凶，介绍人劝你你不通，你一心要学摩登，你的打扮难形容。捞鱼的胳膊、过河的腿，火着的头发、吃了辣子的嘴，把你打扮得像个谁。一进门就夺权，不要二老光想钱。曾不记、那一年，咱两口子结了个婚，把钱花的人心疼……

张接唱：曾不记那一年，你怀咱娃把饭嫌，糊汤、米汤你嫌甜，拌汤、挂面你嫌咸，扯面硬的没法咽，玉米面搅团你嫌黏，唠唠（猪）肉蒸饭你吃不惯，百方想尽你把我怨，天天要到马道巷转，撵黑儿回家笑满面，含着憨意对我言，腊汁羊肉美名传，白面锅盔香又甜，大肉泡馍扑鼻香，荞面饸饹挑不断，米面皮子白如玉，辣子疙瘩惹人馋，五香油茶你喝了个够，千层油旋真稀罕，鸡汤馄饨尝一碗，小笼包子味道谄，烧饼夹肉香又鲜，临走来了二两臊子面。曾不记那一年，你怀娃宝鸡小吃了个没边边……

◉ 快板词选

热闹的庙会

李天宝[①]

二月二,三月三，宝鸡这古庙会热闹地戳破了天。
帐篷席棚全搭满，风味小吃杂货店。
往东看：面皮、凉粉和米线，粽子、饸饹洋芋搅团，
豆花泡馍臊子面，鸡汤馄饨味道鲜（饯）。

① 东岭村人，喜好秦腔、曲子，尤擅快板，曾登上中央电视台表演《热闹的庙会》。

油糕麻花牛肉拉面，羊肉泡馍前人坐满。
往西看：被套毛毯花床单，成衣布料花汗衫。
手套袜子摆上了案，妇女的用品挂上了杆。
铁锅木笼木锅板，铁勺罩滤铁刮铲。
风箱杆杖木案板，杈把锨把长扁担。
笤帚扫帚竹篮篮，簸箕筛子大筐篮。
水桶脸盆泡菜坛，瓷盆瓷碗瓷揽盘。
老婆给姑娘买花线，老汉给自己称旱烟。
女婿娃给丈母娘把粽子端，小娃伙人群里跑圈圈。
我站在北坡往下看，如今咱宝鸡不一般。
改革开放天地变，国民经济大发展。
天蓝水绿生态园，引来飞鸟把家安。
渭河大坝把水拦，金渭湖里鱼撒欢。
洋楼高，道路宽，鲜花四季春满园。
超市高铁火车站，车水马龙人笑颜。
这都是党的好领导，天和地和人遂愿。
大家齐心建家园，宝鸡的明天更灿烂，更灿烂。

学唱戏（选录）

李天宝

我是一个穷光蛋，成天就在咱宝鸡游转。
今日转到金台观，看到大家在唱乱弹，
使我激动地台上站，这两腿打转（读音sá，方言，即头）在冒汗。
我不会唱生，也不会唱旦，其他的行当不沾边。
既然我今天在这里站，咱说段快板不是乱谝。
人生在、尘世间，各人的爱好不一般。
……
我从小就爱把戏看，看的戏能揽几蒲篮。
关云长，出五关，把蔡阳斩到城壕边。

汉刘备过江南，东吴招亲见孙权。
《三滴血》《十五贯》《二堂献怀》《游龟山》。
《火焰驹》《大登殿》《三娘教子》《窦娥冤》。
《游西湖》《柜中缘》《郭爱拜寿》《秦香莲》，
《玉堂春》《庚娘传》《苏三起解》到太原。
《斩秦英》《铡美案》《杨门女将》《金沙滩》。
《一点梅》《二启箭》《三回头》来女劝男。
《四郎探母》把妈看，五郎出家把佛参。
六郎斩的杨宗保，七娘挂帅在边关。
《八件衣》《包公案》，九天仙女下了凡。
《拾玉镯》起祸端，《黑丁本》里争江山。
吕后她把韩信斩，歪婆娘本是武则天。
我看戏看的忘吃饭，有时候看到鸡叫唤。
我妈骂我不要家，我爸说爱戏就要去戏班。
……

东岭人物

东岭村虽弹丸之地，却也地杰人灵。东岭容人干事，汇聚社会精英。东岭村至今发展有赖于前人的创业奠基，更有赖于后辈的传承创新，同时，也离不开各级领导的关怀，社会各界的厚爱。东岭村修志，记入本籍、客籍人物若干，以志不忘，流传后世。

实干苦干，事要人干。东岭有巨变，众人换新天。记人名人、前贤，更有先进、模范。常怀感恩之心，铭记以人为本。

◉ 名人与名村

文怀沙与东岭村 国内著名的国学大师、红学家、书画家、金石家，是新中国楚辞研究第一人。2012 年 9 月 26 日，位于村南的东岭石鼓文化廊桥建成通行，文怀沙应邀亲自为廊桥题写桥名“石鼓文化廊桥”。

张锦秋与东岭村 中国建筑西北设计研究院总建筑师，师从中国建筑学术泰斗梁思成，为中国工程院院士、中国工程建设设计大师、国家特批一级注册建筑师。2008 年 5 月 4 日，张锦秋等国内著名建筑专家到东岭村，为正在进行的“城中村”改造出谋划策。张锦秋一行先后参观了村容村貌及周边环境，在听取东岭村委会主任兼东岭集团董事长李黑记对村未来规划和“城中村”改造的情况介绍后，张锦秋强调，东岭的“城中村”改造要按照国家和省市总体要求进行，改造在注重功能区划分的同时，要将东岭企业文化，尤其是自主创业的精神融入其中。同时，在“拆”和“改”的过程中，建筑物体也要体现当地风格，将东岭村建设成为一个融办公、商贸、居住、休闲为一体的现代化都市新村。

陈彦与东岭村 国家一级编剧，曾创作有《迟开的玫瑰》《大树西迁》

《西京故事》等戏剧作品数十部，获“曹禺戏剧文学奖”“文华编剧奖”“飞天奖”“全国‘五个一工程’奖”“中华艺文奖”等多个奖项。2004 年，陈彦任陕西戏曲研究院院长。2005 年，当选为第五届陕西省戏剧家协会主席。2006 年 8 月 3 日，陈彦率陕西省“梅花奖”艺术团到东岭村，为村民演出。在此期间，陈彦应邀为村新建园林题写“和园”门楣并为园内四角亭题写“大道至善”匾额。

任步武与东岭村 为著名书法家，是中国书法家协会会员、中国航空工业书法协会名誉主席，宝鸡市书法家协会名誉主席。字奔先，号意象斋主，陕西大荔人。45 岁始拜李子青、王济为师，后复拜文怀沙、刘自椟、钟明善发奋学书，书艺大进，成绩斐然，跻于名家之列，尤擅小楷。2012 年，任步武为东岭石鼓文化廊桥书写由宝鸡市副市长撰写的楹联“廊下丹青记国史，桥上金石铭华章”。

人物传略

李甲明（1924—1981） 东岭村人。1952 年，中共中央颁发《关于农业生产互助合作的决议》，号召农民“坚持自愿互利”原则，开展农业互助合作运动。第二年春，李甲明率先组织东岭村 6 户村民建立互助组，成立南四村的第一个互助组。互助组合理调剂耕地、劳力、畜力、农具，实行统种统收，按土地、劳力、畜力等进行收益分配。加入互助组的农民获得更多实惠，从而带动村内又成立 2 个农业互助组，促进全乡农业互助合作发展。

罗德铨（1925—2001） 东岭村人。1951 年 8 月，任宝鸡市店子乡政府第一任乡长。1954 年，被选为宝鸡市第一届人民代表大会代表。1966 年 3 月至 1968 年 11 月，任宝鸡市红旗人民公社（今陈仓镇）联盟生产大队大队长。

岳健（1933—2008） 东岭村人，中共党员，高中文化，高级政工师。1951 年入伍，在西北军区第五陆军医院（今解放军第三医院）工作。后在省共青团学校、宝鸡市益门乡（今渭滨区神农镇）、市委组织部、市纪委等单位学习、工作。1970 年后，调市人民防空办公室工作。1981 年，任市物资回收公司党委副书记、书记。曾获省、市先进工作者、优秀党员等称号。1993 年，他退休回村安度晚年。在李黑记感召下，他毅然重新出山，帮助企业协调关系，化解体制带来的困扰。他提出“组企合一、以企带组”的创新构想，力主“撤销联盟村六组、设立东岭村”，获得市、区领导首肯，先后实现“组企合一”、撤组建村，成为东岭跨越发展的动力源。1995 年 4 月至 1999 年 7 月，岳健任联盟村六组党支部副书记，试行“组企合一”的管理体制。随后，又积极推动东岭撤组建村，设立东岭行政村。退休回村后，他关心村年轻人的健康成长，建议成立家长学校，组织开展社会调查，为学生宣讲东岭艰苦创业史。他还组织老年人开展“富而思源、富而思进”、“老年人献艺”、移风易俗等活动，发动老年人为东岭发展出主意、提建议。岳健热爱家乡，对工作认真负责，为事业日夜操劳、任劳任怨。2008 年 4 月 28 日上午，他为外地前来参观的党员介绍东岭发展时，因突发脑出血而昏倒在会议室。经紧急送往解放军三医院抢救，仍未能挽回岳健生命。岳健逝世后，东岭村（集团）党委组织开展“向岳健同志学习”活动。

方金锁（1933—2014） 东岭村人，中共党员，初中文化。1951 年参军，在西北军区第五陆军医院（今解放军三医院）工作，先后任该院药局司药、药械科副主任、院诊疗科党支部委员、院团委副书记，是省医药学会会员、宝鸡地区医药学会副理事长。1980 年晋升为主管药师，1985 年评定为卫生七级。1988 年退休，享受副师级待遇。1953—1959 年，他研制的四黄粉等新制剂，载入《全国中草药汇编》书中。在部队期间，曾荣立三等功 5 次，多次出席兰州军区、陕西省军区等先进代表大会。

黄秀莲（1935—2016） 女，东岭村人，中共党员。1968—1982 年，先后任联盟六队妇女队长兼大队妇代会委员、大队副队长。她工作认真负责、生活艰苦朴素，家庭和睦，多次被评为大队、公社的先进工作者、“五好家庭”、“好婆婆”。1975 年，获“金台区农业学大寨群英会先进个人”称号。

李有才（1939—2016） 东岭村人，小学文化。1977 年秋，为生产队赶车拉沙经过渭河滩时，正遇两名歹徒抢劫。李有才见状大喝一声，冲上去解救被害人，赶跑歹徒，将人救下。经询问，得知被救人名谢生金，由甘肃到宝鸡做生意而遭歹徒抢劫。李有才将惊魂未定的外乡陌生人带到家中养伤，随即报警并积极配合警方破案。

人物表录

1993—2017 年东岭村（集团）获省级及以上表彰人物表

表 16

姓名	性别	获奖年份	获奖项目	授奖单位
李黑记	男	1993	全国农村青年星火带头人	团中央、国家科委
李黑记	男	1994	全国优秀青年乡镇企业家	团中央、农业部
李黑记	男	1995	陕西省十大杰出青年	团省委、省青联
李黑记	男	1995	陕西省新长征突击手标兵	团省委、省青联
仝明科	男	2000	第二届陕西省优秀青年星火企业创业者	团省委、省科委
李黑记	男	2001	全国优秀乡镇企业家	农业部
仝明科	男	2004	全国青年创业致富带头人标兵	团中央、农业部
李黑记	男	2004	中国优秀民营科技企业家	全国工商联、中国民营科技实业家协会
李黑记	男	2005	全国劳动模范	国务院
李黑记	男	2006	陕西省优秀共产党员	中共陕西省委
李黑记	男	2006	陕西省有突出贡献专家	省委、省政府
仝明科	男	2007	陕西省劳动模范	省委、省政府
张　翼	男	2007	陕西省劳动模范	省委、省政府
李黑记	男	2007	陕西省杰出民营企业家	省委、省政府
李黑记	男	2007	陕西省为公益事业做出突出贡献的民营企业家	省委、省政府
李黑记	男	2008	中国改革开放三十年六十名农村人物	中国经济体制改革研究会
孙　宏	男	2009	全国有色金属行业劳动模范	中国有色金属工业协会、人力资源社会保障部
康银侠	女	2010	全省关心下一代工作带头人	省关心下一代工作委员会
尹宏伟	男	2011	陕西省优秀青年岗位能手	团省委、省人力资源和社会保障厅
李黑记	男	2011	中国优秀民营企业家	中国民营企业家协会
李黑记	男	2011	“杨家城杯”首届感动西部十大新闻人物	中国新闻文化促进会、中国高层决策协会
李黑记	男	2011	2011 年度陕西经济人物	省委、省政府
常晓辉	男	2011	陕西省十大创业之星	省总工会等

续表 16

姓名	性别	获奖年份	获奖项目	授奖单位
方纪林	男	2011	陕西省物业管理优秀企业经理	省物业协会
黄述军	男	2012	陕西省劳动模范	省委、省政府
李黑记	男	2014	全国优秀中国特色社会主义事业建设者	中共中央统战部、人力资源社会保障部、国家工商总局、工业和信息化产业部、全国工商联
李长武	男	2014	全国有色金属行业劳动模范	中国有色金属工业协会、人力资源社会保障部
李秋梅	女	2014	陕西好人	省委宣传部、省文明办
李虎民	男	2015	省模范军转干部	省委、省政府
方纪林	男	2017	省社会主义核心价值观建设先进工作者	省委宣传部、省民政厅

东岭小区休闲亭台

大事纪略

东岭村自起始弱小到强大富裕，发展历程曲折，其间衰兴节点颇多。本志将大事略纪之，以期理晰来路，激励后辈，资鉴未来。

1955年东峰初级农业合作社成立

1953年春，村民李甲明组织成立南四村第一个互助组，随后东岭村又成立了两个互助组。1955年9月，东岭村3个互助组联合起来，以“东岭高峰”的美好寓意，成立宝鸡市东峰初级农业合作社，初级社分为一、二队。初级社建立后，组织村民引渭淤地、铺土造田、平整土地、兴修水利，增加耕地，改善村民生产条件。1956年，东峰初级农业合作社并入南五村高级农业合作社。

宝鸡机床厂始末

1958年，在东岭村北建宝鸡炼焦厂，为“大炼钢铁”提供能源。1960年，该厂建成投产。1963年，炼焦厂下马停办。1965年9月，在原炼焦厂旧址，建设宝鸡机床维修厂。随着工厂的建立，东岭村进入城乡交错、工农融合时期。1985年，机床维修厂更名为宝鸡机床厂。2007年9月，宝鸡机床厂改制，组建宝鸡机床集团有限公司。公司是专业生产数控机床、普通车床的高新企业，主导产品为金属切削机床，“忠诚牌”商标为“中国驰名商标”。企业先后获“中国机械 500 强企业”等称号。2010 年，宝鸡机床集团有限公司总部迁往宝鸡高新区。2012 年，所遗厂区、家属区被纳入新东岭城市综合体规划建议范围。

1980 年创办村组企业

1979 年冬，联盟村六组在解放军三医院对面的东风路南，修建临街门面房，筹划开办村办企业。1980 年 7 月 26 日，金台区四季青公社革命委员会下发《关于联盟综合服务部的批复》，同意东岭村成立宝鸡市金台区联盟综合服务部，开展木材加工、农具修理、小吃代销等业务。服务部下设木材加工厂、黑白铁加工部、车辆修理部、食堂、商店等。1985 年，联盟综合服务部解体。10 月 4 日，经批准，以原黑白铁加工部为主体，成立宝鸡市金台区东岭机械铆焊厂，进入东岭集团创业的新阶段。

实行土地承包

1982 年，联盟六队改变“队为基础、三级所有”的旧模式，推行“联产到组”的生产责任制，将菜地承包到组，实行“统一经营、联产到组、超奖欠罚”的办法。1986 年 12 月 10 日，为了进一步完善市场承包责任制，联盟村六组率先在联盟行政村实行“土地承包到户”的蔬菜生产责任制。承包土地分为“人份田”和“劳份田”，按照“人六、劳四”的比例划分。承包田土地实行以等划地、以地定产、以产定值；12 月 20 日，联盟村六组土地承包方案获得联盟村委会的批准。1991 年 11 月 14 日，村民大会通过《联盟村六组调地实施方案》。方案强调要“克服村民的短期行为，纠正掠夺式承包方式”，通过调整土地，消灭块块田、条条田，尽量实现规模化。根据村人口、劳力，人份田为 0.31 亩 / 人、劳份田为 0.38 亩 / 人，全份田为 0.69 亩 / 人。1999 年 9 月 29 日，东岭村村民户代表大会通过《土地调整划包实施方案》。土地划包实行“两田制”（即劳份田、机动田），均按农业标准劳动力划包。机动田暂由农户经营，若国家或集体占用，按青苗补偿办法，只补偿当年，随占随用，不调整土地。2003 年，实行“城中村”改造后，村集体土地 22.14 公顷（332.17 亩）转为国有土地，村民不再承包土地。

◉ 金台大道建设改造

1992 年，宝鸡市修建西宝一级公路（后称西宝高速公路，为 G30 连霍高速公路一段）市区延伸段。国家为此征用东岭村土地 42.03 亩，村内 30 个院落、48 户村民拆迁。1993 年 7 月 4 日，区政府在原村北的马营路红线 50 米以外，为村民重新划庄基地。新修的市区延伸段呈东西走向，东起斗中路南的西宝一级公路入口，西至宝烟路南口，全长 3300 米、宽 50 米，混凝土路面。1995 年 12 月 28 日，延伸段建成通车，因位于上马营地区得名马营路。延伸段建成通车后，沿线很快成为党政机关、企业总部驻地，超级市场、建材市场、酒店饭店等商业服务设施迅速增加，周边土地迅速升值。2003 年 7 月，马营路更名为金台大道。2012 年，东岭集团在金台大道东段沿线，建设宝鸡中央金融文化商务区。2015 年 4 月，市政府在金台大道实施提升改造工程，包括地下管网提升扩容、铺装工程、绿化提升改造、景观亮化改造、地下人行通道等。2016 年 4 月，东岭集团在金台大道东段建设国金中心过街天桥。

◉ 村民住宅多层化

1999 年，东岭村进行农村城市化改革试验，试验内容之一为“村民住宅多层化”，以改善村民居住条件、节约农村土地。2000 年，东岭村（集团）投资 4200 万元，在马营路南修建欧式多层楼房 6 栋。楼房为一梯两户，套建筑面积 128 ~ 169 平方米。村集体为楼房进行统一装修，村民可拎包入住。2002 年 7 月 4 日，村民大会通过《东岭村村民住房分配制度实施方案》。10 月 1 日，村民 222 户入住新楼房，实现多年的夙愿，《宝鸡日报》曾以《东岭村民，轻松住楼房》为题进行报道。

◉ 1999 年实施“村企合一”管理

1995 年，东岭机械铆焊厂厂长李黑记当选为联盟村六组组长，实现“组企合一”，以减少体制掣肘，调动各方资源，实现快速发展。1999 年 7 月 26 日，区政府同意撤销联盟村六组设立东岭村；27 日，区委组织部同意成立中共东岭村党总支部委员并任命李黑记为总支委员会书记；8 月 12 日，东岭村在东岭娱乐场举行首届村民委员会选举。经村民无记名投票选举，东岭集团总经理李黑记当选为村委会主任，进一步建立“村企合一、以企带村、共同发展”的管理体制。2000 年 6 月 9 日，宝鸡东岭集团改制设立陕西东岭工贸股份有限公司，村党总支书记、村委会主任李黑记任公司董事长兼总经理。

◉ 东岭锌业公司技术改造

2000 年 10 月 19 日，东岭机械厂（集团）与凤县锌品厂签订财产租赁协议，成立东岭锌品厂（后更名为东岭锌业股份有限公司，简称东岭锌业公司），进入金属冶炼行业。11 月 3 日，东岭集团凤县 5 万吨锌冶炼工程开始建设。该工程为省“十五”重点建设项目，工程投资 2.3 亿元。2001 年 11 月 16 日，东岭 5 万吨锌冶炼工程建成并一次点火投产。新建成的现代化锌冶炼生产线，年可生产高品质锌品 5 万吨，陕西锌品产量从此跻身全国行业前 8 强行列。2007 年 11 月，公司再次进行 10 万吨技术改造。2008 年 7 月 15 日，10 万吨技术改造工程举行精馏塔点火仪式。同年，“东岭”牌锌锭获“陕西省名牌产品”称号。

◉ 2006 年全国政协副主席到东岭调研

2006 年 6 月 11 日，以全国政协副主席阿不来提 · 阿不都热西提为顾问，全国政协常委、经济委员会副主席陈耀邦为组长的全国政协调研组一行 16 人，就“我国西部地区发展现代农业，推进社会主义新农村建设”等问题，到东岭村进行调研。

◉ 2006 年省“梅花奖”艺术团在东岭演出

2006 年 8 月 3 日，陕西省“梅花奖”艺术团“走进社会主义新农村——宝鸡东岭行”大型文艺演出在东岭村举办。省戏剧家协会主席陈彦代表陕西省戏剧家协会向东岭村颁发“宝鸡东岭村创作基地”牌匾。之后，李东桥、刘远、米东风、安金玉、李梅、侯红琴、李岚、孙存蝶、李娟、李小锋、齐爱云 11 位“梅花奖”获得者分别登台献艺，张克瑶、石国庆、弓永生等艺术家也加盟演出，表演种类有歌舞、小品、戏剧、口技等，戏剧节目有李小锋的《打柴劝弟》、李东桥的《千古一帝》、李梅的《洪湖赤卫队》、雷格格与宋辽的《虎口缘》等选段，其中石国庆表演的小品《采访的故事》素材源自东岭。东岭集团职工代表、东岭村民及附近群众万余人观看演出。中央电视台戏剧音乐频道、陕西电视台、宝鸡电视台等 20 多家新闻媒体现场采访报道。

◉ 2006 年协办中国国际铅锌年会

2006 年 11 月 14—17 日，由中国有色金属协会主办、北京安泰科信息开发公司承办、东岭集团协办的“2006 中国国际铅锌年会”在宝鸡市区宝烟俱乐部举行。与会代表、各界人士等千余人参加会议。作为协办方的东岭集团，实际承担了主要会务接待工作。集团利用铅锌年会在家门口举办的机遇，进一步扩大企业影响力，提高集团在全国乃至国际上的知名度。集团为此抽调直接参与服务的人员 65 人。虽然接待人员是从基层单位临时抽调的，但通过短时间的学礼仪、背资料、练表情等强化培训，圆满完成接待任务，为集团打出第一张名片。会务组承担的会务接待、保卫医疗、酒店服务、车辆调度、商务谈判、接机进站、晚宴演出、后勤保障、宣传报道、户外广告等任务，实行责任到人，明确各自职责。参会的中国有色金属协会的领导对东岭集团的接待给予高度评价，协会副会长王恭敏主动与东岭集团的全体会务工作人员合影留念。《新东岭》为此编辑出版年会专刊，宣传东岭企业。

◉ 2008 年东岭抗震救灾

2008 年 5 月 12 日，四川汶川特大地震波及东岭村。村干部在第一时间组织疏散群众，保证人民生命财产安全。灾情发生时，地处陕西省凤翔县的东岭冶炼公司组织员工撤离、抢修机器设备。地震造成精馏车间数个塔的小溜槽断裂、水凝器塌陷，经抢修很快恢复生产。地震发生时，地处陕西省凤县的东岭锌业公司四车间工人突然发现精馏塔上沿有火光并伴有浓烈的烟气，车间气温骤然上升。同时，脚下工作台有强烈晃动感。车间主任迅速组织 15 名工人撤离。在确认安全后，工人返回车间继续生产。东岭锌业公司的一、四车间受损的主要有精馏塔上沿、管道等处，直接经济损失 200 万元左右。东岭集团领导在第一时间到生产车间查看灾情，慰问安抚工人。灾情造成远在陕西省略阳县的略钢公司供电、供水、通信中断，两万余名职工家属的生活面临困难。黑山沟的

6 名职工被困井下，略阳钢铁公司、嘉陵矿业公司领导到现场组织抢险，至晚 11 时 25 分，被困职工全部脱险。嘉陵矿业公司阁老矿的职工积极开展生产自救。5 月 14 日，经过一天一夜抢修后，于 13 时 30 分 30 台选矿设备全线开机试生产，16 时 45 分试生产结束，选矿设备一切正常。5 月 15 日，东岭集团参加市委、市政府组织的“向灾区人民献爱心”募捐活动。集团及员工共向灾区捐款 273 万元，其中，集团捐款 200 万元、员工捐款 73 万元。

◉ 2014 年承办全国村级会议

2014 年 9 月 13 日，由东岭村承办的“2014 中国经济强村峰会”在宝鸡市召开。峰会由农业部农村经济研究中心、中国村社发展促进会联合举办。与会的全国经济强村代表围绕“新常态、新发展”主题，就创新发展经验、社会责任担当、实现新突破等进行交流，并形成“东岭共识”。国务院研究室宏观司司长郭克莎出席会议并作经济形势报告，农业部农村经济研究中心主任宋宏远讲话，市委书记、市人大常委会主任上官吉庆致辞，会议由中国村社发展促进会副会长白益华主持，村（集团）党委书记李黑记作了题为“只有创新和发展才能走在时代的前列”的主题发言。与会的经济强村代表在会上作经验介绍发言。东岭人的热情好客、东岭村的村容村貌，为峰会代表留下美好的印象。

2017 年 6 月 3 日，在海南省儋州市举行的全国“村长”论坛第十三次执委会上，宣布 2018 年将在宝鸡东岭村举办第十八届全国“村长”论坛。这是东岭村首次作为论坛举办方，在全国公开亮相。执委会上，宝鸡市政府副市长王宁岗代表下届举办方政府作表态发言。全国“村长”论坛创办于 2000 年，由中国村社发展促进会主办。论坛是全国农村基层干部交流平台，是全国村干部的年度最高盛事，被誉为“中国村长的奥林匹克”。

◉ 2016 年国金中心天桥合龙

2016 年 4 月 24 日凌晨 5 时整，经过 120 多名建设者 56 个小时的昼夜奋战，宝鸡国金中心过街天桥顺利吊装合龙。天桥位于西宝高速出口的金台大道东部，北与宝鸡国金中心、东岭新周里、东岭银泰城连接，南与东岭文化廊桥连接，形成横贯渭河南北的滨河景观带。天桥由国际建筑顾问团队欧华尔设计，桥梁跨度为宝鸡过街天桥最长，桥体设计融入景观元素，完善使用者的行走体验，弱化天桥的功能属性，以自然生态的方式实现联通作用。天桥由东岭集团斥资 1000 多万元建造。桥长 92.9 米、宽 6.7 米，总重量 500 吨，最大跨度 33.4 米，桥柱重 54 吨，中间段桥体重 90 吨，净高 6.7 米。南北安装大型高档电梯，方便来往市民观光购物。

◉ 2016 年央视报道东岭村

2016 年 10 月 26 日晚，中央电视台一套、十三套《新闻联播》以“宝鸡东岭村：两个文明齐抓共进”为题，对东岭村的文明建设进行专题报道。报道说，“两学一做”学习教育开展以来，东岭村党委带着大伙谋求物质、精神的双丰收。东岭村把文明村建设作为重要内容，举办道德大讲堂，成立志愿者服务队，全村党员带头参与活动，带头树立文明模范。央视《新闻联播》报道的节目时长 2 分钟。随即，全国 40 余家媒体进行转载及跟进报道，东岭村再次受到全市、全省乃至全国的关注。

附录

收政府重要批复，录东岭承包方案。曾经推动东岭发展，今成历史文件。不同时期的见证，新农村成长的历程。

◉ 政府批复文件

关于联盟综合服务部的批复

四社革字〔80〕第 71 号

联盟大队管委会：

你队报来“第六生产队兴办综合服务部的报告”收悉。经公社一九八〇年七月二十三日会议研究，同意以木器加工、农具修理、小吃代销等业务为主，兴办综合性的企业。该企业名称为“宝鸡市金台区联盟综合服务部”。

批复

金台区四季青公社革委会

一九八〇年七月二十六日

关于撤销联盟村六组设立东岭村的批复

宝金政发〔1999〕044号

陈仓镇人民政府：

你镇报来《关于成立陈仓镇东岭村的报告》收悉。根据《中华人民共和国村民委员会组织法》第八条规定和联盟村六组经济发展的客观实际，经一九九九年七月十六日区政府第12次常务会研究，同意撤销联盟村六组，设立陈仓镇东岭村。撤组设村后的地域范围，以原六组的行政区域为新设村的行政区域。村委会办公地址设在东岭村67号。

特此批复

宝鸡市金台区人民政府

一九九九年七月二十六日

关于同意组建“宝鸡东岭集团”的批复

宝改发〔1996〕43号

金台区体改办：

你办报来《关于组建宝鸡东岭集团的报告》收悉。根据国家发展企业集团的有关规定，经研究，现批复如下：

一、同意组建宝鸡东岭集团。

二、东岭集团核心企业为东岭机械铆焊厂。

三、东岭集团紧密层企业为东岭物资站、东岭钢丝厂、东岭商店、西安市东岭物资经营部、汉中市东岭金属材料经营部、甘肃西峰东岭物资经销部、东岭运输部等八个经济实体。

四、集团组建后，各成员企业要精诚合作，齐心协力，拓宽经营领域，实现规模效益，壮大集团实力，为发展宝鸡经济，搞活物资流通做出新贡献。

五、东岭集团组建后，要按企业集团新机制规范运作。希望你办加强具体指导，运行中有什么问题，可及时与我委联系，以便共同帮助解决。

特此批复

宝鸡市经济体制改革委员会

一九九六年八月十二日

关于设立陕西东岭工贸股份有限公司的批复

陕政函〔2000〕76号

省体改委：

你委《关于设立陕西东岭工贸股份有限公司的请示》（陕改发〔2000〕4号）收悉。省政府同意设立陕西东岭工贸股份有限公司，请按有关规定办理手续。

陕西省人民政府

二〇〇〇年三月二十日

◉ 土地承包方案

联盟村第六组实行蔬菜生产责任制
土地承包方案

（1986年12月20日）

为了加速社会主义四个现代化建设，进一步完善农业蔬菜生产承包责任制，调整产业结构，发展商品生产，调动一切积极因素，提高经济效益，治穷致富。现我联盟村第六组将蔬菜土地承包到户，特制订出实施方案条例如下：

1. 成立联盟村第六组蔬菜土地承包到户领导小组；机构由15人组成，分别设组长、副组长各一名，并请乡政府和村委会参加，组长李来祥，副组长罗锁成。

2. 承包土地的形式，分为“单户”或联户，单户或联户承包土地同等对待，承包田分为“人份田”和“劳份田”。划分比例为“人六劳四”，人份田和劳份田单独计算，合并划分。

3. 承包田土地划分为两等，“以等划地”，以地定产，以产定值，一、二等土地搭配划分。

4. 人口计算办法：从1986年12月15日为止（包括户口在册人员和1986年12月15日以前正常出生而未报户口的孩子及1986年12月15日前已结婚而未报户口的夫妇）均计算在内。本组出嫁姑娘及生育的小孩户口在组的除外。

5. 劳力计算办法：男劳16～65岁；女劳16～60岁；男、女劳均按标准劳计算。

16 岁以上在校学生均按劳计算。

6. 因婚出嫁，但本人户口却在本组的女肯年及生育的小孩，不划分承包地。

7. 在社队企业工作人员及经村、组介绍在外的合同工，只划“人份田”，不划“劳份田”。

8. 现役军人，除军官外，划分承包田。

9. 凡是 1976 年 1 月 1 日后出生的计划外三胎在十四岁内和 1980 年 1 月 1 日后出生的计划外二胎在七周岁内一律不划承包田。

10. 在划分承包田时留出一部分机动地（温室前后）、庄基地（河凌）、坟地（上海子），三块地预计留 25 亩，三块地由组承包给村民，承包期定为一年，组与承包人签订合同。承包人每年每亩一等地交承包费 250 元，二等地交承包费 200 元。每年每亩按亩产值提留 10% 的积累款，要交纳应摊的农业税金，但不返还企业利润。

11. 为了便于作务，按照各地块的实际情况，划留一定的渠道。由组上统一管理，开支由组上负担。

12. 凡本人在划承包地前，要求少划或不划的可以允许，但本人必须写出申请，经划地组织审定后许可，过后需要者，必须等到下次土地调整时给予划分。

13. 土地承包期定为五年不变（国家重大变革例外），从 1987 年 1 月 1 日至 1991 年 12 月 31 日为止。在承包期内生、丧、嫁娶不予以调整，由于企业人员的调整或组停办企业后，从事农业生产的人员，在机动地内划分给劳份田。

14. 现有的各种生长越冬菜苗，按长势作价，由承包者负担。

15. 现有的各种生产资料（如竹子、农膜等物资），折价后，随承包地亩分配到户。

16. 承包到户的土地，必须种菜，不准荒芜，不准改种其他品种作物，违者按地亩处以 300 ～ 500 元的罚款。

17. 蔬菜种植不受计划的限制，由承包人根据市场的需要自行安排，但必须精耕细作。

18. 承包的土地均属集体所有，承包者只有耕种权和在本组内转包权。土地不准买卖，不准出租，不准在承包地上建房、安葬、取土。违者要赔偿经济损失，直至收回承包地。

19. 国家征用和集体占用的耕地，承包人无权干涉，由村、组两级根据有关规定办理征、占手续。农户被征占的土地补偿费、安置费、地面附着物赔偿费归集体所有，不能分掉。承包户征、占土地的赔偿款由组另作以处理，第一年按土地定产值赔偿青苗费款。上半年征占的赔偿一年，下半年征占的赔偿半年。从第二年至调整土地前，每年每亩由组赔偿青苗费一等地 400 元，二等地 350 元。征地代人由组统一安排，承包户征占土地被带走劳力、赔偿青苗费按上述情况进行处理。没有征、占土地被带走劳力承包户，多种的承包地每年每亩一等地向组交承包费 250 元，二等地向组交承包费 200 元，每年每亩按定产值提留 10% 积累款，要交纳应摊的农业税款，企业返还利润按承包田面积分配到户。

20. 承包地面上的一切设施，大小道路、渠道，一律不准拆毁或变相破坏、侵占，确实需要更改拆除的，要经组上同意。若破坏、侵占，按情节作罚款处理。

21. 牲畜由评议组作价后，优先满足本组村民的基础上统一处理，收入归集体所有，物款一次交清，不得拖欠。

22. 大型农机具一般归组所有，作业组增加的归作业组，作一次性处理，物款一次交清，不能拖欠。

23. 树木的处理，除进新地界边树木外，其余地边、渠边、村庄内的树木，在短期内由组统一砍伐。

24. 现有的水、电设施归集体所有，实行水电承包，承包办法另行规定。

25. 现有的固定财产除耕畜、大型农机具按上述条款进行处理外，一切房屋、机械、电器设备一律归集体所有，不得拆毁、变卖、平分。空闲房屋由集体出面与他方在达成协议的前提下给予出租。需要拆除或改建的房屋，要经组委会的同意方可拆除或改建。

26. 集体的温室不能拆除、毁坏、变卖，实行个人承包等手段。温室承包细则另行规定。

27. 国家下达的农业税金款，一律按土地面积征收，不得以任何借口拖欠或抗交，在规定期限内必须交清，否则罚款或收回承包地。

28. 组集体提留包括公积金、公益金、管理费三部分，一般控制在亩产值的 10% 以下。主要用于民办教师补贴、干部报酬、军烈属、五保户、困难户，因公伤残人员的照顾及社工务等。其他生产费用按承包户土地面积平摊到户，集体企业搞好的，可以从利润中返还一部分作为补偿，以减轻群众的负担。

29. 对现有固定资产、钱、粮、物资及往来账目、债权、债务等都要认真清理，登记造册，做到账、物相符，账、据相符，并向群众张榜公布。对现有的固定资产要逐物评价、建账，按使用年限提取折旧费。其办法是凡用于生产的在什么经营项目使用，由什么经营项目提取。凡用于公益事业的从公积金，公益金账户下支付。对原有的账目、凭据要妥善保存，任何人不得采取任何方式损坏或销毁。同时要根据承包到户的新特点和新要求，按规定及时建立新账目。

30. 对组集体投资合办的企业，在组领导之下，由组给企业下达生产任务。企业在年终结算前，应交清组下达的提取资金后才能进行分配。组在向企业提取的资金内提留适当比例的集体积累，在还清集体债务之后，剩余部分按土地或股份分配到户。

31. 集体未清的债权、债务，指定专人按期收回，收回的款项，按实际情况归账处理。

32. 对私人原有的超支欠款，在划分承包田前要采取措施全部收回，否则不划或缓划承包田，如数额较大，确有困难，一次还不清的，本人向集体订出还款计划。对于私人借用集体的财物，要一律查清收回或照物折价收款。否则将从企业返还利润款金额中扣回。

33. 蔬菜地承包到户后，实行产销直接见面，蔬菜销售可不受地区限制，自由议价销售，允许在地头、路边卖菜，游街、上乡叫卖，允许送菜上门，装车贩运，在市内销售要遵守市场有关管理规定，也要自愿向蔬菜门市部送菜。

34. 在蔬菜旺季，各户都可统一组织向外地运销，力争做到不烂菜。同时，提倡户户存蔬菜，以旺补淡，满足淡季吃菜难的问题。

35. 温室的菜苗，由组和承包人协商，按成本核算苗款。无论是那个季节的菜苗，各承包户都要先向集体温室提前订立合同。（要什么苗、什么品种、数量多少）并信守合同，苗育以后，反悔不要者，按数目扣回成本金额（但必须按时务好，否则，追究责任分别承担）。

36. 农田基本建设由组统一规划，统一安排，统一制订方案，坚持田、水、林、路综合治理，对平整土地、修渠、修路、改良土壤等项工程，可由组提出时间和质量要求、所需的人工，由组统一调配，所需的物资由组统一解决，或按工程质量要求承包给他人。

37. 现有集体工副业要加强管理，扩大和整顿，应由集体统一管理，实行专业承包单独核算，自负盈亏。对技术性不强的村民普遍要求都能参加的临时性生产，可由集体统一联系，统一安排。

38. 要大力发展多种经营和企业项目，是集体办的所需的开支，从公积金内提取或实行合资入股的办法；联产或个人办的集体应予以扶持，组织上给予支持。

39. 上级下达的植树造林任务，可在村、组统一规划下，力争完成。

40. 菜田承包到户后，计划生育工作应当加强，不准削弱，继续宣传党在农村的计划生育方面的方针政策。坚决执行上级政府的有关规定，在做好深入细致的思想教育工作的基础上，采取切实可行的办法，把计划生育落实到每个干部和村民。

……

43. 村民组设组长 1 名、会计 1 名，报酬按乡政府规定执行。

44. 干部享受补贴的标准由乡上确定，在工作上都必须建立干部岗位责任制，采取合同形式把干部职责和任务明确起来落实到人，包干完成。把计酬上按完成任务的好坏进行奖罚，享受定额报酬的干部一律不再享受其他误工补贴。

45. 实行承包到户的村民小组，要切实加强领导每个村民在思想教育方面及经营管理方面的工作。要接受新事物、研究新问题，适应紧跟新形势，贯彻落实党在农村的各项政策法令。努力完成上级下达的各项工作任务，为社会主义物质文明、精神文明做出应有的贡献。

46. 实行承包到户后，村组必须与承包户签订合同。其签订的合同必须依国家关于合同法的原则办事。明确权、责、利，不能违背国家有关规定和法令。不能采取强制手段，迫使村民接受不平等的条款。

47. 合同的签署可采取平等互利协商，自愿互利的原则。坚持因地制宜，实事求是积极可靠留有余地。使承包者有产可超，有利可得。合同必须一式三份，村、组、户各执一份，由村委会签证执行。

48. 合同签署后，任何一方不得更改，撕毁或拒绝执行。合同款项违背者给予必要的经济制裁。发生争执，调解无效，由公证机关和司法机关裁决。

◉ 主要参考文献

1. 许起凤、高登科著：清乾隆《宝鸡县志》，乾隆三十年（1765）刻本。

2. 邓梦琴著：清乾隆《宝鸡县志》，乾隆五十年（1785）刻本。

3. 曹骥观著：《宝鸡县志》，陕西印刷局，1922 年铅印本。

4. 杨必栋等纂：《最近宝鸡乡土志》，关西四知卷石印本，1946 年。

5. 杨老达著：《宝鸡大观》，陕西正气书画社，1947 年石印本。

6. 苏秉琦著：《斗鸡台沟东区墓葬》，国立北京大学出版部，1948 年。

7. 宝鸡市地方志编纂委员会编：《宝鸡市志》，三秦出版社，1998 年。

8. 宝鸡市水利志编纂委员会编：《宝鸡市水利志》，陕西出版集团、陕西人民出版社，2012 年。

9. 宝鸡市金台区地方志编纂委员会编：《宝鸡市金台区志》，陕西人民出版社，1993 年。

10. 宝鸡市金台区地方志编纂委员会编：《金台区志（1990—2010）》，陕西新华出版传媒集团、三秦出版社，2016 年。

11. 中共宝鸡市金台区委组织部、中共宝鸡市金台区委组织史资料征集研究办公室、宝鸡市金台区档案局编：《中国共产党陕西省宝鸡市金台区组织史资料（1949.7—1987.10）》，陕西人民出版社，1992 年。

12.《宝鸡县志》编纂委员会编：《宝鸡县志》，陕西人民出版社，1997 年。

13. 联盟村志编纂委员会编：《联盟村志》，华夏文化出版社，1999 年。

◉ 编纂始末

东岭村为记载创业艰辛，传承东岭精神、启迪后辈子孙，久有修志意愿，终因工程浩瀚未成行。2017 年 2 月，《东岭村志》入选中国名村志文化工程。3 月 8 日，村委会派员参加“中国名村志文化工程篇目论证会暨编纂业务培训会”，得到与会专家、学者悉心指导。3 月 16 日，《东岭村志》正式启动编纂。编纂人员先后进行查阅档案、复制资料，走访知情人，查看实物资料。随后，进入细化篇目、试写条目阶段。5 月 31 日，开始村志的总纂统稿。除细加考究、增删补正外，同时遴选照片插图。6 月 30 日，完成《东岭村志》送审稿。7 月 18 日，《东岭村志》评审会召开，省、市、区地方志办公室相关审稿人对志稿进行评审，会议原则通过评审。根据评审意见，村志又先后经过两次调整、修改。

《东岭村志》为纲目体，分别设有类目、分目、条目。村志所设“大事纪略”“艺文杂记”类目，略记其他类目未能记入的东岭大事，收入与东岭有关的重要艺文。村志记事下限止于 2017 年 6 月，个别重要事项延至搁笔。村志所附照片，来自档案资料、组织拍摄、村民提供等。东岭村实行“村企合一”管理，志以东岭村为主线，记入东岭企业内容，村企互有交融，但不重复。

编纂期间，东岭村民、集团员工主动提供资料，热情接受采访。在村志付梓出版之际，谨向关心支持村志编纂的各方人士致以诚挚的谢意。

由于资料短缺、体例创新、时间紧迫，加之编纂人员能力所限，书中难免有疏漏、谬误，敬请批评指正。

因本书中所选照片及诗词文章众多，部分作品未能在出版前及时联系到著作权人，请著作权人看到后与我们联系，我们将奉上稿酬。

编　者

2017 年 7 月 30 日